Netzwerkpraxis im Krankenhaussektor

Julian Wolf

Netzwerkpraxis im Krankenhaussektor

Eine Analyse der subtilen Beziehungsdynamiken

Julian Wolf
Köln, Deutschland

Dissertation Universität Witten/Herdecke/2018

ISBN 978-3-658-22169-0   ISBN 978-3-658-22170-6 (eBook)
https://doi.org/10.1007/978-3-658-22170-6

Die Deutsche Nationalbibliothek verzeichnet diese Publikation in der Deutschen Nationalbibliografie; detaillierte bibliografische Daten sind im Internet über http://dnb.d-nb.de abrufbar.

Springer VS
© Springer Fachmedien Wiesbaden GmbH, ein Teil von Springer Nature 2018
Das Werk einschließlich aller seiner Teile ist urheberrechtlich geschützt. Jede Verwertung, die nicht ausdrücklich vom Urheberrechtsgesetz zugelassen ist, bedarf der vorherigen Zustimmung des Verlags. Das gilt insbesondere für Vervielfältigungen, Bearbeitungen, Übersetzungen, Mikroverfilmungen und die Einspeicherung und Verarbeitung in elektronischen Systemen.
Die Wiedergabe von Gebrauchsnamen, Handelsnamen, Warenbezeichnungen usw. in diesem Werk berechtigt auch ohne besondere Kennzeichnung nicht zu der Annahme, dass solche Namen im Sinne der Warenzeichen- und Markenschutz-Gesetzgebung als frei zu betrachten wären und daher von jedermann benutzt werden dürften.
Der Verlag, die Autoren und die Herausgeber gehen davon aus, dass die Angaben und Informationen in diesem Werk zum Zeitpunkt der Veröffentlichung vollständig und korrekt sind. Weder der Verlag noch die Autoren oder die Herausgeber übernehmen, ausdrücklich oder implizit, Gewähr für den Inhalt des Werkes, etwaige Fehler oder Äußerungen. Der Verlag bleibt im Hinblick auf geografische Zuordnungen und Gebietsbezeichnungen in veröffentlichten Karten und Institutionsadressen neutral.

Gedruckt auf säurefreiem und chlorfrei gebleichtem Papier

Springer VS ist ein Imprint der eingetragenen Gesellschaft Springer Fachmedien Wiesbaden GmbH und ist ein Teil von Springer Nature
Die Anschrift der Gesellschaft ist: Abraham-Lincoln-Str. 46, 65189 Wiesbaden, Germany

Für meine Eltern.

Danksagung

Ich möchte meinem Doktorvater Prof. Dr. Werner Vogd und den Gutachtern Prof. Dr. Joachim Zweynert und PD Dr. Jan Fuhse für ihre Unterstützung meinen herzlichsten Dank aussprechen. Ein besonderer Dank gilt außerdem Dr. Annika Götz und Clemens Wagner für ihre hilfreichen Tipps und Hinweise. Danken möchte ich darüber hinaus dem Forscherteam des Projekts „Entscheidungsfindung im Krankenhausmanagement" für die schöne Zeit in Witten: Martin Feißt, Kaspar Molzberger, Anne Ostermann und Juliane Slotta.

Inhalt

Danksagung VII

Einleitung 1

1. Teil: Theoretische und methodologische Ausführungen

1 Von der Social Network Analysis zu Harrison Whites phänomenologischer Netzwerktheorie 11
  1.1 Das Programm der Social Network Analysis 12
  1.2 Das Programm der relationalen Soziologie 14
  1.3 Harrison White: Netzwerke als erzählte Kontroll- und Identitätsarrangements 15
    1.3.1 Stories, Netzwerkdomänen und Switching 17
    1.3.2 Institutionen 18
    1.3.3 Desiderate von Whites Netzwerkansatz 19
  1.4 Zwischenfazit 23

2 Praxissoziologie und Netzwerke 25
  2.1 Das praxissoziologische Programm 26
  2.2 Netzwerke als Machtkonfigurationen (Elias/Crozier/Friedberg) 28
  2.3 Netzwerke als Verknüpfungen menschlicher und nicht-menschlicher Akteure (Latour/Callon) 32
  2.4 Der Strukturationsansatz und die Praxis in Unternehmungsnetzwerken (Giddens/Windeler) 36
  2.5 Zwischenfazit 37

3 **Habituelle Dispositionen, Orientierungsrahmen und die Logik der Praxis: Bourdieus Habitustheorie und die dokumentarische Methode nach Bohnsack** 39
   3.1 Der Habitus als Weltaneignungs- und Reproduktionsinstanz 40
      3.1.1 Die Trägheit und Transformation des Habitus 41
      3.1.2 Exkurs: Bourdieus Habitustheorie als Netzwerkansatz? 44
   3.2 Die dokumentarische Methode: Interpretieren und Verstehen als Leitunterscheidung 47
      3.2.1 Die Erweiterung des Orientierungsrahmens 48
      3.2.2 Textsorten und die formulierende und reflektierende Interpretation 50
   3.3 Zwischenfazit 51

4 **Verknüpfung von dokumentarischer Methode und Whites Netzwerktheorie** 53
   4.1 Kritikpunkte an Whites Netzwerktheorie und die Antworten der dokumentarischen Methode 54
   4.2 Eine Brücke zwischen der Netzwerktheorie Whites und der dokumentarischen Methode 55
   4.3 Zwischenfazit 58

5 **Der metatheoretische Rahmen der empirischen Untersuchung** 59

2. Teil: Empirische Untersuchung

6 **Empirische Untersuchung. Zur Netzwerkpraxis im Gesundheitssektor** 67

7 **Institutionelle Einbettung und struktureller Wandel im deutschen Krankenhaussektor** 71
   7.1 Das alte Institutionengefüge: Dominanz des medizinischen Professionalismus und der wohlfahrtsstaatlichen Infrastruktur 72
      7.1.1 Das relationale Verhältnis innerhalb des Krankenhauses 73
      7.1.2 Netzwerke und Außenbeziehungen: Das relationale Verhältnis zwischen Krankenhausärzten und niedergelassenen Ärzten 74
   7.2 Strukturwandel des Krankenhaussektors: Vermarktlichung, Managerialisierung und die zunehmende reflexive Bezugnahme auf Netzwerke 77

	7.2.1 Vermarktlichung und Quasi-Markt 78
	7.2.2 Managerialisierung 81
	7.2.3 Reflexive Bezugnahme auf Netzwerke 82
7.3	Zwischenfazit 87

8 Fragestellung der empirischen Untersuchung 89

9 Sampling der empirischen Untersuchung und methodisches Vorgehen 91

10 Zur kommunikativen Konstruktion von Identitäten im Krankenhaussektor 95
  10.1 Wandel der Identitätskonstruktion im Vergleich zum bürokratischen Krankenhaus der 1970er-Jahre 99

11 Die Praxis des Netzwerkens 101
  11.1 Fall 1: Krankenhaus Ebertstadt 102
    11.1.1 Geschäftsführer Johannes Gruber: Ökonomische Fallsteigerung und die Bearbeitung von Gegenbeobachtungen 102
    11.1.2 Chefarzt für Innere Medizin Peter Lichtenberger: Medizinische Unabhängigkeit 106
  11.2 Fazit Fall Ebertstadt 109
  11.3 Fall 2: Krankenhaus Hohenfeld 110
    11.3.1 Geschäftsführer August Hofer: Freiheiten geben und medizinische Qualität einfordern 111
    11.3.2 Chefarzt für Kardiologie Albert Netzer: Ausbildung eines Netzwerkhabitus 115
  11.4 Fazit Fall Hohenfeld 135

12 Zusammenfassung der Arbeit und Diskussion der Ergebnisse 139

Literaturverzeichnis 157

Einleitung

Das Thema *Netzwerke* hat in den letzten dreißig Jahren eine steile Karriere hingelegt. Dies geht mit einer semantischen Verschiebung des Begriffs ab den 1980er-Jahren einher. Während in den 1960er-Jahren der Netzwerkbegriff negativ konnotiert war und seinen Fluchtpunkt in den Geheimbünden und Mafiaorganisationen hatte, wurde er unter Mitwirkung philosophischer bzw. sozialwissenschaftlicher Autoren[1] und Managementratgebern umgedeutet (Boltanski/Chiapello 2013). Heutzutage erscheint es wie selbstverständlich, sein Netzwerkkapital zu erweitern, indem „weak ties" (Granovetter 1973) gepflegt werden, die bürokratische Organisation netzwerkförmig umzubauen (Laloux 2015) oder Arbeitsprojekte mit wechselnden Netzwerkpartnern zu initiieren (Boltanski/Chiapello 2013: 147-175). Kurzum: ‚Das Netzwerk' ist zur hoch legitimierten Institution geworden (Krücken/Meier 2003).[2]

Aber nicht nur in vielen lebensweltlichen Bereichen der Gesellschaft ist der reflexive Bezug auf Beziehungsstrukturen mittlerweile fixer Bestandteil. Auch in der soziologischen Literatur erlebt die Netzwerkforschung eine Hochkonjunktur. Darauf verweisen die Publikationen von aktuellen empirischen und theoretischen Arbeiten (Boltanski/Chiapello 2013; Latour 2010; White 1992, 2008), Einführungsliteratur (Fuhse 2016; Holzer 2010; Schmitt/Fuhse 2015), Sammelbänden (Fuhse/Mützel 2010; Hollstein/Straus 2006; Stegbauer/Häußling 2010), Gesellschaftsdiagnosen (Baecker 2007; Castells 2001), in denen der Netzwerkbegriff im Zentrum

---

1 Im Folgenden wird auf Grund der besseren Lesbarkeit auf eine geschlechtersensible Sprache verzichtet (z. B. das weit verbreitete Binnen-I). Das je andere Geschlecht ist mitgemeint.
2 Selbstverständlich trägt der Netzwerkbegriff nach wie vor seine ‚negative Seite' mit und der Grat zwischen dem positiv attribuierten Beziehungskapital und der gesetzlich wie moralisch verwerflichen Korruption (siehe: Holzer 2010: 22-28) ist wohl oft schmaler als gedacht.

steht, die ‚Schulenbildung' der „relationalen Soziologie" (Emirbayer 1997) oder die Gründung von wissenschaftlichen Gesellschaften[3].

Die hier vorliegende Arbeit klinkt sich in den soziologischen Diskurs um Netzwerke ein und gliedert sich im Folgenden in zwei Teile. Im ersten Teil wird eine Leerstelle in der Netzwerktheorie und Netzwerkforschung bearbeitet, die in der praxissoziologisch zentralen Dimension des impliziten, inkorporierten Wissens liegt (Reckwitz 2003). Es wird argumentiert, dass die White'sche Netzwerktheorie, aber auch praxeologisch ausgerichtete Netzwerkansätze (Callon 2006; Crozier/Friedberg 1979; Elias 2009; Latour 2010; Windeler 2002) eine solche Perspektive in ihren Ansätzen ausklammern. Die Herausforderung besteht darin, die Netzwerktheorie Whites (1992, 2008) praxissoziologisch zu erweitern und methodologisch so zu wenden, dass die (implizite) Sinnkonstitution von Netzwerken auch im methodischen Vollzug ernst genommen wird. Der in einem metatheoretischen Rahmen ausformulierte Brückenschlag zwischen Whites Netzwerktheorie und der dokumentarischen Methode nach Bohnsack wird im zweiten Teil der Arbeit anhand einer qualitativ-rekonstruktiven Studie in Bezug auf Netzwerke zwischen Geschäftsführern, Chefärzten, niedergelassenen Ärzten und Patienten empirisch angewendet. Als Ausgangspunkt der Studie wird der institutionelle Wandel des deutschen Krankenhaussektors herangezogen, der neue Unsicherheiten zur Folge hat, die unter anderem netzwerkförmig bearbeitet werden. Das Ziel des empirischen Teils besteht in der Analyse und Rekonstruktion neuer Netzwerkbeziehungen, Dispositionen der Akteure und subtilen Praktiken des Netzwerkens zwischen Geschäftsführern, Chefärzten, niedergelassenen Ärzten und Patienten.

Obwohl dem Netzwerkparadigma mittlerweile nicht mehr eine Theorielosigkeit vorgeworfen werden kann und aktuelle Arbeiten der „relationalen Soziologie" (Emirbayer 1997) die theoretischen Leerstellen um Kultur, Akteur und Sinnkonstitution in Angriff nehmen, wird interessanterweise die Frage um das *Tun* in Netzwerken, also der Bezug zum *modus operan*di einer Netzwerkpraxis, sowohl theoretisch als auch methodologisch weitgehend ausgeklammert[4]. Umgekehrt werden aus praxissoziologischer Perspektive die Entwicklungen um die „relationale Soziologie" nicht weiter beachtet. Die Netzwerkperspektive wird zwar in der Version der „Akteur-Netzwerk-Theorie" (Latour 2010; Callon 2006) als theoretischer Anschluss

---

[3] Beispielsweise die Gründung der „Deutschen Gesellschaft für Netzwerkforschung" im Jahr 2016.

[4] Als Ausnahmen können die Anregungen von Vogd (2007, 2011) oder die Arbeiten von Mische (2003, 2008) genannt werden. Darüber hinaus sind Arbeiten zu beobachten, die die Netzwerktheorie Whites mit der praxissoziologisch orientierten Akteur-Netzwerk-Theorie Latours konzeptionell vergleichen (Laux 2009; Mützel 2009), wobei eine tatsächliche Verknüpfung bzw. Integration bisher ausgeblieben ist.

erwähnt (z. B. Reckwitz 2003), allerdings wird das Potenzial der Arbeiten von White (1992, 2008) nicht dazu genutzt, eine praxissoziologische Netzwerktheorie zu konzipieren. Als Befund kann daher gelten, dass sich Praxissoziologie (Bourdieu 2012a; Bohnsack 2014a; Reckwitz 2003) und relationale Soziologie (White 1992, 2008) wechselseitig recht wenig Aufmerksamkeit schenken. Dies überrascht, da einerseits die Bedeutung von Netzwerken für die Gegenwartsgesellschaft unbestritten ist und damit für die Praxissoziologie ein relevantes Forschungsphänomen darstellen sollte, und andererseits die für die Praxissoziologie relevante Dimension des impliziten, inkorporierten Wissens auch für die Netzwerktheorie und Netzwerkforschung eine fruchtbare Perspektive ergeben könnte.

Das *wechselseitige Schweigen* soll mit dieser Arbeit einen Riss bekommen. Oder mit einer anderen Metapher ausgedrückt: Der Graben zwischen Whites Netzwerktheorie und der Praxissoziologie soll mit Hilfe einer *konzeptionellen Brücke* überwunden werden. Für dieses Unterfangen wird auf eine gut etablierte praxissoziologische Methodologie und Forschungsstrategie, der dokumentarischen Methode nach Ralf Bohnsack (2014a), zurückgegriffen.

Die Integration von Whites Netzwerktheorie und der dokumentarischen Methode wirkt zunächst einmal merkwürdig und kann sogar als unvereinbares Unterfangen beschrieben werden. Wie kann ein netzwerktheoretischer Ansatz, so kann gefragt werden, der in der Tradition der quantitativ und formalistisch geprägten „Social Network Analysis" steht und nach wie vor strukturalistisch geprägt zu sein scheint (so beispielsweise das Urteil von Laux 2009), mit einem praxissoziologischen Ansatz verknüpft werden, der in der Auseinandersetzung mit den qualitativ-sinnrekonstruktiven Untersuchungen von gesellschaftlichen Milieus entstanden ist? Hat man es hier nicht mit einer grundlegenden theoretischen und methodologischen Inkommensurabilität zu tun?

Gegen diese Annahme spricht, dass sich Netzwerktheorien und praxissoziologische Ansätze grundsätzlich auf der gleichen theoretischen Ebene bewegen. Beide kritisieren Theorien, die ‚das Soziale' gewissermaßen als Subjektivismus oder Objektivismus vereinseitigen. Beide Perspektiven verstehen sich als Zwischenposition zwischen Akteurs- und Strukturtheorien und versuchen diese in ihren Ansätzen zu integrieren. Darüber hinaus dokumentiert sich bei genauerem Hinsehen, dass der Netzwerkansatz Whites konzeptionell gar nicht so weit von der praxissoziologisch orientierten Akteur-Netzwerk-Theorie Bruno Latours entfernt ist (Laux 2009; Mützel 2009; Vogd 2011) und deren Verhältnis vielmehr als „komplementär" (Laux 2009) beschrieben werden kann. Das legt die Annahme nahe, dass die strukturalistisch beeinflusste Theorie Whites mit ein paar Umstellungen praxeologisch anschlussfähig gemacht werden könnte. Darüber hinaus ist die dokumentarische Methode in den letzten Jahren auf unterschiedliche empirische Phänomene, wie

Migration (Nohl et al. 2010), Technik (Schäffer 2013) oder Organisation (Amling/ Vogd 2017; Mensching 2008; Nohl 2007; Vogd 2009) angewendet worden. Diese Ausweitung hat gezeigt, dass durch rekonstruktive Forschung neue Erkenntnisse in Forschungsbereichen jenseits von Milieus erzielt werden können, was auch zu methodischen (Bohnsack 2003; Nohl 2013; Vogd 2005) und methodologischen Neujustierungen (Jansen et al. 2015) geführt hat.

Doch an welcher theoretischen Stelle ist ein Brückenschlag zwischen dokumentarischer Methode und Whites Netzwerktheorie sinnvoll?

Als verbindendes Element für eine praxeologisch gewendete und methodologisch eingebettete Netzwerktheorie wird der *Geschichten*-Begriff herangezogen, der sowohl in Whites Netzwerktheorie als auch in der dokumentarischen Methode eine zentrale Stellung einnimmt. Allerdings ist dieser je anders konturiert: Während bei White die typisierten sozialen Relationen in *stories* repräsentiert sind, versucht die dokumentarische Methode insbesondere auf Grundlage von *Narrationen* die Logik der Praxis zu rekonstruieren. Der *Story*-Begriff Whites erhält durch die Erweiterung um eine praxeologische Sinndimension einen *doppelten Verweisungszusammenhang*: einerseits als sich relational konstituierende Identitätszuschreibungen, andererseits als eine sich temporal entfaltende Praxis. Damit wird eine Integration der strukturellen Konfiguration von Netzwerken (Institutionen, Netzwerkbeziehungen) mit der praxeologischen Dimension (Netzwerkpraktiken, Dispositionen der Akteure) ermöglicht, die in dieser Arbeit schließlich in einem metatheoretischen Rahmen konzeptualisiert wird. Da die dokumentarische Methode neben dem praktischen Sinn auch den kommunikativen Sinn – die Schützschen Um-zu- und Weil-Motive aber auch die typisierten Identitäten und die institutionalisierten Erwartungsstrukturen – als Dimension mitführt, werden den zugeschriebenen und typisierten Identitäten ebenso Rechnung getragen wie auch den institutionalisierten Erwartungsstrukturen.

Der herausgearbeitete metatheoretische Rahmen wird im zweiten Teil der Arbeit beispielhaft an neuartigen Vernetzungen zwischen Geschäftsführern, Chefärzten, niedergelassenen Ärzten[5] und Patienten angewendet. Der Gesundheits- bzw. Krankenhaussektor kann dabei als ein Feld begriffen werden, das sich für die Erforschung von Netzwerken besonders eignet, da hier tiefgreifende Umwälzungen stattgefunden haben und damit zusammenhängende neue Unsicherheiten in Bezug auf die Organisationsumwelt entstanden sind, die netzwerkförmig bearbeitet wer-

---

5   Unter „niedergelassenen Ärzten" werden in der Arbeit Ärzte gemeint, die überwiegend im ambulanten Sektor der Krankenbehandlung tätig sind. Folgende Begriffe werden in der Arbeit synonym mit jenem des niedergelassenen Arztes verwendet: Hausarzt, Einweiser und Zuweiser.

den. In Folge eines „epochalen Strukturwandels" (Bode 2010a: 63) im deutschen Gesundheitswesen sind Krankenhäuser einem zunehmenden ökonomischen und damit einem teilweise existentiellen Druck ausgesetzt. Um die Kosten zu dämpfen und die Qualität zu steigern (so das häufig in Anschlag gebrachte Argument), wurden von politischer Seite verschiedene Gesetzesinitiativen verabschiedet, die im internationalen Trend liegen. Marktähnliche Strukturen und ein damit korrespondierendes fallpauschales Verrechnungssystem[6] haben die Konkurrenz zwischen Krankenhäusern erhöht und die Behandlungsdauer pro Patient durchschnittlich reduziert. Innerhalb von Krankenhäusern hat dies einen Aufstieg der BWL-geschulten Manager zur Folge gehabt, die im Verhältnis zu den Chefärzten an Einfluss gewonnen haben. Die *Vermarktlichung* des Krankenhauswesens und die *Managerialisierung* krankenhausinterner Strukturen und Prozesse setzen damit die klassische Wohlfahrtsorientierung und den medizinischen Professionalismus unter Druck, ohne diese Strukturlogiken abzulösen. Daneben kann eine zunehmende *reflexive Bezugnahme auf Netzwerke* beobachtet werden: Um beispielsweise die Bettenauslastung hoch zu halten und ökonomisch lukrative Patientenfälle in das Krankenhaus zu schleusen, werden Netzwerkbeziehungen, insbesondere zu niedergelassenen Ärzten, für Krankenhäuser immer bedeutender.

Der Netzwerkbezug wird auch von betriebswirtschaftlicher Seite bemerkt und mit der Forderung versehen, sich zu vernetzen, um Wettbewerbsvorteile gegenüber der Konkurrenz herauszuholen[7] (Behar/Wichels 2009). Allerdings reflektieren die eher unterkomplexen Common-Sense-Erwartungen, wie z. B. Vertrauen durch Besuche niedergelassener Ärzte aufzubauen oder die eigene Kompetenz in Fachvorträgen anzuzeigen, nicht die Dynamiken, die mit der Praxis des Netzwerkens im Kontext des Krankenhaussektors einhergehen. Auch die im Krankenhaussektor emergierenden Identitätszuschreibungen, die für die Netzwerktheorie Whites einen zentralen Stellenwert einnehmen, lassen keinen Zugriff auf die subtilen und ambivalenten Formen der Netzwerkpraxis zu. Zwar kann auf Grundlage dieser gezeigt werden, dass neue Typisierungen in Folge des beschriebenen Strukturwandels

---

6   Die so genannten Diagnoses Related Groups (DRGs) sind 2005 flächendeckend in deutschen Krankenhäusern eingeführt worden. Im fallpauschalisierten Abrechnungssystem werden ähnliche medizinische Fälle gruppiert und mit einem Pauschalbetrag vergütet, der sich an zuvor festgelegten Mittelwerten orientiert. Dadurch können Krankenhäuser mit Patientenfällen Verluste oder Gewinne einfahren.

7   In diesen Fällen wird z. B. von 'Einweisermanagement' gesprochen. Die niedergelassenen Ärzte, aber auch Krankenwagendienste, werden als 'Einweiser' gerahmt, die es so zu beeinflussen gilt, damit diese ökonomisch gut abrechenbare Patientenfälle ins eigene Krankenhaus überweisen.

aufgegriffen werden[8], die auch mit Effekten auf struktureller Ebene einhergehen[9], jedoch, und damit wird die Fruchtbarkeit des Brückenschlags auch auf empirischer Ebene nachvollzogen, bekommt eine Soziologie, die allein auf die „kommunikative Konstruktion von Akteuren in Netzwerken" (Fuhse 2009) abzielt, die neuartigen Dynamiken der Netzwerkpraxis, die damit korrespondierenden Orientierungsrahmen und die sich abzeichnenden „Habitustransformationen" (von Rosenthal 2011) im Krankenhaussektor nicht in den Blick.

Der empirische Bezug in der Arbeit, der am Beispiel von zwei Netzwerkarrangements zwischen Geschäftsführern, Chefärzten, niedergelassenen Ärzten und Patienten veranschaulicht wird, soll genau diese Lücke schließen und einen Beitrag dazu leisten, wie sich mit praxeologischer Forschung eben jene Netzwerkdynamiken, -praktiken und sich konstituierenden Orientierungsrahmen gegenstandstheoretisch aufschlüsseln lassen.

Die hier vorliegende Arbeit ist wie folgt aufgebaut:

Im ersten Teil der Arbeit wird ein metatheoretischer Rahmen konzipiert, dessen Kern die Verknüpfung von Harrison Whites Netzwerktheorie und der dokumentarischen Methode nach Bohnsack ist.

Im Kapitel 1 wird es zunächst darum gehen, das Programm der „Social Network Analysis" und die Kritik der „relationalen Soziologie" zu umreißen, die dann in ein eigenes Forschungsparadigma mündete, in der Harrison Whites Netzwerktheorie eine zentrale Stelle einnimmt. In weiterer Folge wird in Whites Netzwerktheorie eingeführt und im Anschluss daran werden vier Desiderata identifiziert.

Im darauffolgenden Kapitel werden das Programm der Praxissoziologie umrissen und drei Netzwerktheorien identifiziert, die eine praxeologische Orientierung aufweisen. Es handelt sich dabei um die machttheoretischen Ansätze nach Elias (2009) bzw. Crozier/Fridberg (1979), die „Akteur-Netzwerk-Theorie" (Callon/Latour 2006) und die „Strukturationstheorie" (Giddens 1988), die von Windeler (2002) auf Unternehmensnetzwerke angewendet wurde. Als Zwischenfazit kann an dieser Stelle ausgeführt werden, dass die diskutierten praxissoziologischen Netzwerkansätze zwar unterschiedliche Problemstellungen bearbeiten, aber keine dieser Theorien das implizite, inkorporierte Wissen theoretisch mitkonzeptualisiert.

---

8 Beispielsweise werden Patienten als Kunden gelabelt, Chefärzte sehen sich im Verhältnis zu niedergelassenen Ärzten als Dienstleister oder Geschäftsführer erwarten von Ärzten in Führungspositionen zu netzwerken.

9 Als zentrales Ergebnis kann hier beispielsweise gelten, dass die niedergelassenen Ärzte auf Grund ihrer Gatekeeper-Position zwischen Patienten und Krankenhäuser eine deutliche Aufwertung ihrer Netzwerkposition erfahren.

Diese Leerstelle wird in Kapitel 3 bearbeitet, indem in die praxissoziologischen Ansätze nach Bohnsack (2014a) und Bourdieu (2004) eingeführt wird, die von ihren theoretischen Anlagen her eine große Nähe zueinander aufweisen. Beide stellen das implizite, inkorporierte Wissen als zentral heraus und versuchen den modus operandi der Praxis, der sich in Habitus bzw. Orientierungsrahmen ‚ablagert', herauszuarbeiten.

Unter Bezugnahme von Harrison Whites Netzwerktheorie (1992, 2008) und der dokumentarischen Methode Bohnsacks (2014a) wird der angesprochene Brückenschlag in Richtung einer praxissoziologisch informierten Netzwerktheorie vollzogen. Als zentrales Bindeglied wird der Geschichtenbegriff eingeführt, der von White als *Story* und Bohnsack als *Narrativ* je anders konturiert ist. Mit dem Geschichtenbegriff als *Herzstück* kann im Anschluss daran ein metatheoretischer Rahmen formuliert werden, der vier Dimensionen aufweist: Institutionen, Netzwerkbeziehungen, Netzwerkpraktiken und Dispositionen der Akteure.

In der empirischen Anwendung, die den zweiten Teil der Arbeit ausmacht, wird zunächst der institutionelle Wandel im Krankenhaussektor analysiert. Es zeigt sich, dass eine zunehmende Vermarktlichung, ein aufkommender Managerialismus und ein gesteigerter Bezug auf reflexive Netzwerkmuster jene institutionellen Elemente darstellen, die die klassische Wohlfahrtsorientierung und den medizinischen Professionalismus unter Druck setzen, allerdings nicht verdrängen. Die institutionellen Verschiebungen und daraus entstehenden Unsicherheiten sind dann jener Horizont, vor dessen Hintergrund die Netzwerkaktivitäten verständlich werden, die dann auch in die Netzwerkpraxis miteinfließen.

Auf Grundlage von Experteninterviews (Meuser/Nagel 1991) werden im Anschluss mit der formulierenden Interpretation zunächst die neuartigen Identitätszuschreibungen analysiert, die in Bezug auf die Vernetzungsaktivitäten bestehen. Hier zeigen sich bereits einige strukturelle Neukonfigurationen, wie z. B. die zunehmende Bedeutung des niedergelassenen Arztes für Krankenhäuser. In weiterer Folge werden auf Grundlage der reflektierenden Interpretation zwei Fälle (je ein Geschäftsführer und Chefarzt in zwei Krankenhäusern) genauer rekonstruiert und die Praktiken des Netzwerkens und die Dispositionen der Akteure herausgearbeitet.

1. Teil
Theoretische und methodologische Ausführungen

Von der Social Network Analysis zu Harrison Whites phänomenologischer Netzwerktheorie

Netzwerkanalytische Erklärungsansätze nehmen in der Regel eine Position zwischen individualistisch orientierten Perspektiven und holistischen Ansätzen ein, die soziales Handeln auf Grundlage höher aggregierter Kategorien erklären. Damit wird sowohl ein methodologischer Individualismus im Sinne von Rational-Choice-Ansätzen abgelehnt als auch ein „anti-kategorischer Imperativ" (Emirbayer/Goodwin 1994: 1414) vertreten, der die einfache deduktive Ableitung von Strukturkategorien wie Klasse, Gruppe oder Organisation problematisiert. Die geteilte Grundannahme besteht in der Idee, dass das Handeln von Akteuren stark von den Beziehungsstrukturen beeinflusst ist, das heißt, dass die unabhängige Variable ‚Netzwerk' die abhängige Variable ‚Akteur' definiert und nicht umgekehrt[10]. Damit ist beispielsweise gemeint, dass die Klassenzugehörigkeit nicht (primär) aus der Ressourcenausstattung der Akteure abgeleitet wird, sondern sich durch die relationalen Verknüpfungen mit anderen Akteuren ergibt (man ist Arbeiter, weil man viele Arbeiter kennt, die Arbeiter kennen).

Neben der hier angesprochenen „strukturellen Intuition" (Freeman 2004), die von allen Netzwerkansätzen geteilt wird, sind Netzwerke in den letzten Jahrzehnten aus unterschiedlichen Perspektiven beleuchtet worden. Damit geht auch einher, dass es *die* Netzwerkforschung bzw. *die* Netzwerktheorie nicht gibt. Zwar kann beobachtet werden, dass das so genannte strukturalistische Netzwerkparadigma, das eng mit der quantitativ eingestellten „Social Network Analysis" verknüpft ist, nach wie vor dominiert, aber spätestens seit den Arbeiten von Harrison White (1992, 2008) und der Entwicklung der „relationalen Soziologie" (Emirbayer 1997) wird die Etablierung von Netzwerkansätzen vorangetrieben, die der mathematischen Modellierung von Beziehungsmustern mit ihren phänomenologischen

---

10 Für Mitchell (1969) ist ein Netzwerk beispielsweise „a specific set of linkages among a defined set of persons, with the additional property that the characteristics of these linkages as a whole may be used to interpret the social behavior of the persons involved".

© Springer Fachmedien Wiesbaden GmbH, ein Teil von Springer Nature 2018
J. Wolf, *Netzwerkpraxis im Krankenhaussektor*,
https://doi.org/10.1007/978-3-658-22170-6_2

und kultursensiblen Theorieangeboten ernsthafte Alternativen anbieten. Damit wird auch das Theoriedefizit einer netzwerkanalytischen Perspektive bearbeitet und eine komplexere Beschreibung jenseits von quantitativen Vermessungen ermöglicht. Mit dem Einbezug der Sinnebene und der Fokusverschiebung hin zur kommunikativen Herstellung von Netzwerken werden die zentralen Kategorien der strukturellen Netzwerkperspektive, Knoten und Kanten, als Identitäten und Geschichten neu beschrieben.

1.1 Das Programm der Social Network Analysis

Das relationale Forschungsprogramm, Handeln aus Beziehungsmustern abzuleiten, wird insbesondere von Forschern verfolgt, die auf Grundlage der „Social Network Analysis" (SNA) das Verhältnis von Knoten und Kanten mit quantitativen Mitteln zu erfassen versuchen. Als mathematische Grundlage dient die Graphentheorie, die es ermöglicht, die strukturellen Komponenten von Netzwerken zu analysieren. Als Knoten kommen beispielsweise Individuen, Gruppen, Organisationen oder Nationalstaaten, aber auch wissenschaftliche Artikel oder Autoren in Frage, unter Kanten werden die Beziehungen zwischen den Knoten verstanden. Aus einer solchen formalistischen Perspektive kann beispielsweise gefragt werden, ob die Beziehungsmuster symmetrisch (also wechselseitig) oder asymmetrisch (einseitig) verlaufen, welche Intensität und Dichte die Beziehungsmuster aufweisen, also ob Knoten stark oder schwach gekoppelt sind und sich in Folge dessen Cliquen und Cluster abzeichnen, oder ob bestimmte Knoten eine besondere Position im Netzwerk einnehmen, die auf Grundlage ihrer Zentralität im Netzwerk oder im Zuge der Überbrückung von „structural holes" (Burt 1992) entsteht.

Netzwerktheoretiker sind durch die Methoden der SNA zu durchaus interessanten Ergebnissen gekommen, die insbesondere die Dimensionen Information und Macht in den Fokus rücken. So zeigt beispielsweise Granovetter (1974), dass die Aktivierung von so genannten *weak ties*, also Beziehungen zu Akteuren, die entfernt bekannt sind, bei der Arbeitsplatzsuche besser geholfen haben, als *strong ties* respektive Nahkontakte. Der Bezug zu entfernten Kontakten hat sowohl zu einer höheren Wahrscheinlichkeit bei der erfolgreichen Jobsuche geführt, als auch die Vermittlung von Jobs ermöglicht, die von den Jobaspiranten besser bewertetet wurden. Die „strength of weak ties" erklärt Granovetter informationstheoretisch: Enge Freunde oder Familienmitglieder kennen tendenziell Personen, die einem auch selber bekannt sind. Folglich zirkulieren ähnliche Informationen in dichten Netzwerken. Weak ties überbrücken hingegen Netzwerkgrenzen, da entferntere

1.1 Das Programm der Social Network Analysis

Bekannte mit höherer Wahrscheinlichkeit in anderen Netzwerken partizipieren, was zur Folge hat, dass neue, für die Jobsuche nützliche, Informationen zugänglich werden.

Als weiteres Beispiel sei in diesem Zusammenhang eine historische Studie von Padgett/Ansell (1993) über den Aufstieg der Medici in Florenz um 1400 angeführt, in der der Statusgewinn und die Ablösung der bis dahin dominierenden Patrizier-Familien netzwerkanalytisch nachvollzogen werden. Während die alten Oligarchen durch Heiratsnetzwerke miteinander verknüpft waren, gingen die Medici auch mit Patriziern sowohl Heirats- wie auch Kreditbeziehungen ein und konnten durch diese zentrale Netzwerkposition als Vermittler zwischen Oligarchie und Neureichen ihre Machtstellung erfolgreich behaupten.

Die Medici-Studie demonstriert, dass Macht als eine Folge von Relationierungen verstanden werden kann. Dies spiegelt sich auch in einigen anderen Arbeiten wider, die die Mechanismen herausarbeiten, die die Machtposition eines Akteurs bestimmen. Beispielsweise hat Freeman (1978, 1979) die Annahme vertreten, dass Zentralität, also die Anzahl von aktuellen und potenziellen (indirekten) Beziehungen, die Machtchancen in einem Netzwerk erhöhen können[11]. Cook et al. (1983) argumentieren dahingehend, dass nicht nur die Zentralität eines Akteurs entscheidend ist, sondern auch die Qualität der Verknüpfung. So kann ein Akteur eine hohe Zentralität im Netzwerk aufweisen, aber gleichzeitig von anderen Akteuren in entscheidendem Maße abhängig sein, was die Dominanzpotenziale relativiert. Beispielsweise können Zulieferer entscheidende Machtvorteile gegenüber einer Organisation herausschlagen, auch wenn sie ein geringeres Zentralitätsmaß im Netzwerk aufweisen. Insbesondere Burt (1992) hat darauf hingewiesen, dass nicht unbedingt die Anzahl der Beziehungen für Machtpositionen relevant sind, sondern die Überbrückung von so genannten *structural holes*. Durch die Verknüpfung von strukturellen Löchern werden unterschiedliche Netzwerke miteinander verbunden, die sonst unverbunden wären, wodurch Akteure Informationsvorteile herausschlagen können. In den Blick kommen damit nicht nur die tatsächlichen Verbindungen, sondern auch die unverbundenen Knoten. Das Ausspielen von Unverbundenheit und damit die Ermöglichung *struktureller Autonomie* sind nur dann möglich, wenn bestimmte Netzwerkpartner eben nicht miteinander interagieren.

---

11 Freeman unterscheidet dabei drei unterschiedliche Zentralitätsmaße: das *degree based measure* verweist auf die direkten Außenbeziehungen, das *betweenness measure* bezieht sich auf die Verbindungsleistung von Knoten, die sonst nicht miteinander verbunden wären, und das *closeness measure* misst die durchschnittliche Distanz eines Knotens zu allen anderen Knoten im Netzwerk.

Strukturalistische Ansätze sensibilisieren somit für die Bedeutung der Netzwerkstruktur für das Handeln von Akteuren, indem sie die Verknüpfung von Knoten in den Fokus rücken und so Machtasymmetrien, Informationsdiffusion oder auch Innovationsprozesse aufschlüsseln. Trotz interessanter Forschungsergebnisse weisen strukturalistische Ansätze Theoriedefizite auf drei Ebenen auf: Die Sinnbasiertheit des Handelns, die Akteursebene und die kulturelle Einbettung in institutionelle Arrangements, die bestimmte Beziehungsmuster mehr oder weniger wahrscheinlich machen, werden von einer strukturalistisch ausgerichteten Netzwerkanalyse nicht erfasst bzw. unzureichend theoretisch plausibilisiert. So argumentieren beispielsweise Emirbayer/Goodwin (1994: 1413):

"Our argument is that while this new mode of structuralist inquiry [...] offers a more powerful way of describing social interaction than do other structural perspectives that focus solely on the categorial attributes of individual and collective actors, it has yet to provide a fully adequate explanatory model for the actual formation, reproduction, and transformation of social networks themselves. Network analysis all too often denies in practice the crucial notion that social structure, culture, and human agency presuppose one another, it either neglects or inadequately conceptualizes the crucial dimension of subjective meaning and motivation – including the *normative commitments* of actors – and thereby fails to show exactly how it is that intentional, creative human action serves in part to constitute those very social networks so powerfully constrain actors in turn."

Statt der theoretischen Herleitung und Plausibilisierung der Formation, Reproduktion und Transformation von Netzwerken, der Einbeziehung von Sozialstruktur, Kultur und *agency* und der Konzeptualisierung von subjektiven Bedeutungen und normativen Komponenten, wird ein Methodenfetischismus gepflegt, der immer ausgefeiltere Verfahren produziert.

„Der Anspruch, eine rein ‚relationale' oder ‚strukturalistische' Sozialwissenschaft zu begründen, die nicht Absichten und Attribute von Akteuren, sondern allein deren Beziehungsmuster berücksichtigt, führt in die Irre, wenn sie über der Begeisterung für formale Methoden die Sinnstrukturiertheit ihres Gegenstandes vergisst." (Holzer 2010: 78)

1.2 Das Programm der relationalen Soziologie

Ab den 1990er-Jahren ist vermehrt Kritik am klassischen Strukturansatz der Netzwerkperspektive aufgekommen (z. B. Emirbayer/Goodwin 1994; Emirbayer 1997). Insbesondere die Gruppe um Harrison White, die sich das Label der *relationalen*

Soziologie verpasst hat, hat die mangelnde Einbeziehung kultureller Muster und die Konzeptualisierung von Akteuren als Desiderate ausgemacht. White formulierte in den beiden Auflagen seines Buchs Identity & Control (1992, 2008) einen theoretischen Rahmen, der die Sinnstrukturierung von Netzwerken in den Mittelpunkt stellt und so zur „kulturellen Wende" (Mützel/Fuhse 2010) der Netzwerkforschung maßgeblich beigetragen hat. Netzwerke werden in der „phänomenologischen Netzwerktheorie" (Fuhse 2008) als Raum konzeptualisiert, in dem Struktur und Kultur untrennbar miteinander vermischt sind.

Der ausgebildete Physiker White ist ursprünglich mit seinen Überlegungen zur strukturellen Äquivalenz bekannt geworden, die er mit der Blockmodellanalyse untersuchte (White et al. 1976). Die Grundidee dabei ist, dass ein Set von Akteuren (Block) zu anderen Akteuren (Blöcke) ähnliche soziale Beziehungen aufweist, wodurch Rollenmuster in sozialen Systemen aufgedeckt werden können. So ist beispielsweise anzunehmen, dass das mittlere Management in Organisationen organisationsübergreifend ähnliche Sozialbeziehungen aufweist (zum Top Management und zu den eigenen Mitarbeitern) und auf Grund der Relationen mit ähnlichen Erwartungen konfrontiert ist.

In weiterer Folge hat sich White mit der Sinnkonstitution von Netzwerken auseinandergesetzt. Netzwerke werden damit nicht nur als strukturelle Konfigurationen verstanden, sondern auch als Bedeutungsraum, der sich insbesondere in Bezug auf Erzählungen (*Strories*) konstituiert, die in Folge von Identitäts- und Kontrollarrangements gebildet werden.

1.3 Harrison White: Netzwerke als erzählte Kontroll- und Identitätsarrangements

Der prominenteste Vertreter der konstruktivistischen bzw. phänomenologischen Netzwerktheorie ist Harrison White, dessen Hauptwerk *Identity & Control* (1992, 2008) im Titel die Grundbegriffe seiner Sozialtheorie beinhaltet. Identität und Kontrolle sind dabei als zwei Pole zu verstehen, die in ihrer wechselseitigen Verschränkung Netzwerke konstituieren. Kontrolle entsteht auf einer ersten Ebene in Folge von Unsicherheit: Akteure versuchen ihre kontingente Umwelt *zu kontrollieren*. Dies darf allerdings nicht dahingehend missverstanden werden, dass Kontrolle auf Beherrschung basiert. Vielmehr meint der Begriff, dass Akteure versuchen, Erwartungssicherheit in Bezug auf die turbulente/kontingente Umwelt herzustellen (White 2008: 1). Auf dieser Stufe der Theoriekonstruktion kommt der Identitätsbegriff ins Spiel. Durch Selbst- und Fremdzuschreibungen werden

Unsicherheiten bearbeitet und Identitäten konstruiert[12], die in einem relationalen Verhältnis zueinander stehen. Der Prozess der wechselseitigen Identitätsrahmung ist dabei als fluides Aushandlungsspiel zu verstehen: Identitäten werden aufgeworfen, stabilisieren sich, verschieben sich und lösen sich möglicherweise wieder auf. Im Zuge dieses Aushandlungsprozesses kann eine zweite Bedeutung von Kontrolle ausgemacht werden. Der Versuch, Identitäten *auf Dauer* zu stellen, ist wiederum als Kontrollprojekt zu verstehen. Fremdzuschreibungen bilden „social realities for other identities" (White/Godart 2007: 2) und können affirmativ angenommen werden oder zu Abgrenzungen führen, was wiederum eine spezifische Stellung im Netzwerk produziert. Um das Argument mit Baecker (2006: 104-105) zusammenzufassen, der die Relationalität und Zirkularität von Identität und Kontrolle herausstreicht:

> „Die Identitätsbeziehungen sind [...] Beziehungen, die auf Differenzen, auf Unterschieden zu anderen und zu ebenfalls als Identitäten konstruierten Identitäten beruhen [...]. Und die Kontrollbeziehungen sind wie in der Kybernetik zirkulär zu denken, das heißt als Beziehungen, in denen die Kontrolle nur gelingt, wenn sich das kontrollierende Element vom kontrollierten Element [...] seinerseits kontrollieren lässt."

Besonders im Organisationskontext ist damit zu rechnen, dass Strategien entwickelt werden, um Identitäten in einem stärker instrumentellen Sinne *zu kontrollieren*. White et al. (2007: 182) sprechen in diesem Zusammenhang von der Mobilisierung (*mobilizing*) von Netzwerken, im Zuge dessen versucht wird, Beziehungen zu disziplinieren und Identitäten im eigenen Sinne zu verändern. Dieses Unterfangen kann wiederum zu Gegenreaktionen führen. Beispielsweise kann im Krankenhausumfeld beobachtet werden, dass Geschäftsführer versuchen, Chefärzte zu wirtschaftlich effizienterem Handeln zu bewegen. Im Sinne von White werden Chefärzte nicht nur als Mediziner, sondern auch als Wirtschaftssubjekte gerahmt. Diese Identitätszuschreibung kann auf Seiten der Ärzte zu überpointierten Ablehnungen gegenüber den Effizienzerwartungen führen. Man sieht sich als medizinischer Professioneller alter Schule, der die Erwartungen der Geschäftsführung bewusst ignoriert.[13]

---

12 White (2008: 17f.) unterscheidet fünf Identitätsebenen: 1. streben Identitäten im Sinne eines anthropologischen Prinzips nach sozialer Verortung, 2. werden Identitäten, wenn sie eine soziale Position einnehmen, mit Bedeutungen bekleidet, erhalten damit ein typisiertes soziales Gesicht, 3. entstehen Identitäten durch die Differenziertheit sozialer Kreise. Da diese eigene Logiken und Vernetzungen aufweisen, werden Identitäten quasi im Spannungsfeld unterschiedlicher Netzwerkkontexte erzeugt, 4. entstehen Identitäten in der Interpretation und (Selbst-)Zuschreibung in der Folge von Netzwerkwechseln, was einem Prozess des sensemakings entspricht und 5. werden Identitäten als „Personen" dynamisch hergestellt, indem die ersten vier Bedeutungen von Identitäten zeitlich aufeinander bezogen werden.

13 So z. B. die Beschreibungen bei Feißt/Molzberger 2016.

1.3.1 Stories, Netzwerkdomänen und Switching

Das relationale Verhältnis bestehender Identitäten ist in Geschichten (*stories*) repräsentiert. Erzählungen sind nach Whites Verständnis nicht von Netzwerken zu trennen, da Netzwerkstrukturen als Sinnstrukturen konzipiert werden. Der Begriff der *story* ist dabei recht weit gefasst und zielt weniger auf die zeitliche Strukturierung denn auf die soziale Relationierung. So heißt es beispielsweise bei Godart/White (2010: 572): „In essence [...] stories are relational, not temporal". Dadurch, dass Geschichten Identitäten festlegen und relationieren, sind sie ein Medium für Kontrolle (White 2008: 27). Erzählungen können als generalisierte Bedeutungsbündel in unterschiedlichen Kontexten zur Anwendung kommen (Godart/White 2010: 579). Gesellschaftlich verbreitete *origin stories* über das Kennenlernen können beispielsweise von Paaren genutzt werden, um deren Beziehung einen Anfangspunkt zu geben und so dessen netzwerkartiges Geflecht mit Sinn zu versehen. Eine weit verbreitete Form des Geschichtenerzählens sind so genannte „standard stories" (Tilly 1999). Diese umfassen eine Reihe von Elementen wie eine begrenzte Anzahl interagierender Charaktere, limitierter Zeit und limitiertem Raum, unabhängige, bewusste und selbst-motivierte Handlungen und, mit der Ausnahme von fremd verursachten ‚Unfällen', resultieren alle Handlungen aus vergangenen Handlungen der beteiligten Charaktere.

Das konkrete Netzwerk, wie z. B. die angesprochene Paarbeziehung, wird von White als Netzwerkdomäne (*netdom*) begrifflich gefasst. Das Konzept verwebt die strukturellen (Netzwerk) und kulturellen (Domäne) Aspekte von relationalen Beziehungen. Eine Netzwerkdomäne ist somit als Bedeutungsraum zu verstehen, der sich mehr oder weniger von seiner Umwelt abgrenzen lässt und in dem konkrete Beziehungskonstellationen realisiert werden. Um an das Beispiel anzuschließen: Die Frau ist sowohl in der Netzwerkdomäne Beziehung als auch in der Netzwerkdomäne Beruf (z. B. als Ärztin) eingebettet und nimmt je unterschiedliche Identitäten an, die relational an andere Identitäten der jeweiligen Netzwerkdomäne anknüpfen. *Netdoms* können sich dabei zu recht stabilen Mustern verdichten, aber auch einen fragilen Status annehmen.

Der Aspekt des Wandels wird bei White insbesondere durch den Begriff des *switchings* zwischen Netzwerkdomänen beschrieben. Dieser Begriff ist recht offen konzipiert und kann, wenn man die empirischen Beispiele Whites betrachtet, zwei Ausprägungen annehmen: Erstens als Situationsswitching, wenn beispielsweise ein Businessmeeting durch eine Kaffeepause unterbrochen wird und sich eine veränderte Konstellation einstellt, „with juice drinkers to one side and smokers shunted away to talk of their own." (Mische/White 1998: 701) Zweitens werden darunter Personenswitchings zwischen Netzwerkdomänen verstanden, wenn z. B.

ein User zwischen verschiedenen Internetforen wechselt und so eine je neue Identität annimmt (White 2008: 2f.). Zentral ist hier, dass durch Kontextwechsel neue Bedeutungen und Verknüpfungen entstehen (*fresh meaning*), also ein Sinn- und Strukturwandel herbeigeführt wird, der wiederum durch *stories* in eine erzählbare und strukturierte Form gebracht werden kann.

1.3.2 Institutionen

White konzeptualisiert allerdings nicht nur die Netzwerkebene als strukturell-phänomenologischen Zusammenhang, sondern versucht höher aggregierte Strukturebenen theoretisch mit einzubeziehen. So widmet er sich der Ausarbeitung von Institutionen (White 1992: 118ff., 2008: 171 ff.), die soziologisch gesehen ein recht weites empirisches Spektrum umfassen: Vom Handschlag bis zum indischen Kasten-Wesen reichen hierbei die Erscheinungsformen. Institutionen werden von White mit Rhetorik verknüpft, was bedeutet, dass ein bestimmter Sprachgebrauch gesellschaftlich institutionalisiert ist und sich von anderen Rhetoriken abgrenzen lässt. Der Institutionenbegriff von White liegt nah am Verständnis des soziologischen Neo-Institutionalismus (Schmitt/Fuhse 2015). Scott (2014: 59-70), einer der wichtigsten Vertreter des soziologischen Neo-Institutionalismus, etwa begreift Institutionen als Verknüpfung von drei Strukturmustern: regulative, normative und kulturell-kognitive. Die regulative Säule bezieht sich auf explizite Regeln, deren Anwendung beobachtet und sanktioniert werden kann. In Bezug auf Netzwerke ist hier beispielsweise an Vernetzungsregeln im Gesundheitsbereich zu denken, wie z. B. dem Verbot gegenüber Krankenhäusern für erfolgreich überwiesene Fälle eine Prämie an den niedergelassenen Arzt zu zahlen[14]. Die normative Säule inkludiert Werte und Normen und formuliert so bestimmte Rollenmuster, die über Moral eingefordert werden können. Beispielsweise kann eine stärkere Kundenorientierung von Geschäftsführern gegenüber Ärzten normativ erwartet werden, die Patienten überwiegend als medizinischen Fall begreifen. Die kulturell-kognitive Säule bezieht sich auf die Dimensionen eines geteilten Verständnisses der sozialen Wirklichkeit, das für selbstverständlich gehalten wird, also in der Regel nicht reflexiv zugänglich ist. Dass sich beispielsweise Ärzte von der Arbeit von Pflegekräften distanzieren, indem sie bei der Übernahme einer pflegerischen Tätigkeit den Arztkittel ausziehen (Sander 2008), hängt mit der impliziten Vorstellung zusammen, dass Ärzte in der

---

14 Dass dies offensichtlich doch passiert (Bode 2010b: 190) macht deutlich, dass Regularien auch unterlaufen werden können. Das bedeutet allerdings nicht, dass formale Regeln keine Wirkung haben. Die Beteiligten haben einen Druck die illegalen Praktiken zu verschleiern.

Regel keine pflegerischen Tätigkeiten übernehmen und wenn, dann diese Handlung als nicht-ärztlich symbolisch markieren.

1.3.3 Desiderate von Whites Netzwerkansatz

Dem vorgestellten phänomenologischen Netzwerkansatz Whites kommt das Verdienst zu, Netzwerke konstruktivistisch zu fassen und so die Sinnstrukturierung menschlichen Handelns einzubeziehen. Netzwerke können aus dieser Perspektive heraus als ein Erwartungszusammenhang beschrieben werden, in dem die wechselseitigen Kontrollbemühungen und die damit korrespondierenden Selbst- und Fremdzuschreibungen von Identitäten einfließen, die sich schließlich in Form von Geschichten in Netzwerkdomänen oder durch Rhetorik in Institutionen verfestigen.

Allerdings können vier Kritikpunkte formuliert werden, die sich auf die Theoriekonstruktion und die methodische Umsetzung des ‚kulturellen Netzwerkansatzes' beziehen: 1. kann White ein versteckter Strukturalismus vorgeworfen werden, 2. ist (komplementär dazu) der Prozess- bzw. Praxisbezug im Geschichtenbegriff nicht konsequent ausgearbeitet, 3. werden zwar vermehrt qualitative Methoden im Kontext der relationalen Soziologie angewendet, allerdings nicht mit dem Ziel der Sinnrekonstruktion, 4. wird die Performativität des Netzwerkansatzes in der Theorie nicht mitreflektiert.

1. Vor dem Hintergrund von Latours (2010) Akteur-Netzwerktheorie, der einen stärker ethnographischen Zugang in Hinblick auf die Erforschung von Netzwerken einnimmt und deshalb die dynamischen Praktiken des Netzwerkens in den Blick bekommt, kann White eher ein Interesse an den „Verfestigungen und Verknöcherungen des Sozialen" (Laux 2009: 373) unterstellt werden:

   „Im Vergleich zur dynamischen Identitätsbestimmung [Anm. JW: gemeint ist Latours Akteur-Netzwerk-Theorie] wirkt Whites Konzeptualisierung des Netzwerkgefüges fast ein wenig statisch. Während sich Latour mithilfe der Netzwerkmetapher um die ethnografische Durchdringung und Beschreibung flüchtiger Situationen bemüht, fokussiert White eher auf Verwandtschafts-, Freundschafts- oder Firmennetzwerke. Diese können sich zwar ebenfalls verändern oder auflösen, insgesamt bilden sie jedoch eine stabile Kulisse, einen Kontext, in dem sich emergierende Identitäten positionieren müssen." (ebd.: 373-374)

   Die Beobachtung eines versteckten Strukturalismus macht Laux insbesondere an Whites Interesse an den Konzepten *disciplines*, *styles*, *institutions* und *regimes* fest, die allesamt die Struktur-Dimension betonen und immerhin einige Kapitel in der Neuauflage von Identity and Control (2008) einnehmen. Im Gegensatz zu

Latours flacher Netzwerkkonzeption[15], die auf die empirische Rekonstruktion der Praxis des Netzwerkens abzielt und der jegliche soziologisch hervorgebrachten, verfestigten Begriffe problematisiert, bastele White an einer Theorie, die Netzwerke eben nach wie vor primär strukturell begründet.

2. In eine ähnliche Kerbe schlägt Schützeichel, der eine fehlende Prozessfundierung von Whites Geschichtenbegriff feststellt (2012: 350-351):

> „White übersieht den zentralen Umstand, dass aus ‚stories' keine Prozesse erwachsen. Prozesse bilden sich aus Ereignissen, die in einem Selektivitätshorizont anderer Ereignisse stehen, also erst dann und dort, wo sie relationierende Akte bilden. Er berücksichtigt gleichsam nicht den Umstand, dass Narrationen erzählt und in Akten realisiert werden müssen. Trotz des Rekurses auf ‚stories' – Whites soziologische Konzeption überschreitet in kategorialer Hinsicht nicht die Grenzen (s)eines klassischen strukturalen Ansatzes."

Obwohl White (2008: 24ff.) seinen Netzwerkansatz als ‚prozessual' konzipiert und im Zusammenhang damit den Geschichtenbegriff aufwirft, fehle es diesem an einer temporalen, prozessualen Ebene. Erzählungen sind, so das Argument Schützeichels, mit den *Akten* der Erzählung bzw. ihrer Realisierung eben nicht identisch. Tatsächlich ist White bei der Einführung des Geschichtenbegriffs weniger an der zeitlichen Entfaltung von Narrativen denn an der relationalen Typisierung von Identitäten in *stories* interessiert (Godart/White 2010: 572). Geschichten wird die Funktion zugeschrieben, Identitäten in unterschiedlichen Netzwerkdomänen zu stabilisieren und damit Unsicherheiten zu bearbeiten.

3. Aus forschungspraktischer Perspektive kann White und seinen Schülern mangelndes Interesse an einer Weiterentwicklung von qualitativ-rekonstruktiven Methoden vorgeworfen werden, die dafür geeignet sind, die Sinnebene menschlichen Handelns zu erfassen. Denn auch wenn qualitative Methoden mittlerweile zum Standardrepartoire der phänomenologischen Netzwerktheorie gehören, liegt das Ziel üblicherweise in der quantifizierbaren Modellierung von qualitativen Daten (Mützel 2009: 873). Wie dies forschungspraktisch umgesetzt wird, kann am Beispiel von Gibson (2005) demonstriert werden. Dieser untersucht in seiner Studie die Dynamik von Sprecherwechseln in Managementsitzungen. Allerdings transzendiert Gibson in seiner Arbeit von der inhaltlichen oder thematischen Dimension und interessiert sich auch nicht für die Feinheiten des turn-taking, wie dies in der Ethnomethodologie (Sacks 1992) ausgearbeitet ist. Vielmehr werden die Sprecherwechsel quantifiziert und modellhaft dargestellt. Als (wenig überraschendes) Ergebnis kommt schließlich heraus, dass die formale

---

15 Die Akteur-Netzwerktheorie sensu Latour wird im folgenden Kapitel zu den praxissoziologischen Ansätzen besprochen.

Hierarchie in den untersuchten Gruppen einen hohen Einfluss darauf hat, wem ein Rederecht eingeräumt wird und wem nicht.

4. Der Netzwerkbegriff ist nicht allein ein analytischer Begriff, sondern verbreitet sich vermehrt in unterschiedlichen gesellschaftlichen Bereichen. Um die Terminologie Whites zu benutzen: Es kursieren nicht nur „standard stories" (Tilly 1999), in denen dem Einzelnen eine zentrale Stellung im Handlungsverlauf eingeräumt wird, sondern auch Geschichten über Netzwerke verbreiten sich vermehrt, was nolens volens Einfluss auf die Netzwerkbildung nimmt. Auf diesen Punkt verweisen Boltanski/Chiapello (2013), die in ihrem Buch „Der neue Geist des Kapitalismus" die kulturellen Ursachen der Herausbildung einer projektbasierten Polis als neue Wertigkeitsordnung untersuchen, in denen Netzwerke eine herausragende Rolle einnehmen[16]. Am Beispiel des Managementdiskurses der 1990er-Jahre arbeiten die Autoren heraus, wie der Industriekapitalismus von einem Netzwerkkapitalismus abgelöst wurde. In der *Projekt-Polis* erhält der Vermittler (Broker) eine eigene Wertigkeit: Es gehe darum Verbindungen zu knüpfen, Kontakte herzustellen und netzbildend zu wirken. Das Projekt ist dann jene Klammer, die ein Netzwerk für einen bestimmten Zeitraum stabilisiert und dessen Übergänge zu einem anderen Projekt wiederum von den involvierten Individuen organisiert werden müssen. Damit wird von diesen gefordert, sich einerseits für das aktuelle Projekt zu engagieren und gleichzeitig sich für

---

16 Der Ursprung kapitalistischer Ausformung wird, analog zu Max Webers klassischer Studie zur protestantischen Ethik, in einem kulturellen Milieu gefunden, das mit der Wirtschaftslogik nicht unmittelbar assoziiert wird. Weber identifiziert in der protestantischen Ethik die Vorläufer des westlichen Kapitalismus und Boltanski/Chiapello erkennen in der Künstler- und der darauffolgenden sozial- und geisteswissenschaftlichen Kritik jene Orte, die die kapitalistische Logik spätestens ab den 1990er-Jahren transformiert haben. Die Künstlerkritik am klassischen Industriekapitalismus tayloristischer bzw. fordistischer Prägung hat an den fehlenden Möglichkeiten von Authentizität in den Arbeitsabläufen angesetzt. Der Arbeiter, so das Hauptargument, sei ein Rädchen im Funktionsgetriebe und könne seine Subjektivität nicht entfalten. Der hier verwendete Authentizitätsbegriff, „verstanden als einem Sich-treu-Bleiben, als Widerstand eines Subjekts gegen den Druck der Anderen, als Forderung nach Wahrheit im Sinne einer Konformität gegenüber einem Ideal" (Boltanski/Chiapello: 488) wurde wiederum Ende der 1960er und in den 1970er-Jahren von sozial- und geisteswissenschaftlichen Theoretikern (Bourdieu, Derrida, Deleuze) dekonstruiert und als Schimäre entlarvt. Die Alternative zwischen Authentizität und Inauthentizität wäre, so das Hauptargument der konstruktivistischen Position, „Illusion bzw. [...] Ausdruck des bürgerlichen Ethos." (ebd.: 490) Im Fahrwasser der 68er-Kritik und der Gegenkritik, so die These von Boltanski/Chiapello, hat der Kapitalismus mit einer „doppelte[n], widersprüchliche[n] Vereinnahmung" (ebd.: 489) reagiert, um die eigene Legitimität zu gewährleisten. Netzwerke sind dann jene Antwort, die sowohl Nicht-Identität (im Sinne von Anpassungsfähigkeit und Mobilität), als auch Individualität bzw. Authentizität erfordern.

neue, potenzielle Projekte und Kontakte verfügbar zu machen. Dabei ist für den Einzelnen zentral, jene Kontakte und Informationen zu selektieren, die für die eigene Entwicklung und zukünftige Möglichkeiten fruchtbar erscheinen. Die Pflege starker Bindungen (die so genannten *strong ties*) wird beispielsweise problematisiert, da diese die Offenheit zu neuen Kontakten und bisher nicht genutzten Informationsnetzen verschließt[17].

---

17 Die Autoren beschreiben, wie die beiden Pole, Anpassungsfähigkeit und Mobilität auf der einen Seite und Individualität und Authentizität auf der anderen Seite, Spannungsverhältnisse verursachen, die zu erheblichen Friktionen in Netzwerkbeziehungen führen können.
1. Die Grenze zwischen uneigennützigen Beziehungen, wie sie typischerweise in Freundschaften institutionalisiert sind, und den eigennützigen Berufsbeziehungen verschwimmt. War diese im Industriekapitalismus noch recht strikt gezogen, welche durch die zweifache Differenz von Arbeiter/Arbeitskraft und Eigennutz/Uneigennützlichkeit institutionalisiert war, verwischt die Grenzlinie zunehmend in der Projekt-Polis. Das hat zur Folge, dass der Beziehungsstatus eine nicht zu tilgende Ambiguität aufweist und potenziell Verwirrung stiftet.
2. Die beschriebene Spannung zwischen authentischen, persönlichen Beziehungen und den Anpassungs- und Mobilitätsanforderungen ist auch in Managementmechanismen eingelagert, die an Stelle der klassischen Hierarchie partizipative Steuerungstechniken einsetzen. Wenn Führung bedeutet, authentische Beziehungen aufzubauen, um die Mitarbeiter zu mobilisieren, ist der Manipulationsverdacht naheliegend. Als Möglichkeiten bleiben, dass man entweder den Manipulationsverdacht ausklammert und sich in der Arbeitsbeziehung engagiert oder man denunziert die eingebrachte persönliche Ebene als Manipulationstechnik des Managements. „[Die] Vorstellung, man könne 'manipuliert' worden sein, ist unerträglich, weil das persönliche Überlebensvermögen in einer Welt auf dem Spiel steht, in der man dazu gezwungen ist, sich selbst zu verwirklichen." (Boltanski/Chiapello 2013: 498)
3. In Netzwerken ist der Einzelne mit unterschiedlichen Erwartungen konfrontiert. Einerseits muss er anpassungsfähig sein, andererseits gleichzeitig eine Identität aufbauen, die ihn einzigartig macht. „Wer in dieser Welt einen hohen Wertigkeitsstatus anstrebt, muss polyvalent sein und darf nicht in einer Spezialität verharren. Er muss aber trotzdem eine spezifische Kompetenz aufweisen können, weil er sonst Gefahr läuft, niemanden zu interessieren. Er muss Zugang zu Ressourcen besitzen, ohne aber in den Ressourcen, mit denen er neue Kontakte herstellt, gefangen zu sein. Er muss sich sowohl voll und ganz in einem Projekt engagieren können als auch seine Disponibilität für andere Projekte bewahren." (Boltanski/Chiapello 2013: 500) Die Frage, die sich hier stellt, ist, ob ein Gleichgewicht hergestellt werden kann, das die beiden Pole integrieren kann oder die geschilderte Spannung negative Folgen auf individueller Ebene zeitigt. Die Autoren schließen ähnlich kulturpessimistisch wie Max Weber, der von der Bürokratie als „stahlhartes Gehäuse der Hörigkeit" schreibt. „Die traditionelle Taylorisierung der Arbeit behandelte die Menschen zweifellos wie Maschinen. Sie gestattete es allerdings nicht, die spezifischsten Eigenschaften der Menschen, ihre Gefühle, ihren Sinn für Moral, ihre Ehre usw., direkt in den Dienst des Profitstrebens zu stellen. Weil sie gewissermaßen menschlicher sind, durchdringen die neuen Unternehmensstrukturen,

Das Interessante an den Ausführungen von Boltanski und Chiapello ist, dass die Netzwerkform und das Netzwerken zu einer Wertigkeit geworden sind, an dessen Aufstieg Wissenschaftler, wissenschaftliche Texte und Managementratgeber mit beteiligt waren und die, im Verständnis von Callon (2007), eine performative Wirkung entfalten. Theorien, empirische Befunde und Ratgeberliteratur formulieren Erwartungen an Handlungsabläufe und beeinflussen das Selbstverständnis von Akteuren. In der Terminologie Whites formuliert: Geschichten über Netzwerke fließen in Netzwerke ein und beeinflussen damit die darin eingebetteten Identitäten und Verknüpfungen. Diesen Punkt arbeitet White allerdings nicht in seine Netzwerktheorie ein.

1.4 Zwischenfazit

In diesem Kapitel stand der Diskurs im Mittelpunkt, der sich von der „Social Network Analysis" hin zur Entwicklung der relationalen Soziologie erstreckt, in dessen Mittelpunkt die Netzwerktheorie Whites steht. Die SNA lässt sich als Netzwerkzugang beschreiben, in dem die mathematisch-strukturelle Beschreibung von Beziehungskonstellationen zentral ist. Trotz einiger interessanter Erkenntnisse, insbesondere in Bezug auf die Dimensionen Information, Macht und Innovation, kann diesem Programm eine theoretische Leerstelle vorgeworfen werden. Kultur bzw. Bedeutungszusammenhänge werden ebenso ausgeklammert wie eine wirklichkeitsadäquate Bestimmung von Akteuren und Beziehungen. Die relationale Soziologie hat diese Theorielücke bearbeitet. Insbesondere der Netzwerkansatz Harrison Whites kann als elaborierter theoretischer Entwurf gelten, in dem Sinnstrukturen ebenso ein zentraler Stellenwert eingeräumt wird wie den Beziehungsstrukturen. Allerdings kann als Desiderat von Whites Netzwerktheorie der fehlende prozessuale bzw. praxistheoretische Bezug ausgemacht werden. Der Fokus liegt, trotz der Erweiterung um die kulturelle Dimension, auf der strukturellen Dimension und damit in der Tradition der Arbeiten der SNA. In der Verwendung des Story-Begriffs wird dies wohl am deutlichsten sichtbar: Dieser soll die typisierte

---

die ein umfassenderes Engagement fordern und sich auf eine ausgeklügelte Egonomie stützen, die vor allem auch die Ergebnisse der postbehavoristischen Psychologie und der kognitiven Wissenschaften mit einbezieht, weitaus stärker das Innenleben der Menschen. Von diesen wird erwartet, dass sie sich – wie man sagt – mit Hingabe ihrer Arbeit widmen. Sie machen es erst möglich, dass die Menschen in dem, was sie eigentlich erst zu Menschen macht, instrumentalisiert und zur Ware transformiert werden." (ebd.: 505)

und damit stabilisierte Identitätsbildung in Netzwerken erklären und greift damit nicht auf die temporale Perspektive des Geschichtenerzählens zurück.

Praxissoziologie und Netzwerke 2

In diesem Kapitel soll es darum gehen, in die praxissoziologische Perspektive einzuführen und Netzwerkansätze zu identifizieren und auszuführen, die einen praxeologischen Bezug aufweisen. Das Ziel des Kapitels besteht damit einerseits darin, einen Überblick über weitere netzwerktheoretische Theorieangebote zu geben, und andererseits steht die Frage im Mittelpunkt, ob die identifizierten praxeologischen Netzwerktheorien konsequent praxissoziologisch gewendet sind, also die zentralen Dimensionen der Materialität des Sozialen/Kulturellen und die implizite/informelle Logik des sozialen Lebens (Reckwitz 2003: 290ff.) einbauen. Drei Netzwerk-Ansätze kommen dabei in Frage:

1. Die Figurationssoziologie Norbert Elias', die Netzwerke als prozessuale Machtspiele begreift und von Schmidt (2012: 41-44) als praxissoziologischer Ansatz diskutiert wird. Eine ähnliche Konzeption weist der ‚mikropolitische Ansatz' nach Crozier/Fridberg (1979) auf, der ebenso das Netzwerkarrangement als Ausgangsmodell heranzieht und auf Organisationen anwendet.
2. Die Strukturationstheorie nach Giddens (1988) wurde insbesondere von Windeler (2002) auf Unternehmungsnetzwerke bezogen. In diesem Theoriegerüst stehen der reflexive Bezug und die wechselseitige Verweisung von Handlung und Struktur im Vordergrund.
3. Die Akteur-Netzwerk-Theorie untersucht die Beziehungsgeflechte zwischen menschlichen und nicht-menschlichen Akteuren. Die Arbeiten von Callon und Latour weisen dabei eine konzeptionelle Nähe zur Netzwerktheorie von White auf, haben aber aufgrund ihrer angesprochenen Nähe zur Ethnomethodologie eine stärkere Sensibilität gegenüber Praktiken der Netzwerkmobilisierung und -stabilisierung.

Bevor die Kandidaten für eine praxissoziologische ausgerichtete Netzwerktheorie erläutert und in einem nächsten Schritt kritisch diskutiert werden, soll die Grundintention einer praxissoziologischen Perspektive nachvollzogen werden.

2.1 Das praxissoziologische Programm

Praxissoziologische Perspektiven teilen einige Gemeinsamkeiten mit Netzwerkansätzen. Auch jene lehnen einseitig konnotierte akteurszentrierte (Weber, Schütz) und holistisch-strukturale (Durkheim, Levi-Strauß) Theorieansätze ab und suchen ihren Gegenstandsbereich jenseits subjektiven und objektiven Sinns. Außerdem kann – analog zu Netzwerkansätzen – nicht von *der* praxissoziologischen Theorie gesprochen werden, sondern recht verschiedene theoretische Perspektiven[18] bilden einen lose gekoppelten Theoriehorizont, der seinen gemeinsamen Fluchtpunkt in einem „idealtypischen Modell" (Reckwitz 2003: 286) bzw. einer „Forschungshaltung, eine[r] Such- und Findstrategie, eine[r] Herangehensweise und *Methodologie der Praxeologisierung*" (Schmidt 2012: 26) hat.

Praxissoziologische Theorien können in mindestens zwei Lager aufgeteilt werden. Auf der einen Seite stehen jene Theorieansätze, die von der Ethnomethodologie inspiriert sind und die praktische Herstellung von Alltagssituationen in den Mittelpunkt ihrer Betrachtungen rücken. Diesem Ansatz schließt sich insbesondere die Akteur-Netzwerk-Theorie an, die die praktische Mobilisierung und Stabilisierung von Netzwerken zwischen menschlichen und nicht-menschlichen Akteuren rekonstruiert. Daneben sind eklektizistische Theorieprojekte zu beobachten, die eine Vermittlungsposition zwischen Theorieangeboten, in denen der subjektiv gemeinte Sinn im Vordergrund steht, und objektivistischen Ansätzen, die über den Rückgriff auf gesellschaftliche Regeln Handlungsvollzüge aufzuschlüsseln versuchen. Hier wird die Existenz von höher aggregierten Sinnebenen (wie z. B. Feldern oder Institutionen) durchaus anerkannt und mit der Akteursebene verknüpft. Der Vollzug der Praxis steht im Vordergrund dieser Theorieansätze und soll den Dualismus zwischen Struktur und Handlung transzendieren.

---

18 Zu praxissoziologischen Theorien werden recht unterschiedliche Strömungen gezählt, wie z. B. die Akteur-Netzwerk-Theorie (Latour, Callon), die Soziologie der Wertigkeit (Boltanski), Bourdieus Habitustheorie, Ansätze in den gender studies (z. B. Butler), die Gouvernmentalitätsstudien nach Foucault, Giddens Strukturationstheorie oder die Ethnomethodologie (Garfinkel).

2.1 Das praxissoziologische Programm

Während der Grundbegriff in den Netzwerkansätzen *die Relation* darstellt, stellt die Praxissoziologie *Praktiken* als den Gegenstandsbereich heraus, an dem sich theoretische und methodologische Reflexionen anschließen lassen. Dabei wird Praxis zunächst als ein negativer Begriff eingeführt, der seinen Gegenhorizont in der scholastischen Logik bzw. im einseitigen ‚Theortizismus' hat, der das Handeln der Akteure unter abstrahierte Begriffe subsumiert und so den Eigensinn, der im Tun entfaltet wird, negiert[19] (Bourdieu 1998). Positiv gedeutet können zwei zentrale Merkmale angegeben werden, die für eine praxissoziologische Perspektive zentral sind: 1. die Materialität des Sozialen/Kulturellen und 2. die implizite/informelle Logik des sozialen Lebens (Reckwitz 2003: 290ff.):

1. Unter dem Punkt der Materialität werden insbesondere zwei Ebenen in den Blickpunkt genommen: Körper und Artefakte. Der Körper wird als aktives Element eingeführt, der lernfähig ist und Praktiken in seinem Tun hervorbringt (‚skillful performance'). Somit wird eine Sichtweise abgelehnt, die den menschlichen Körper als passiven Empfänger kognitiver Entscheidungen konzeptualisiert. Besonders Bourdieu hat darauf aufmerksam gemacht, dass gesellschaftliche Strukturen in den Körpern eingelagert sind und als ‚implizites Wissen' eben jene Strukturen durch eingelernte Praktiken reproduzieren. Daneben wird Artefakten eine entscheidende Rolle im Vollzug von Praktiken zugestanden. Diese werden ebenso nicht als passive Hilfsmittel betrachtet, sondern als ein „Teilelement von sozialen Praktiken" (Reckwitz 2003: 291) konzeptualisiert. Artefakte, also alles Dingliche wie Stühle, Computer oder Gebäude, haben einerseits eine Strukturierungs- und Stabilisierungswirkung, andererseits können diese in Koproduktion mit menschlichen Akteuren (neue) Praktiken erzeugen.
2. Praxissoziologische Theorien interessieren sich insbesondere für implizite Wissensformen, die idealtypisch für routiniertes Handeln grundlegend sind. Körper als Habitus oder Artefakte sind dann jene Elemente, in denen soziale oder kulturelle Muster materialisiert sind. Der implizite Status verweist darauf, dass Wissensstrukuren den Akteuren in der Regel nicht bewusst sind. In Praktiken entfaltet sich eine Kompetenz (knowing-how), das trotz, oder besser gesagt, gerade wegen seiner Latenz funktionsfähig ist.

Auch wenn das implizite Wissen von besonderem Interesse ist und damit das theoretische, explizite Wissen als Gegenhorizont konzeptualisiert wird, bedeutet das nicht, dass Praxistheorien dieses als irrelevant einstufen.

---

19 So auch Reckwitz (2003: 296): „Alle Details zusammengenommen, gewinnt das praxistheoretische Vokabular zur Sozialwelt sein Profil durch eine Kritik an der theoretischen Rationalisierung und Intellektualisierung des Sozialen und des Handelns."

"Zentral für das praxeologische Verständnis des Handelns ist, dass Handeln zwar *auch* Elemente der Intentionalität enthält [...], dass es zwar *auch* mit normativen Kriterien hantiert [...], dass in ihm zweifellos symbolische Schemata zum Einsatz kommen [...], dass Intentionalität, Normativität und Schemata in ihrem Status jedoch grundsätzlich modifiziert werden, wenn man davon ausgeht, dass Handeln im Rahmen von Praktiken zuallererst als *wissensbasierte* Tätigkeit begriffen werden kann, als Aktivität, in der ein praktisches Wissen, ein Können im Sinne eines ‚know how' und eines praktischen Verstehens zum Einsatz kommt." (Reckwitz 2003: 291-292)

Es kann davon ausgegangen werden, dass das implizite Wissen, das für die Hervorbringung von Praktiken konstitutiv ist, andere Wissensbestände (intentionale, normative oder symbolische) in irgendeiner Art und Weise transformiert. Diese fließen als Elemente in die Praxis ein, allerdings nicht in einer deterministischen Form, sondern als formbare ‚Materialien'.

Nachdem die praxissoziologische Position umrissen ist, wird in die angesprochenen Netzwerkansätze eingeführt, die praxeologisch orientiert sind.

2.2 Netzwerke als Machtkonfigurationen (Elias/Crozier/Friedberg)

Norbert Elias gilt, neben Simmel und von Wiese, als einer der Begründer einer netzwerktheoretischen Perspektive. Seine Figurationssoziologie (2009) wird, neuerdings von Schmidt (2012: 41-44), auch als praxissoziologische Variante vorgeschlagen. Insbesondere *das Spiel*, das für Elias als Grundmodell fungiert, wird dabei als Figur interpretiert, die es ermöglicht, die Emergenz von praktischem Beziehungshandeln in den Vordergrund zu rücken.

"Im Bild des Spiels wird ein Primat der Verwobenheiten und den Interdependenzen von Spielzügen gegenüber den individuellen Akten von Spielern postuliert. Der individuelle ‚Akteur' wird aus dem Zentrum der Aufmerksamkeit geschoben. Einzelne Spieler können in ein laufendes Spiel ein- oder austreten, ohne es dadurch zu unterbrechen." (ebd.: 41)

Die Figur des Spiels erlaubt es einerseits, strukturelle Regeln und Zwänge zu denken, und andererseits, Freiräume für die Züge der Spieler freizuhalten. Die Spielregeln und die Spielpositionen legen damit die Bedingungen der Möglichkeit der nächsten Züge fest, aber die Spieler selbst müssen die Züge vollziehen und gewinnen dadurch Autonomiebereiche. Die Komplexität des Spiels kann dabei selbst als Funktion für die Freiheiten der Akteure gelten. Bestimmte Netzwerkkonfigurationen erreichen eine gewisse Komplexität, die das Spiel ‚umkippen' lässt. Während die Dynamik

2.2 Netzwerke als Machtkonfigurationen

in einer asymmetrischen Dyade noch recht gut vorhersehbar ist und zumindest der mächtigere Akteur verhältnismäßig hohe Handlungsfreiheiten genießt, ist bei steigender Anzahl an Mitspielern und der Abnahme von Machtasymmetrien das Spiel immer schlechter kontrollierbar.

> „Wenn die Verteilung der Machtgewichte weniger ungleichmäßig und mehr diffus wird, dann wird es auch mehr offenbar, wie wenig sich der Spielverlauf von der Position einzelner Spieler oder Spielergruppen her kontrollieren und steuern läßt, wie sehr – gerade umgekehrt – der Spielverlauf, der sich aus der Verflechtung der Spielzüge einer sehr großen Anzahl von Spielern mit verringerten und sich verringernden Machtdifferentialen ergibt, nun seinerseits die Spielzüge jedes einzelnen Spielers strukturiert." (Elias 2009: 95)

So sind im Kontext moderner Gesellschaft komplexere Beziehungsgefüge mehr die Regel, als die Ausnahme. Beispielsweise sind zirkuläre Machtbeziehungen häufig anzutreffen (Luhmann 2012), was bedeutet, dass die Überlegenheit von A zwar gegenüber B gegeben ist, aber dass A gegenüber C unterlegen und B wiederum gegenüber C in einer vorteilhaften Position ist. Folglich sind Akteure zunehmend dazu angehalten, ihre Machtposition immer auch vor dem Hintergrund der anderen bzw. des Netzwerks zu reflektieren. Damit kann geschlussfolgert werden, dass Spieler in Netzwerken eher tastend handeln und ihre Strategien feinsinnig ausgestalten (siehe dazu auch: Crozier/Friedberg 1979: 53).

Ähnlich wie für Elias' Netzwerkhandeln immer auch Machthandeln ist[20], lässt sich aus einer mikropolitischen Perspektive, die Beziehungskonfigurationen insbesondere in Organisationen untersucht, Macht als „fundamentaler Mechanismus der Stabilisierung menschlichen Verhaltens" (ebd.: 39) definieren. Macht wird damit ubiquitär gedacht und man kann behaupten: Keine Netzwerkbeziehung, in der Macht keine Rolle spielt[21]. Doch was sind die ‚Bestandteile' einer netzwerkartigen

---

20 Bereits das Verhältnis zwischen den Eltern und dem Baby ist als Machtbeziehung zu konzeptualisieren, solange das Baby einen Wert für die Eltern hat. Ebenso, wie bereits Hegel herausgearbeitet hat, ist der Herr nur deshalb mit Macht ausgestattet, weil der Sklave diesen als Herrn anerkennt (und vice-versa). Siehe auch das Beispiel von Bourdieu 2012a, in dem dieser zeigt, dass Leibeigene bei den Kabylen eine nicht unbeträchtliche Macht haben, da diese dem Herrn vorwerfen können, er hätte sie unehrenhaft behandelt.

21 Machttheoretiker kennen vereinzelte Grenzfälle, in denen keine Machtbeziehung erkennbar ist und wählen in diesen Fällen eine andere Begrifflichkeit. So Crozier/Fridberg, dass wenn ein Akteur keine Ressourcen mehr in eine Tauschbeziehung einbringen kann, die Beziehung „keine Machtbeziehung im eigentlichen Sinn" (1979: 40) mehr ist. Dem Unterlegenen wird der Akteursstatus entzogen und erscheint nur mehr als „Ding".

Machtbeziehung, wenn diese als *„eine Tausch- und also eine Verhandlungsbeziehung, an der mindestens zwei Personen beteiligt sind"* (ebd.: 40) definiert wird?

1. Macht kann als *instrumentelle Beziehung* beschrieben werden. Im Sinne von Zweck-Mittel-Verhältnisse sind Machtbeziehungen mit (veränderbaren) Zielen verbunden und um dieses zu erreichen werden Mittel (Ressourcen) eingebracht. Damit ist allerdings nicht gesagt, dass dieser Vorgang immer bewusst verläuft und keine nicht-intendierten Folgen zeitigt. Wie z. b. Bourdieu immer wieder betont, sind gerade jene Akteure die erfolgreichsten Spieler, die nicht im Sinne einer Zweck-Mittel-Architektur bewusst reflektieren, sondern das Macht-Spiel verinnerlicht haben.
2. Macht ist eine *nicht-transitive Beziehung*. Das bedeutet, dass jede Handlung einen „spezifischen Spielraum [ausbildet], um den herum sich eine eigene Machtbeziehung ansiedelt" (Crozier/Fridberg: 40). Im Netzwerk kann unter gewissen Umständen der Akteur A auf den Akteur B mit der Handlung X einwirken, was allerdings nicht bedeutet, dass der Akteur A den Akteur C in seinen Handlungen ebenso beeinflussen kann, selbst wenn der Akteur B auf den Akteur C Macht ausüben kann. Außerdem kann die Handlung X nicht beliebig durch eine andere Handlung Y, Z etc. substituiert werden. Das hat zur Folge, dass die zur Verfügung stehenden Ressourcen sich wiederum erst aus der konkreten Machtbeziehung ableiten lassen.
3. Macht ist eine *gegenseitige, aber unausgewogene Beziehung*. Machtbeziehungen schaffen damit Asymmetrien, allerdings bedeutet das nicht, dass der unterlegene Spieler damit machtlos wäre. Dieser bringt ebenso Ressourcen in die Beziehung ein und muss damit für den Überlegenen ernst genommen werden.
4. Der Tausch von *Handlungsmöglichkeiten* steht im Vordergrund von Machtbeziehungen. Erst wenn A ein Ziel verfolgt, für dessen Finalisierung B von Bedeutung ist, erhält B eine Wertigkeit. Damit stellt sich für A die Frage der Handlungsmobilisierung von B. Die Machtposition von B ergibt sich dabei in der potenziellen Verweigerung der Handlungsaufforderung von A, oder anders ausgedrückt: B's Einflussmöglichkeiten können gesteigert werden, wenn dieser sein Verhalten gegenüber A unvorhersehbar halten kann. *„Die Macht ist letztlich in dem Freiraum angesiedelt, über den jeder der in eine Machtbeziehung eingetretenen Gegenspieler verfügt*, das heißt, in seiner mehr oder weniger großen Möglichkeit, das zu verweigern, was der andere von ihm verlangt." (ebd.: 41) Damit ist die Macht eines sozialen Akteurs „eine Funktion der Größe der *Ungewißheitszone*" (Crozier/Friedberg 1979: 43).

2.2 Netzwerke als Machtkonfigurationen

Der Begriff der Ungewissheitszone ist zentral für die mikropolitische Theorie, da diese die strukturellen Asymmetrien in Netzwerken maßgeblich beeinflusst. Je weniger Alter antizipieren kann, wie sich Ego verhält, desto größer wachsen dessen Machtchancen. In Organisationen identifizieren Crozier/Fridberg vier Quellen der Macht: 1. Der Besitz einer nur schwer ersetzbaren funktionalen Fähigkeit oder Spezialisierung, also sogenanntes Expertenwissen, 2. Beziehungen zwischen der Organisation und ihrer Umwelt, 3. Kommunikations- und Informationsflüsse innerhalb der Organisation und 4. Benutzung organisationaler Regeln. Interessant an der Darstellung ist, dass organisationale Regeln an letzter Stelle aufgezählt werden und hier gilt, dass diese den Vorgesetzten nicht nur bemächtigen, sondern auch in seiner Willkür beschränken.

Allerdings bedeutet die strukturelle Konfiguration im Netzwerk nicht automatisch, dass die konkreten Spiele blueprintmäßig ablaufen. Im Sinne des Spielbegriffs stellt die Beziehungsstruktur nur eine Seite der Medaille dar und die subtilen und dynamischen Praktiken des Machthandelns bestimmen nolens volens über die tatsächlichen Durchsetzungschancen.

Die Vorteile des machttheoretischen Ansatzes, insbesondere gegenüber der strukturalen Netzwerkperspektive, bestehen einerseits darin, dass der Begriff der Macht theoretisch aufgeschlüsselt wird, und andererseits, dass die bewussten und unbewussten Strategien des Machthandelns in den Blick kommen. Damit wird die Prozessebene eingeführt. Allerdings konzipieren die Ansätze von Elias und Crozier/Fridberg Akteure relativ unterkomplex als ‚Machtmaximierer', die von den Zwängen des Netzwerks in ihren Handlungsmöglichkeiten eingeschränkt werden. Diese Perspektive unterschätzt damit den Einfluss der Sinnebene, die nicht konzeptionell eingearbeitet ist. Die Einführung der Bedeutungsebene würde Beziehungshandeln in einem Horizont jenseits von Macht erst denkbar machen, da durchaus Zuschreibungsmuster ins Spiel eingebracht werden können, die auf etwas Anderes verweisen[22]. Damit fällt dieser Ansatz teilweise hinter die Netzwerktheorie Whites zurück und kann höchstens als Anregung begriffen werden, der Machtkomponente einen theoretischen Stellenwert einzuräumen.

---

22 Überzeugte Machttheoretiker würden hier vermutlich einwenden, dass das Symbolische immer mit Macht korrespondiert.

2.3 Netzwerke als Verknüpfungen menschlicher und nicht-menschlicher Akteure (Latour/Callon)

Dass die Akteur-Netzwerk-Theorie (ANT) recht viele Parallelen zu Whites Netzwerktheorie aufweist, ist von einigen soziologischen Beobachtern festgestellt worden (Mützel 2009; Laux 2009; Vogd 2011). Beide Theorien verfolgen das Ziel, eine prozessuale Netzwerktheorie zu konzipieren, in denen Sinnstrukturen ein zentraler Status eingeräumt wird. Ebenso könnte die ANT, wie in der Ausarbeitung von Übersetzungsprozessen ausgeführt wird (Callon 2006), mit der theoretischen Differenz von Identität und Kontrolle umschrieben werden. Die Mobilisierung von Netzwerken geht mit der Festlegung von Identitäten und der Ausübung von unterschiedlichen Kontrollprojekten einher, in denen Übersetzungsstrategien zwischen differenten Identitäten im Netzwerk vollzogen werden. Trotzdem sticht ein Unterschied sofort ins Auge, der in der Annahme der generalisierten Symmetrie menschlicher und nicht-menschlicher Akteure zu finden ist (Callon 2006: 142-143). Während bei White materielle Prozesse als Umwelt der (menschlichen) Netzwerkreproduktion verstanden werden, versucht die ANT das Symmetrie-Prinzip ernst zu nehmen, indem Begriffe konstruiert werden, die keinen A-priori-Unterschied zwischen Menschen und Dingen mitführen. Das Soziale wird in dieser ‚flachen' Theoriekonzeption in der Verknüpfung von Knoten erzeugt und Unterschiede zwischen Akteuren werden dann erst in der Netzwerkpraxis markiert und reproduziert. So sind auch so genannte Makroakteure (z. B. Organisation, Gesellschaft, Klasse) nicht als Phänomene zu verstehen, die eine eigene Ebene sui generis darstellen, sondern erst durch Verknüpfung ‚gebaut' und in der Netzwerkreproduktion stabilisiert werden[23]. Zentraler Begriff für die Mobilisierung von Netzwerken ist die Übersetzung.

> „Übersetzung umfasst alle Verhandlungen, Intrigen, Kalkulationen, Überredungs- und Gewaltakte, dank derer ein Akteur oder eine Macht die Autorität, für einen anderen Akteur oder andere Macht zu sprechen oder zu handeln, an sich nimmt oder deren Übertragung auf sich veranlasst. ‚Unsere Interessen sind dieselben', ‚Tu, was ich will', ‚Du kannst ohne mich keinen Erfolg haben' – immer wenn ein Akteur von ‚uns' spricht, übersetzt er oder sie andere Akteure in einen einzigen Willen, dessen Geist und Sprecher/-in er oder sie wird." (Latour 2006: 76-77)

Übersetzungen beinhalten damit all jene Strategien und Praktiken, durch die andere Akteure dazu gebracht werden, sich in das eigene Netzwerk einzugliedern und die

---

23 Auch hier ist ein Unterschied zu White markiert, der so genannte Makro-Akteure (z. B. Institutionen) in seine Theorie einbaut und dann Netzwerkdomänen als in Institutionen eingebettete Ebene begreift.

Verbindungen auf Dauer zu stellen. Dabei ist zentral, dass für die Stabilisierung von größeren Netzwerken vor allem dingliche Materialien – „Arsenale von Werkzeugen, Bestimmungen, Wänden" (ebd.: 83) – eingebaut werden, die kontextuelle Mehrdeutigkeiten reduzieren. Dauerhaftigkeit wird somit durch den Prozess der Inskription in materielle Entitäten vollzogen.

Wenn ein Akteur dauerhaft in ein Netzwerk eingebunden wird und den Handlungsanweisungen folgt, dann wird dieser zur „Black Box". Der eingebundene Akteur wird funktionalisiert und dessen Eigenständigkeit ausgeblendet, was bedeutet, dass dieser als indifferent behandelt wird. ‚Black boxing' ist zentral für den Aufbau größerer Netzwerke und für die Stabilisierung von Makroakteuren.

> „Je mehr Elemente man in Black Boxes platzieren kann – Denkweisen, Angewohnheiten, Kräfte und Objekte –, desto größer sind die Konstruktionen, die man aufstellen kann." (ebd.: 83)

Übersetzungen von Menschen und Dingen in Relationen und das Platzieren in Black Boxes sind damit jene zentralen Mechanismen, die größere Netzwerkzusammenhänge entstehen lassen und stabilisieren. Doch welche Praktiken und Übersetzungsphasen sind hier rekonstruierbar? Callon (2006) identifiziert am Beispiel der „Domestikation der Kammmuscheln und der Fischer der St. Brieuc-Bucht" vier Momente der Übersetzung:

1. *Problematisierung*: Hier geht es um die Frage der Identifizierung und Definition eines Problems und die Festlegung der Identität der Akteure in einem potenziellen Netzwerk. Beispielsweise formulieren die Forscher, die die Kammmuscheln untersucht haben, folgende Frage: Verankern sich die Muscheln in der Aquakultur? Um diese Frage bzw. Problematisierung herum wird ein Netzwerk definiert, das die Kammmuscheln, die Fischer, die wissenschaftlichen Kollegen und die eigene Rolle festlegen.
2. *Interessement*: In diesem Schritt wird angestrebt, das Interesse der anderen Akteure zu wecken. Im Zuge des Interessements versuchen die Netzwerkinitiatoren, andere davon zu überzeugen, dass die aufgeworfene Frage auch in deren Interesse ist. Es wird also ein obligatorischer Passagepunkt definiert, an dem alle potenziellen Netzwerkakteure andocken. Dabei geht es auch darum, die bisherigen Deutungen und Netzwerke der in Frage kommenden Netzwerkpartner zu destabilisieren, also Schranken zu potenziellen Konkurrenten aufzubauen und die Netzwerkpartner rollenförmig in das eigene Netzwerk einzubinden. Am erwähnten Beispiel versuchen die Forscher, die Kammmuscheln in Schlepptauen mit Kollektoren zu stabilisieren und diese so von konkurrierenden Kontexten

loszueisen, wie z. B. natürlichen Feinden im Wasser, der Strömung oder den Fischernetzen.
3. *Enrolment*: das Interessement führt noch nicht automatisch zur Allianzbildung, also zum Enrolment. Erst wenn die den Akteuren zugeteilten Rollen von diesen akzeptiert werden, kann von Enrolment gesprochen werden. Um dies zu bewerkstelligen, werden multilaterale Verhandlungen geführt, die dann in der Stabilisierung des Netzwerks münden sollen. Im Zuge dieses Prozesses werden nicht nur die Netzwerkpartner in neue Rollen eingebunden, sondern auch die Netzwerkinitiatoren nehmen eine neue Identität an. Als Strategien des Enrolment kommen physische Gewalt (z. B. gegen die Fressfeinde), Verführung, Transaktion oder Zustimmung ohne Diskussion in Frage. Am Beispiel der Kammmuscheln zeigt sich, dass die Wissenschaftler unterschiedliche Techniken benutzen, um die Larven auf den Kollektoren zu verankern, wie z. B. die Verwendung verschiedener Kollektormaterialien.
4. *Mobilisierung*: In der vierten Phase geht es um die Frage der Repräsentation von Akteuren. „Wer spricht in wessen Namen? Wer repräsentiert wen? Diese entscheidenden Fragen müssen beantwortet werden, sofern das von den Forschern verfolgte Projekt Erfolg haben soll." (ebd.: 159) Erst wenn Vertreter im Namen von eingebundenen Netzwerkakteuren sprechen können und diese die Vertretung akzeptieren (z. B. stumm bleiben), dann ist die Allianz stabilisiert. Am Kammmuschelbeispiel konnten die Forscher am Ende sowohl für die Muscheln, die Fischer und die wissenschaftliche Community sprechen und so deren Entitäten, und schließlich das Netzwerk, stabilisieren.

Dass verschiedene Akteure am angeführten Beispiel mobilisiert werden konnten, also in Bewegung gesetzt worden sind und sich so das Netzwerk stabilisiert bzw. eine „Schließung" (Callon 2006: 166) des Netzwerkes vollzogen wurde, bedeutet nicht, dass die Netzwerkbildung damit an einen erfolgreichen und unveränderbaren Endpunkt angekommen ist. Gegenprogramme, Kontroversen und Betrug können das Beziehungsgeflecht wieder destabilisieren. Wenn beispielsweise die Repräsentativität des Sprechers in Frage gestellt wird, dann entstehen Kontroversen. Am empirischen Muschel-Beispiel ist eine solche Kontroverse entflammt, die das Netzwerk schließlich destabilisiert hat. Während in der Anfangszeit die Larven an den Kollektoren angedockt haben, konnte in weiteren Versuchen das Experiment nicht erfolgreich wiederholt werden: Die Kollektoren blieben frei. Auch einige Fischer haben die Rolle ihres Sprechers unterminiert: Obwohl ausgehandelt wurde, bestimmte Bestände von der Fischerei frei zu halten, um die Population mittelfristig zu vergrößern, durchkreuzten einige Fischer die damit verbundenen langfristigen Pläne, indem sie mit ihren Booten ‚rausfuhren' und fischten. Auch die wissenschaftlichen Kollegen wurden mit der Zeit skeptisch. Das mobilisierte und das zwischenzeitlich stabilisierte Netzwerk wurde brüchig und droht zu zerfallen.

An die Arbeit der Akteur-Netzwerk-Theorie und die Frage, wie Objekte Gesellschaft stabilisieren, haben Star/Griesemer (1989) mit der begrifflichen Entwicklung von „boundary objects" angeschlossen. Diese Objekte sind dadurch gekennzeichnet, dass unterschiedliche Akteure an diese andocken können, aber deren Identitäten dadurch nicht abgeändert werden. Während die Ausführungen von Callon darauf hinauslaufen, dass durch den Einbezug von Akteuren in ein Netzwerk sich auch deren Identitäten verändern, wirken boundary objects aufgrund ihrer Ambiguität eben nicht auf Identitätswandel hin. Integration wird in diesem Fall durch lose Kopplung in Bezug auf ein Objekt vollzogen.

Die Akteur-Netzwerk-Theorie beschreibt miteinander verknüpfte Praxen zwischen menschlichen und nicht-menschlichen Akteuren, „deren Verbindung durch nichts anderes als diese Praxen geschieht." (Vogd: 2011: 202) Damit wird jeglicher übergeordnete Sinn oder jegliche generalisierte Strukturdimension eingeklammert und als ein Resultat von Mikro-Praktiken angesehen, die dann in Summe Makro-Akteure entstehen lassen können. Ähnlich wie bei den Theorieansätzen von Elias oder Crozier/Fridberg sind die beschriebenen Praktiken mikropolitische Interventionen, in denen der Aufbau von Machtasymmetrien eine zentrale Rolle spielt.

Wie zu Beginn dieses Kapitels ausgeführt, basieren sowohl die phänomenologische Netzwerktheorie Whites als auch die Akteur-Netzwerk-Theorie auf der Unterscheidung von Identität und Kontrolle. Allerdings lassen sich unterschiedliche Schwerpunktsetzungen finden. Während White stärker strukturalistisch argumentiert und sich dies auch in der Forschungspraxis zeigt, kommen in der ANT „mit ethnographischer Genauigkeit die Konstitutionsbedingungen realer Praxen selbst in den Blick" (Vogd 2011: 203). Diese Ausgangslage kann in die Richtung interpretiert werden, dass beide theoretischen Zugänge kompatibel sind und komplementär zueinander stehen (Laux 2009).

Während die ANT damit die Praktiken des Netzwerkens als Forschungsprogramm ausflaggt und im Sinne praxissoziologischer Zugänge auch Materialitäten explizit einbezieht, wird die zweite zentrale praxissoziologische Ebene, das in Körpern habitualisierte implizite Wissen, nicht adressiert. Ähnlich wie in den Ansätzen von Elias bzw. Crozier/Fridberg werden Akteure als kompetente mikropolitische Spieler beschrieben, die es durch geschickte Übersetzungsprozesse schaffen, Netzwerke aufzubauen. Dass (implizite) Sinnstrukturen wiederum Einfluss auf Praktiken haben bzw. in Folge von Praktiken ausgebildet werden, wird nicht konzeptionell einbezogen.

2.4 Der Strukturationsansatz und die Praxis in Unternehmungsnetzwerken (Giddens/Windeler)

Als dritter praxissoziologischer Netzwerkansatz wird in Giddens Strukturationstheorie (1988) eingeführt, die insbesondere von Windeler (2001) auf das Phänomen der Unternehmungsnetzwerke angewendet wurde. Zentral für Giddens Perspektive ist die Diagnose, dass die moderne Gesellschaft durch Reflexivität geprägt ist, also in dieser reflexives Wissen über die Lebensführung von Individuen und die Ausgestaltung von Organisationen und Netzwerken produziert wird. Auch sozialtheoretisch wird Reflexivität zum zentralen Momentum des Strukturationsansatzes. Die Grundvorstellung besteht darin, dass Struktur und Handlung *reflexiv* aufeinander verweisen und in Praktiken verarbeitet werden. Struktur wird in Handlung reproduziert bzw. abgeändert, was wiederum (neue) Strukturen hervorbringt.

> „*Struktur von Unternehmungsnetzwerken* meint: Individuelle und korporative Akteure bringen über ihre Geschäftsinteraktionen und -beziehungen mit anderen Akteuren Unternehmungsnetzwerke mit ihren Geschäftspraktiken ‚hervor', indem sie unter Rekurs aus systemisch regulierte Geschäftsinteraktionen und -beziehungen und darüber hinausreichende Kontexte bis hin zu gesellschaftlichen Totalitäten einen dauerhaften Beziehungszusammenhang zwischen sich schaffen und/oder sich im Handeln vergegenwärtigen." (Windeler 2001: 124-125)

Gesellschaftliche Totalitäten, wie soziale Institutionen, regulierte Unternehmungsnetzwerke und Netzwerkakteure, die reflexiv aufeinander verweisen, sind der gemeinsame Fluchtpunkt von Netzwerkpraktiken. In Praktiken realisieren sich diese unterschiedlichen Ebenen, werden also im Vollzug der Praxis *zusammengebracht*. Dabei werden die Netzwerkknoten als kompetente und aktive Akteure betrachtet, als „knowledgeable agents" (Giddens 1988: 281), die zwar durch strukturelle Vorgaben in ihren Handlungen durchaus begrenzt sind, aber in Netzwerken sich eröffnende Chancen „proaktiv strategisch und intendiert" (Windeler 2001: 126) nutzen.

Zentral an Unternehmungsnetzwerken ist einerseits, dass es sich hier um einen Beziehungszusammenhang zwischen mehreren Akteuren handelt, der durch Dauerhaftigkeit der Verbindung bestimmt ist, und andererseits ohne einheitliche Führung auskommt (Windeler 2001: 242). Die Steuerungsmöglichkeit von Netzwerken ist damit, wenn überhaupt, nur begrenzt möglich.

Mit der Anwendung des Strukturationsansatzes auf Netzwerke ist ein relativ abstrakter metatheoretischer Rahmen von Netzwerken in Organisationskontexten formuliert, der einerseits Struktur und Handlung wechselseitig integriert, und gleichzeitig offen bleibt für die spezifischen Dynamiken in Netzwerken, wie z. B. Vertrauens-, Macht- oder Konkurrenzdynamiken.

Allerdings bleibt der Akteur, neben der Zuschreibung von Reflexivität und Kompetenz, eine Leerstelle im Theorieansatz. Es bleibt unklar, ob Reflexivität, Strategiefähigkeit und Kompetenz gleichermaßen auf alle Akteure verteilt sind oder ob Variationen beobachtet und wie sie erklärt werden können. Damit korrespondierend kann danach gefragt werden, welche sozialstrukturellen Elemente auf die Reflexivität, Strategiefähigkeit und Kompetenzen von Akteuren Einfluss nehmen und welche Folgen dies für die Konstitution von Netzwerken hat. So zeigen beispielsweise Studien, dass die Vernetzungsaktivitäten einen Schichtbias aufweisen.

„[D]er Anteil nicht-verwandtschaftlicher Beziehungen nimmt mit den Parametern Einkommen und Bildung zu. Sozial schwächere (Immobile, Arbeitslose, an den Haushalt gebundene Personen usw.) sind allerdings nach wie vor auf Verwandtschaft und Nachbarschaft angewiesen. Die sozial und ökonomisch besser Gestellten können offensichtlich bei der Auswahl von Primärbeziehungen *selektiver* verfahren." (Schenk 1983: 98)

Am Beispiel schichtbezogener Differenz zeigt sich, dass die Vernetzungsaktivität je nach Milieu anders gelagert ist und so das akkumulierte Sozialkapital unterschiedlich hoch ausfällt (Henning/Kohl 2011). Damit rückt die Frage nach den habituellen Dispositionen der Akteure in den Mittelpunkt, die vom strukturationstheoretischen Netzwerkansatz nicht konzeptionell einbezogen wird.

„Die Arbeiten zu Giddens Strukturationstheorie – insbesondere von Windeler – bieten zwar Ansatzpunkte zur theoretischen Fundierung der Netzwerkanalyse, jedoch kann die Tiefenstruktur, die den sozialen Beziehungen zu Grunde liegt, auch mit dem strukturationstheoretischen Netzwerkansatz nicht aufgedeckt werden." (Henning/Kohl 2011: 18)

2.5 Zwischenfazit

Die vorgestellten praxissoziologischen Netzwerkansätze können Leerstellen der Netzwerktheorie Harrison Whites beheben. Erstens machen die Ansätze von Elias, Crozier/Fridberg und auch Latour/Callon darauf aufmerksam, dass Netzwerkhandeln und Macht eng miteinander verknüpft sind. Insbesondere der mikropolitische Ansatz begreift die Praktiken in Netzwerken als Machtspiele, die einerseits strukturell gerahmt sind, andererseits sich in actu vollziehen. Zweitens zeigt die Akteur-Netzwerk-Theorie auf, dass sich in Praktiken der Netzwerkmobilisierung die Differenz von Identität und Kontrolle im zeitlichen Verlauf entfaltet und je neu justiert und für die Netzwerkstabilisierung Inskribtionen in nicht-menschliche Akteure eine bedeutende Rolle spielen. Drittens verweist der Netzwerkansatz von Windeler, unter Rekurs auf die Giddens'sche Strukturationstheorie, auf die reflexive Verschränktheit von Struktur und Netzwerkpraxis. Regulative und normative Horizonte werden von kompetenten Akteuren in die Netzwerkpraxis einbezogen und im Handeln (re-)produziert bzw. abgewandelt. Mit einer solchen Konzeption wird es auch möglich, die Performativität des gesellschaftlich produzierten, reflexiven Wissens über Netzwerke theoretisch einzubeziehen.

Neben der institutionellen Ebene und den Identitätszuschreibungen, die White theoretisch ausarbeitet, kommen in den hier besprochenen Netzwerkansätzen die Netzwerkpraktiken als *zusätzliche* Ebene auf den Schirm. Diese kann wiederum auf unterschiedliche Kontexte verweisen: auf Macht, auf Materialitäten, auf strukturelle Konfigurationen, aber auch auf Praktiken des Vertrauensaufbaus oder der Informationsweitergabe (Powell 1990).

Unter Bezugnahme der praxissoziologischen Grundbausteine, die Materialität des Sozialen/Kulturellen und die implizite/informelle Logik des sozialen Lebens (Reckwitz 2003: 290ff.), wird allerdings auch deutlich, dass die bisherigen praxissoziologisch ausgerichteten Netzwerkansätze ihrerseits ein Desiderat aufweisen. Der Bezug zum Körper und die Inkorporierung sozialer Muster bleibt in den drei vorgestellten Netzwerkansätzen eine Leerstelle. Der Akteur bzw. Knoten wird somit nicht konsequent als *sozialisierter Akteur* konzeptualisiert, der aufgrund von Erfahrungen Wissen habitualisiert, das als implizites Wissen die Praxis anleitet. Die Frage, welchen Einfluss die in unterschiedlichen Kontexten angeeigneten Dispositionen der Akteure auf die Netzwerkpraxis haben, bleibt damit nicht gestellt. Diese Ebene wird mit den Konzepten der dokumentarischen Methode und dem Einbezug der Habitustheorie Bourdieus im folgenden Kapitel bearbeitet.

3 Habituelle Dispositionen, Orientierungsrahmen und die Logik der Praxis: Bourdieus Habitustheorie und die dokumentarische Methode nach Bohnsack

Auch wenn die Habitustheorie Pierre Bourdieus und die dokumentarische Methode nach Ralf Bohnsack in Auseinandersetzung mit unterschiedlichen Forschungsphänomenen entwickelt worden sind[24], können große Schnittmengen und Übereinstimmungen festgestellt werden (so auch: Bohnsack 2012, 2013). Beide Ansätze haben ihr Erkenntnisinteresse im *modus operandi* einer Praxis, die sich gegen eine theoretische Logik abgrenzt, die in scholastischen Sichtweisen, institutionellen Regeln oder expliziten Plänen ihren Ausdruck findet. Die im Mittelpunkt stehende Praxis wird als implizit ausgeflaggt, in der Erfahrung mit der Welt angeeignet und in verkörperten Dispositionen verortet.

Mit den theoretischen Rahmen Bourdieus und Bohnsacks lassen sich somit zwei festgestellte Desiderata der Netzwerktheorie Whites bearbeiten, die auch in den praxissoziologisch ausgerichteten Netzwerktheorien nicht behoben wurden. Erstens der Bezug auf körperliches, implizites Wissen und zweitens die Ausarbeitung eines methodologischen Rahmens, der implizites Wissen empirisch erforschbar macht und damit die Sinnkonstitution des Gegenstands (Netzwerke) ernst nimmt.

Bevor der Brückenschlag zwischen dokumentarischer Methode, Habitustheorie und der Netzwerktheorie Harrison Whites vollzogen und damit das Desiderat eines praxissoziologischen Zugangs der Netzwerkforschung in Angriff genommen wird, der die Dispositionen der Akteure einbezieht, wird es zunächst darum gehen, in die zentralen Begrifflichkeiten der Habitustheorie Bourdieus und der dokumentarischen Methode einzuführen. Zum Schluss des Kapitels wird ein methodologischer Rahmen formuliert, der dann im Anschluss empirisch angewendet wird.

---

24 Bourdieus Habitustheorie hat ihren Ausgangspunkt in der ethnologischen Erforschung der Kabylen und ist insbesondere in Arbeiten zur Ungleichheitssoziologie theoretisch ausbuchstabiert worden, während sich die dokumentarische Methode in der Auseinandersetzung mit Milieus entwickelt hat.

3.1 Der Habitus als Weltaneignungs- und Reproduktionsinstanz

Pierre Bourdieus Habitustheorie hat ihre Stärke, ähnlich wie Giddens Strukturationsansatz, in der Verknüpfung von sozialer Struktur und Handlung. Allerdings geht Bourdieu einen Schritt weiter, indem dieser mit dem Habitusbegriff ein Verbindungsstück einführt, das eine Korrespondenz zwischen der sozialen Position im Feld und den Dispositionen der Akteure denken lässt. Damit wird der Akteur nicht nur als potenziell reflexives Individuum konzipiert, sondern dessen Selbst- und Weltperspektive mit den Erfahrungen verknüpft, die durch seine Stellung im sozialen Raum gemacht werden.

Zentral für Bourdieus Habitusbegriff[25] ist die Annahme der unmittelbaren Verknüpfung von Körper und Welt. Der Körper ist „in der Welt [und] von der Welt besetzt" (Bourdieu 2004: 173), also geht er eine „unmittelbare Beziehung, durch Berührung" (ebd.: 174) mit seiner sozialen Umgebung ein. „Der Körper ist in der sozialen Welt, aber die soziale Welt steckt auch im Körper." (ebd.: 194) Die ihm umgebende Welt ist eine Sphäre, die „unmittelbar sinnerfüllt" (ebd.: 174) ist, und die Möglichkeit der aktiven Auseinandersetzung des Korpus wird „dank seiner Sinne und seines Gehirns" (ebd.: 174) ermöglicht. Die sinnliche Exponiertheit des Körpers in der Mit-Welt wird durch das regelmäßige Einwirken von Eindrücken in ein „harmonisierendes System von Dispositionen" (ebd.: 174) übersetzt.

> „Weil der Körper (in unterschiedlichem Ausmaß) exponiert ist, weil er in der Welt ins Spiel, in Gefahr gebracht wird, dem Risiko der Empfindung, der Verletzung, des Leids, manchmal des Tods ausgesetzt, also gezwungen ist, die Welt ernst zu nehmen (und nichts ist ernsthafter als Empfindungen – sie berühren uns bis ins Innerste unserer organischen Ausstattung hinein), ist er in der Lage, Dispositionen zu erwerben, die ihrerseits eine Öffnung zur Welt darstellen, das heißt zu den Strukturen der sozialen Welt, deren leibgewordene Gestalt sie sind." (ebd.: 180)

Der Körper wird in dem Akt der Auseinandersetzung mit der Umwelt somit zum sozialisierten Korpus, der die Welt praktisch erfasst, „ein Erfassen, das von dem gewöhnlich mit der Vorstellung des Erfassens verbundenen absichtlichen, bewußten Entziffern völlig verschieden ist." (Bourdieu 2004: 174) Damit ist eine grundlegende

---

25 Im Folgenden wird das Habituskonzept sehr nahe am Text erläutert (insbesondere: Bourdieu 2004). Dieses Vorgehen wird deshalb gewählt, um die Feinheiten und Ambivalenzen möglichst genau herauszuarbeiten. Ein weiterer Grund ist, dass der Habitusbegriff mittlerweile in die Alltagssprache einführt ist und auch in der wissenschaftlichen Literatur die Verknüpfung zwischen Körper, Dispositionen und sozialer Praxis häufig recht oberflächlich nachvollzogen wird (z. B. Henning/Kohl 2001).

Differenz zwischen praktischem Sinn und der theoretischen Logik gezogen. Auf der einen Seite stehen bewusste und absichtsvolle Handlungen, die mit theoretischen Erklärungen angereichert sein können, auf der anderen Seite eine implizite Praxis, die mit Widersprüchlichkeiten, Ambiguitäten und Zwängen durchzogen ist.

Der Habitus ist das verkörperte System von „Wahrnehmungs- Bewertungs- und Handlungsschemata" (ebd.: 177), das gerade „praktische Erkenntnisakte [...] ohne explizite Zwecksetzung noch rationale Mittelberechnung" (ebd.: 177) vollzieht. Die in der Regel den Akteuren unbewussten „Konstruktionselemente" (ebd.: 174), die es ermöglichen, die Umwelt wahrzunehmen, sind „von der Welt konstruiert" (ebd.: 174). Der inkorporierte Wahrnehmungsapparat wird, und damit kommt ein gesellschaftstheoretisches Argument ins Spiel, an einem bestimmten gesellschaftlichen Ort sozialisiert. Soziale Struktur und die Dispositionen der Akteure werden damit nicht als Gegensatz, sondern als Korrespondenzverhältnis konzipiert. Bourdieu beschreibt die „Habitusformierung" (Bourdieu 1987a: 122) in schicht- (Bourdieu 1987b), geschlechts- (Bourdieu 2012b) oder feldspezifischen (z. B. Bourdieu 2001) Zusammenhängen, was aber offenlässt, dass in anderen Erfahrungsräumen spezifische Dispositionen ausgebildet werden. In Folge positionsbezogener Erfahrungen und Einschreibungen (z. B. als Mann in der Unterschicht) werden Gesellschaftsstrukturen in den Körper verpflanzt, die Handlungsprogramme implizieren, „die sich als situationsgemäß und dringlich objektiv abzeichnen und an denen sein Handeln sich ausrichtet, ohne daß sie durch und für das Bewußtsein oder den Willen klar zu expliziten Normen oder Geboten erhoben worden wären." (Bourdieu 2004: 183) An dem Zitat wird deutlich, dass das praktische Verstehen und Handeln eine Lösung für praktische Probleme darstellt (situationsgemäß), das sich quasi-natürlich vollzieht (dringlich objektiv) und nicht an expliziten Normen orientiert ist. Vielmehr entwickeln Akteure ein ‚Gespür' für angemessenes Verhalten in strukturähnlichen Situationen.

> „Als Produkt der Einverleibung eines nomos, des für eine Gesellschaftsordnung oder ein Feld konstitutiven Prinzips der Sichtung und Ordnung, erzeugt der Habitus dieser Ordnung unmittelbar angemessene, also von dem, der sie vollbringt, wie auch von den anderen als passend, richtig, geschickt, angemessen wahrgenommene und bewertete Verhaltensweisen, die keineswegs dem Gehorsam gegenüber einem Gebot, einer Norm oder rechtlichen Regelungen entspringen." (Bourdieu 2004: 184)

3.1.1 Die Trägheit und Transformation des Habitus

Der Habitus, so wird Bourdieu häufig vorgeworfen, neige dazu Gesellschaftsstrukturen zu stabilisieren, was impliziere, dass der Wandlungsaspekt ausgeklammert

wird. Diese Sichtweise ist durchaus im Erkenntnisinteresse Bourdieus, da die Reproduktion von Gesellschaft ein eigenes Forschungsprogramm erfordert. Allerdings bietet Bourdieu durchaus theoretische Anschlüsse für „Habituswandel" bzw. „Habitustransformation" (von Rosenberg 2011).
Die inkorporierten Strukturen neigen zur Reproduktion und auch zu Persistenz bei sich wandelnden Umweltbedingungen. Da sich gesellschaftliche Strukturen nicht nur kognitiv ablagern, sondern auch in die Körper einschreiben, entstehen Trägheitseffekte, die nicht so einfach abgewandelt werden können. Beispielsweise haben Menschen, die eine Geschlechtsumwandlung durchführen, große Probleme das *doing-gender* des neu angenommenen Geschlechts erfolgreich zu meistern. Oder auch Gesellschaftsaufsteiger aus der Mittelschicht, die den Geschmack der Oberschicht nicht inkorporiert haben, fallen quasi aus der Rolle. Bourdieu nennt die Trägheit des Habitus „Hysteresis-Effekt" (Bourdieu 1987b: 238). Allerdings wäre hier eine strikte Lesart, dass der Habitus die stumme Verlängerung der Gesellschaftsstruktur wäre, gerade jene Position, gegen die sich Bourdieu zur Wehr setzt. Erstens weil der Habitus immer eine Übersetzungsleistung der gesellschaftlichen Positionen darstellt (1.), zweitens weil der Habitus „Mißverhältnisse, Mißklänge, Mißlingen" (Bourdieu 2004: 204) kennt (2.) und drittens ist der Habitus als grundsätzlich lernfähig konzeptualisiert (3.).

1. Der Habitus ist als Übersetzungsebene zwischen Position und Disposition konzipiert. In diesem Sinne ist dieser „strukturierende und strukturierte Struktur" (1987b: 280). Die Dispositionen können allerdings nicht automatisch von den Positionen abgeleitet werden, es handelt sich vielmehr um qualitativ unterschiedliche Ebenen, wie dies in der Logik der Übersetzung angelegt ist. Gleichzeitig hat die Position natürlich einen Einfluss auf die Disposition. Die Position gibt Wahrscheinlichkeitsräume vor, die in bestimmten Fällen zur Homologie zwischen Position und Disposition führen können. Aber auch hier spricht Bourdieu von einem „Sonderfall, der (in den uns vertrauten Universen) zwar besonders häufig auftritt, den man aber nicht verallgemeinern sollte." (Bourdieu 2004: 204). Daneben sind gesellschaftliche Positionen empirisch festzustellen, die schwach definiert sind und damit relativ stark ausgeprägte „Ungewißheitszonen" (2004: 202) aufweisen. Hier greift Bourdieu auf ein organisationssoziologisches Argument zurück (Crozier/Friedberg 1979) und bezieht sich auf Berufe, für die keine eindeutigen Zugangs- und Ausübungskriterien festgelegt sind.

> „Diese wenig abgegrenzten und wenig abgesicherten, aber ‚offenen' und, wie es manchmal heißt, ‚zukunftsreichen' Stellen ermöglichen ihren Inhabern, sie nach Maßgabe der von ihnen selbst verkörperten, für ihren Habitus konstitutiven Notwendigkeit zu definieren." (Bourdieu 2004: 202)

Aber selbst recht stark regulierte Bereiche, wie hierarchisch niedrige Beamtenpositionen des öffentlichen Dienstes, können nur ausgeübt werden, wenn Angehörige des Kleinbürgertums im Sinne der Verwaltungstätigkeit prädisponiert sind: „Redlichkeit, Sorgfalt, Strenge, Hang zu moralischer Empörung" (ebd.: 203).

2. Disharmonie zwischen Habitus und Position stellt sich insbesondere bei strukturellem Wandel ein. Wenn sich die Gesellschaftsstruktur verändert (oder auch Feldstrukturen), dann kommen habituelle Dispositionen in Spannung mit der Struktur. In diesem Fall gelingt es jenen, „die dem früheren Spielstand am besten angepasst waren [...] kaum, sich der neuen Ordnung zu unterwerfen: Ihre Dispositionen werden dysfunktional, und je mehr Mühe sie sich geben, sie am Leben zu halten, umso gründlicher wird ihr Mißlingen." (ebd.: 207) Aber auch Positionen, „die auf ihre Inhaber strukturelle ‚Doppelzwänge' ausüben können", produzieren „oft zerissene, in sich widersprüchliche Habitus, deren innere Gespaltenheit Leiden verursacht". (ebd.: 206) Schließlich wird eine Disharmonie zwischen Position und Habitus dann wahrscheinlich, wenn, wie bereits am Beispiel des Aufsteigers erwähnt, Akteure in neue Sozialräume eintreten, aber die dafür notwendigen Dispositionen nicht inkorporiert haben[26].

3. Die bisherigen Ausführungen legen nahe, dass ‚fertig' sozialisierte Körper nicht lernfähig sind. In bestimmten Fällen mag das so sein, aber der Normalfall ist das Gegenteil:

> „In Abhängigkeit von neuen Erfahrungen ändern sich die Habitus unaufhörlich. Die Dispositionen sind einer Art ständiger Revision unterworfen, die aber niemals radikal ist, da sie sich auf der Grundlage von Voraussetzungen vollzieht, die im früheren Zustand verankert sind. Sie zeichnen sich durch eine Verbindung von Beharren und Wechsel aus, die je nach Individuum und der ihm eigenen Flexibilität oder Rigidität schwankt: Wenn [...] die Festigkeit allzu ausgeprägt ist, hat man es mit starren, verschlossenen und zu sehr in sich gekehrten Habitus zu tun (wie bei Greisen), wenn es die Anpassungsfähigkeit ist, löst der Habitus sich auf in dem Opportunismus einer Art mens momentanea, die nicht fähig ist, in der Begegnung mit der Welt ein Gefühl innerer Geschlossenheit zu bewahren." (Bourdieu 2004: 207)

Die Lernfähigkeit ist damit wiederum habituell disponiert, wobei der verschlossene Habitus wie der opportunistische Habitus als Extrempositionen gedacht werden müssen. Gerade in modernen Gegenwartsgesellschaften kann angenommen werden, dass Habitus produziert werden, die mit veränderten Bedingungen umzugehen lernen. Man denke nur an prekäre Beschäftigungsverhältnisse,

---

26 Siehe auch die literarisch und wissenschaftlich gelungene autobiographische Darstellung bei Eribon (2016).

zunehmende räumliche Mobilität oder patchworkartige Familienstrukturen, die nahelegen, sich an immer neue Umwelten anzupassen[27].

3.1.2 Exkurs: Bourdieus Habitustheorie als Netzwerkansatz?

Bourdieus Habitustheorie ist nicht als Netzwerkansatz in Kapitel 1.2 ausgeführt worden. Gegen eine solche Vorgehensweise kann eingewendet werden, dass Bourdieu seine Theorie explizit als *relational* begreift und damit eine Übereinstimmung mit der relationalen Soziologie der Netzwerksoziologen hergestellt werden könnte. Allerdings ist bei Bourdieu Relationalität anders gedacht als in Netzwerktheorien. Nicht als Interaktions- oder Tauschbeziehung, sondern als *„Bündelungen von Relationen"* (Wacquant 2013: 36) zwischen Positionen in einem sozialen Feld[28], das durch wechselseitige Wahrnehmung und Abgrenzung asymmetrisch strukturiert ist. In Feldern treten dabei zwei Muster hervor:

1. Das Verhältnis zu anderen Feldpositionen nimmt primär eine Form der Wahrnehmung, aber nicht der direkten Kommunikation an. Die Bedingung der Möglichkeit der Wahrnehmung des Anderen liegt wiederum im Habitus. Wie bereits erwähnt, ist in diesem gesellschaftliche Struktur inkorporiert. Damit *fühlt* man körperlich die Stellung im sozialen Raum, man weiß um die eigene Position Bescheid und kennt auch intuitiv die Stellung der Anderen und die Relation der eigenen zur anderen Position.
2. Das Verhältnis zu den anderen Positionen ist machttheoretisch bestimmt. Entweder versuchen Akteure, ihre privilegierten Positionen zu erhalten und grenzen sich gegenüber anderen Positionen ab (Distinktion), oder Akteure versuchen, ihre Position zu verbessern, und streben nach besser gestellten Positionen im Feld (Affirmation). Beispielsweise kann beobachtet werden, dass manche Mittelschichtskinder mit einem Aufstiegshabitus ausgestattet sind, der dann die Zugehörigkeit zur Oberschicht anstrebt.

---

27 Auch die Gesellschaftsdiagnosen von Boltanski/Chiapello (2013) oder von Sennett (2000) lassen das Anwachsen von Dispositionen vermuten, die flexibel und daher lern- und anpassungsfähig sind.

28 „Ein Feld besteht aus einem Ensemble objektiver historischer Relationen zwischen Positionen, die auf bestimmten Formen von Macht (oder Kapital) beruhen, während der Habitus ein Ensemble historischer Relationen darstellt, die sich in Gestalt der geistigen und körperlichen Wahrnehmungs-, Bewertungs- und Handlungsschemata in den individuellen Körpern niedergeschlagen haben." (Wacquant 2013: 36-37)

3.1 Der Habitus als Weltaneignungs- und Reproduktionsinstanz

Zwar ist der relational gedachte Feldbegriff nicht unmittelbar mit der Vorstellung von Netzwerk kompatibel, allerdings können zwei Anschlüsse in Bourdieus Werk identifiziert werden, die für eine Netzwerktheorie fruchtbar gemacht werden können. Erstens ist dies in der Kapitaltheorie (Bourdieu 1983) gegeben und zweitens in der Theorie der symbolischen Güter bzw. des Gabentauschs (Bourdieu 1998: 163-202). Die eigene Position – und damit ist der soziale Raum (bzw. das Feld) nur als relationaler Raum konzipierbar – ist immer nur aus dem Verhältnis zu den anderen Positionen ableitbar, was sich auch ‚objektiv' feststellen lässt. Der Soziologe kann mit der Konstruktion von Kapitalsorten, wie kulturelles, ökonomisches und soziales Kapital, einen Raum der Relationen konzipieren. Je mehr Kapitalsorten akkumuliert werden, desto höher die Stellung im sozialen Raum. An den Kapitalsorten ist nun interessant, dass das soziale Kapital das potenzielle Netzwerk darstellt, das in Interaktionen reproduziert wird. Selbstverständlich basiert das kulturelle Kapital auch auf Interaktionsarbeit, z. B. in der Primärerziehung oder in der Schule. Aber hier ist die Interaktion (in Form von Arbeit) nur die Vorbedingung für kulturelles Kapital, das sich in Form von implizitem Wissen, spezifischen Geschmacksurteilen oder Bildungstiteln manifestiert. Soziales Kapital ist dahingegen „unaufhörliche Beziehungsarbeit in Form von ständigen Austauschakten" (Bourdieu 1983: 193), ist also nur in Netzwerkinteraktion aufbau- und aktualisierbar. Bourdieu definiert soziales Kapital wie folgt:

> „Das Sozialkapital ist die Gesamtheit der aktuellen und potentiellen Ressourcen, die mit dem Besitz eines dauerhaften Netzes von mehr oder weniger institutionalisierten Beziehungen gegenseitigen Kennens und Anerkennens verbunden sind; oder anders ausgedrückt, es handelt sich dabei um Ressourcen, die auf Zugehörigkeit zu einer Gruppe beruhen."

Interessant an dem Zitat ist, dass soziales Kapital nicht nur Netzwerkinteraktion voraussetzt und aktualisiert, sondern nur dann auftritt, wenn das Kriterium der Anerkennung hinzukommt. Nur wenn man als Mitglied einer Gruppe (formal oder informal) akzeptiert ist, kann von sozialem Kapital die Rede sein. Dieses Kriterium, das sensibel für Dynamiken des Ein- und Ausschlusses macht, ist nicht mit der klassischen strukturalistischen Netzwerktheorie, in der es in der Regel um die Verknüpfung von Knoten geht, so einfach kompatibel. Es ist zwar anzunehmen, dass Gruppeninteraktionen als *strong* ties häufiger reproduziert werden, aber die Qualität und die Dynamiken des Ein- und Ausschlusses bzw. der Anerkennungsakte werden in strukturalistischen Theorie- und Analyseansätzen ausgeklammert. Doch welche Formen und Qualitäten des Kennens und Anerkennens beobachtet Bourdieu? Materielle und/oder symbolische Tauschbeziehungen, so zeigt Bourdieu auf, dienen zur Aufrechterhaltung von Sozialkapital. Im Sinne der Reziprozität werden Beziehungen in den Akten des Gebens und Nehmens gefestigt. Am Beispiel des Gabentauschs in der kabylischen Gesellschaft demonstriert Bourdieu, dass diese Beziehungsform allerdings nicht auf Berechnung beruht (also im Sinne des Homo Oeconomicus), sondern implizite und diffizile Praktiken in die Reziprozitätsbeziehung einfließen. Akte des Gebens und Nehmens (das *do ut des*) finden ihren Ausdruck in Form einer symbolischen Ökonomie. Im Vollzug werden soziale Funktionen erfüllt (z. B. Kohäsion) und Profite bei den Beteiligten generiert (z. B. Anerkennung als Gruppenmitglied). Gleichzeitig werden diese ‚objektiven Wahrheiten' tabuisiert. Dies wird durch das zeitliche Intervall zwischen Gabe und Gegengabe und die Euphemisierung des Tauschaktes hergestellt. Indem die Tauschakte gegenseitig abgeschirmt werden, erscheint die Gegengabe wiederum als singuläre Gabe. Daneben bleibt der Preis im Impliziten. Zwar verstehen die Akteure, dass eine Gabe zu einer größeren Gegengabe verpflichtet, allerdings ist dieses Wissen nicht reflexiv zugänglich, wird also kollektiv verdrängt. Die Sozialisationsarbeit bei den Kabylen ist so ausgerichtet, dass der Gabentausch in den Dispositionen der Individuen angelegt ist: Diese beherrschen das Spiel ohne Berechnung, weil sie ein *Gefühl* für die komplizierten und ausgefeilten Verhältnisse ausgebildet haben.

Es ist anzunehmen, dass unter kapitalistischen Bedingungen der Gabentausch anders gestaltet ist, und dies sieht auch Bourdieu. Im ökonomischen Feld weicht die Logik des symbolischen Tauschs einer Logik des Expliziten und ein Spiel neuer Art, „dessen Prinzip das Gesetz des materiellen Interesses ist" (Bourdieu 1998: 176), entsteht.

> „Im Gegensatz zu all dem, was die Ökonomie der symbolischen Güter verlangt, werden hier die Dinge beim Namen genannt, heißt hier Zins Zins und Profit Profit. Hier ist Schluß mit der Euphemisierungsarbeit". (ebd.: 176)

Die moderne Ökonomie westlicher Prägung reproduziert sich damit im Modus des Expliziten. Und auch das Reziprozitätsgesetz kann im Sinne einer Zweck-Mittel-Architektur als Instrument eingesetzt werden. So zeigt der Mikropolitikansatz anhand des Don-Corleone-Prinzips (Bosetzky 1974), dass die Gabe bewusst eingesetzt werden kann, um einen Gegengefallen in der Zukunft zu erheischen und andere Akteure an sich zu binden. Allerdings ist nicht zu erwarten, dass sich jegliches Handeln im Bereich des Expliziten vollzieht, dass den Akteuren ihre Praktiken voll bewusst sind. Es ist viel mehr davon auszugehen, und die praxissoziologischen Ansätze bestätigen diese These, dass in modernen Gesellschaften ein anderes Verhältnis zwischen dem Expliziten und dem Impliziten besteht. Der blinde Fleck, um Luhmanns Argument in Anschlag zu bringen, löst sich nicht auf, sondern verschiebt sich, wenn Implizites expliziert wird.

3.2 Die dokumentarische Methode: Interpretieren und Verstehen als Leitunterscheidung

Nach der Ausführung des Habituskonzepts und dem Exkurs zu Bourdieu als Netzwerksoziologe wenden wir uns der dokumentarischen Methode nach Ralf Bohnsack zu. Diese steht in der Tradition praxeologischer Ansätze (Mannheim, Garfinkel) und hat sich ursprünglich in der empirischen Auseinandersetzung mit Milieus entwickelt (Bohnsack 1989). Als eines der zentralen Ergebnisse kann gelten, dass sich Milieus durch den sogenannten konjunktiven Erfahrungsraum konstituieren, also das Erleben strukturidenter Erfahrungen (z. B. Generation, Geschlecht, Bildung) zu einem unhinterfragten Verstehen zwischen Milieumitgliedern führt. Die zentrale Frage lautet damit, *wie* Konjunktion bzw. ein (kollektiver) Orientierungsrahmen im praktischen Tun (re-)produziert wird. In der Rekonstruktion von in Gruppendiskussionen produzierten „Fokussierungsmetaphern" (Bohnsack 2010: 67), also metaphorisch wie im wechselseitigen kommunikativen Vollzug besonders dichten Stellen, wird diese Frage empirisch beantwortet.

Die Leitunterscheidung des praxeologischen Zugangs ist jene zwischen dem *kommunikativen* und dem *konjunktiven Wissen*, die in „zwei fundamental unterschiedliche[n] Modi der Erfahrung" (Bohnsack 2014a: 61) fundiert sind: *Interpretieren* und *Verstehen*. Die Interpretationsseite bezieht sich auf die Motivunterstellungen (Um-zu-Motive im Sinne von Schütz), also die gesellschaftlich generalisierten Common-Sense-Konstruktionen, die die kommunikativen Absichten anzeigen. Diese Ebene wird von Bohnsack auch als *Orientierungsschemata* bezeichnet und gilt, analog zu Bourdieu, als Gegenhorizont zur Logik der Praxis. Beispielsweise kann ein Geschäftsführer eines Krankenhauses argumentieren, die chirurgische Abteilung auszubauen, *um* den Erlös des Krankenhauses *zu* steigern. Auf der anderen Seite umfasst die angesprochene Verstehensebene die impliziten Haltungen und Orientierungen, die an den *modus operandi* der Praxis rückgekoppelt sind. Damit wird das atheoretische Wissen im Sinne Mannheims (1957) fokussiert, das in unterschiedlichen Erfahrungsräumen erworben wird und sich im kollektiv geteilten *Orientierungsrahmen* ablagert. Statt dem *Was*, rückt hier das *Wie* gesellschaftlicher Fundierung in den Vordergrund. Beispielsweise kann danach gefragt werden, *wie* Ärzte zwischen den Anforderungen, gute Medizin zu betreiben und wirtschaftlich effizient zu handeln, vermitteln.

3.2.1 Die Erweiterung des Orientierungsrahmens

In späteren Texten widmet sich Bohnsack verstärkt dem Wechselverhältnis zwischen sozialer Identität, Norm und Habitus (Bohnsack 2014b, aber auch: 2012 und 2013). Damit wird eine Brücke zu Bourdieus Habituskonzept geschlagen und der *Orientierungsrahmen* neu konturiert. Bohnsack entwickelt zwei Ebenen, die den Orientierungsrahmen an das konjunktive und kommunikative Wissen je anders rückbinden. Auf einer ersten Ebene wird der Orientierungsrahmen im *engeren Sinne* mit dem Habitus gleichgesetzt (konjunktives Wissen bzw. Verstehensmodus). Die impliziten Dispositionen der Akteure *sind* der Rahmen, der in unterschiedlichen Erfahrungsräumen (z. B. Bildung, Geschlecht, Generation oder Organisation) angeeignet und inkorporiert wird und der – analog zu einer Brille, die man trägt – eine spezifische Selbst- und Weltorientierung ermöglicht. Um das Argument von Bourdieu nochmals zu wiederholen: Der Habitus wird im Umgang mit der sozialen Welt geformt und die sozialen Strukturen lagern sich im zeitlichen Verlauf in den Körper ein und formen die impliziten Dispositionen der Akteure. Als Gegenbegriff zum Orientierungsrahmen im engeren Sinne gilt das *Orientierungsschemata* (kommunikatives Wissen bzw. Modus des Interpretierens). Unter diesem Begriff fallen unterschiedliche Sinnbezüge, die mit der Handlungspraxis noch nicht vermittelt sind (siehe: Bohnsack 2013: 182):

1. Common Sense-Theorien *über* die Handlungspraxis („theoretisches Welt-Erkennen") mit Stereotypisierungen und legitimatorischen Funktionen
2. Zweckrationales (deduktives) Modell des Handelns und der Sinnkonstitution (Um-zu-Motive)
3. Orientierung an Erwartungserwartungen: Normen und Rollen
4. Ebene des institutionalisierten Handelns
5. Konstitution sozialer Identität: Fremd- und Selbstidentifizierung
6. Methodischer Zugang über theoretisierende und argumentative Texte und die darin implizierten Gegenhorizonte

Interessant ist hier, dass Bohnsack sowohl die institutionalisierten Erwartungen und die Identitätszuschreibungen auf der Seite der Orientierungsschemata verortet und diese, im Verhältnis zum Orientierungsrahmen, als sekundär ausflaggt.

> „Erst die genaue Kenntnis dieser praktischen Logik – der Logik des Handelns jenseits der *Theorien* und der begrifflichen Konstruktionen und Definitionen, welche die Akteure in Wissenschaft und Alltag *über* ihre eigene Praxis halten – schafft die Bedingungen der Möglichkeit für eine umfassende Erkenntnis des alltäglichen Handelns." (Bohnsack 2013: 182)

3.2 Die dokumentarische Methode

Die Orientierungsschemata, als Gegenbegriff zum Orientierungsrahmen konzipiert, werden, analog zur Kritik von Bourdieu gegenüber einer scholastischen bzw. theoretischen Vernunft (1987a), als exteriore Einrichtungen verstanden, die zunächst illusionären Charakter aufweisen. Zwischen Norm und Praxis gibt es eine Differenz und die Norm zu explizieren bedeutet damit nicht, die Praxis zu verstehen. In dieser Vorstellung fungieren Normen, Institutionen oder Identitätszuschreibungen als kritische Absetzungspunkte zu einer praxeologischen Wissenssoziologie.

Allerdings verfolgt Bohnsack in seinen kürzlich veröffentlichten Texten das Vorhaben, die Ebene der Orientierungsschemata selbst in den Orientierungsrahmen zu integrieren, also das Verhältnis zwischen den erwähnten Ebenen mit einer anderen Akzentsetzung neu zu konzipieren. Die Orientierungsschemata werden bei dieser Konzeption zwar auch in einem Spannungsverhältnis zum Orientierungsrahmen gedacht, darüber hinaus stellt sich aber die Frage der Integration von gesellschaftlichen Erwartungen *in die Praxis*. Die Orientierungsschemata erhalten damit erst in Folge des Einbezugs in einen Orientierungsrahmen ihre spezifische Bedeutung. Das bedeutet allerdings nicht, dass Regeln, Identitäten oder normative Erwartungen unmittelbar auf die Handlungspraxis zugreifen, sondern diese werden durch die Ausrichtung des Habitus gebrochen, ausgeformt oder verformt. Es ist allerdings auch denkbar, dass exteriore Erwartungen affirmativ angenommen und damit relativ bruchlos in die Praxis übersetzt werden. Mit diesem begrifflichen Umbau wird die Frage aufgeworfen, *wie* Orientierungsschemata durch den Orientierungsrahmen integriert werden, ob beispielsweise Fremdzuschreibungen zurückgewiesen (also einen negativen Gegenhorizont bilden) oder ob diese affirmativ angenommen werden[29] oder ob drittens eine ambivalente Perspektive eingenommen wird.

> „Die Akteure positionieren sich selbst zu den an sie herangetragenen Erwartungen sowie Attribuierungen von Intentionen, Motiven und dem gesellschaftlichen Identifiziert-Werden, den Subjektcodes, setzen sich mit den exterioren institutionalisierten Verhaltenserwartungen auseinander, distanzieren sich oder übernehmen diese. Die Auseinandersetzung mit der Norm, die Art und Weise, wie die normativen Anforderungen bewältigt werden, erfolgt im Medium der performativen Struktur des Habitus. Der Habitus dokumentiert sich in konturierter Weise u. a. im Wie dieser Auseinandersetzung mit der Norm, durch welche er aber auch transformiert wird. Somit werden erst in den auf die Rekonstruktion der performativen Struktur des Habitus, des Orientierungsrahmens gerichteten Interpretationen zugleich auch die Regeln und Normen und insgesamt die Orientierungsschemata empirisch in valider Weise rekonstruierbar." (Bohnsack 2014b: 43)

---

29 Siehe dazu die Untersuchung zu Pflegedirektoren, die die Erwartungen des betriebswirtschaftlich geprägten Managementdiskurses affirmativ annehmen (Wolf/Ostermann 2016).

3.2.2 Textsorten und die formulierende und reflektierende Interpretation

Im Zusammenhang mit der Differenz Orientierungsschemata/Orientierungsrahmen stehen verschiedene Textsorten (Schütze 1987). Diese können den unterschiedlichen Sinnbezügen (konjunktives/kommunikatives Wissen) zugeordnet werden, kommen aber in empirischen Materialien überwiegend als „mehrere ineinander verschachtelte *Vordergrund-Hintergrund-Verhältnisse*" (Nohl 2009: 28) vor. Während *Argumentationen* und *Bewertungen* dem kommunikativen Wissen zuzurechnen sind, korrespondieren insbesondere *Narrative* und *Beschreibungen* mit den erlebten Erfahrungen und beziehen sich damit auf das praktische Wissen im Sinne Bourdieus. In Erzählungen und Beschreibungen, so die Beobachtung, werden implizite Orientierungen aufgerufen, die sich in den Erfahrungen mit der Umwelt herausgebildet haben. Insbesondere in den aufeinander bezogenen Erzählungen, die sich in Kontext der Gruppendiskussionen zu „Fokussierungsmetaphern" (Bohnsack 2010: 67) verdichten können, kommen die impliziten Orientierungen besonders gut zum Ausdruck. Für Erzählungen ist zentral, dass diese einen zeitlichen Verlauf aufweisen und damit auf eine prozessuale Ebene bzw. Zeitdimension verweisen.

In der dokumentarischen Methode werden die Textsorten in ihrer Bedeutung unterschiedlich gewichtet. Während man es Erzählungen (oder Narrativen) zutraut, einen Zugang zur gelebten Praxis herzustellen, werden argumentative und evaluative Textformen kritischer beäugt. Diese stehen im Verdacht die Logik sozialer Praxis in ihrem Kern zu verfehlen: Alltagstheorien reflektieren das Erlebte häufig nicht adäquat und werden als Rechtfertigungs- oder Legitimationsmuster eingesetzt. Das bedeutet allerdings nicht, dass Menschen deshalb blind gegenüber ihren Erlebnissen wären. Das Gegenteil ist der Fall: Menschen wissen häufig nicht was sie alles wissen, können die Kompetenzen allerdings nicht adäquat theoretisch verarbeiten. Die Kompetenzen verbleiben im Modus des Impliziten und können eben nur über das Erzählte rekonstruiert werden.

Die „Doppeltheit" (Bohnsack 2014a: 63) der Sinnbezüge spiegelt sich nicht nur in der Methodologie der dokumentarischen Methode, sondern auch in der methodischen Herangehensweise: Das kommunikative Wissen wird mit dem Analyseschritt der formulierenden Interpretation nachvollzogen, das konjunktive/atheoretische Wissen mit jenem der reflektierenden Interpretation rekonstruiert. Während der Interpret im Zuge der formulierenden Interpretation „innerhalb des (Orientierungs-)*Rahmens*" (ebd.: 136) bleibt, um das kommunikativ-theoretische Wissen herauszuarbeiten, wird im Analyseschritt der reflektierenden Interpretation die Konstruktion des Orientierungsrahmens[30] selbst expliziert. Dadurch gewinnt der soziologische Beobachter einen „Zugang zur Handlungspraxis und zu der dieser Praxis zugrunde liegenden (Prozess-)Struktur, die sich der Perspektive der Akteure selbst entzieht" (Bohnsack et al. 2007: 13).

Mit den beiden Analyseschritten verwoben ist die komparative Methode, also der Vergleich zwischen den Fällen, mit dem die empirischen Daten konturiert und das methodische Vorgehen kontrolliert wird. Das Ziel der sinngenetischen Rekonstruktion ist dann die Herausarbeitung von Orientierungsrahmen, die in Form von einander abgrenzbarer Typen abstrahiert werden[31].

3.3 Zwischenfazit

In den bisherigen Kapiteln dieser Arbeit wurde argumentiert, dass sich die Netzwerktheorie Harrison Whites auf die strukturelle Dimension sozialer Wirklichkeit bezieht und dabei Kultur phänomenologisch einbezieht. Dadurch werden die Dimensionen der institutionellen Logiken und der Identitätszuschreibungen als Beziehungsmuster theoretisch bearbeitet. Das Desiderat der zeitlichen Entfaltung von Praktiken in Netzwerken wird von den gegenwärtigen praxissoziologisch orientierten Netzwerkansätzen, wie z. B. in der Akteur-Netzwerk-Theorie, adressiert. Allerdings mangelt es an einer netzwerktheoretischen Konzeption, die den Körper als Träger impliziten Wissens theoretisch und methodologisch mit einbaut. Hier setzen die praxissoziologischen Ansätze von Bourdieu und Bohnsack an. Der Habitus oder Orientierungsrahmen ist jenes Scharnier zwischen gesellschaftlicher Struktur und Praxis, das in Auseinandersetzung mit sozialer Welt angeeignet (in den so genannten Erfahrungsräumen) und als die Praxis orientierendes implizites Wissen in die Körper eingeschrieben wird. Der Habitus wird damit als inkorporierte Dispositionen der Wahrnehmung, Bewertung und Handlung konzeptualisiert und tendiert auf Grund der damit zusammenhängenden körperlichen Einschreibung von Wissensstrukturen zur Trägheit und damit zur Reproduktion sozialer Verhältnisse. Allerdings bedeutet das nicht, dass der Habitus nicht lernfähig wäre. In Auseinandersetzung mit neuen Erfahrungen kann es zu „Habituswandel" bzw.

---

30 Im Orientierungsrahmen zeigt sich die implizite Weltanschauung, die sich im praktischen Vollzug, also der Sedimentierung erlebter Erfahrungen, ausbildet. Bourdieu spricht hier von den Dispositionen der Akteure.

31 Ein weiterer Schritt ist die soziogenetische Typenbildung, die dann die Orientierungsrahmen auf soziale Kategorien, wie Generation, Geschlecht oder Bildung zurechnen.

„Habitustransformation" kommen, welche ihrerseits die Basis in den angeeigneten Dispositionen haben.

Sowohl Bourdieu als auch der frühe Bohnsack konzeptualisieren den *modus operandi* der Praxis gegen die theoretische Logik bzw. normbasierte Erklärung, die die Praxis unter allgemeinen Begrifflichkeiten subsumiert. Orientierungsschemata, um es in der Sprache Bohnsacks auszudrücken, bilden den negativen Gegenhorizont zum impliziten und kollektiv geteilten Orientierungsrahmen. Diese Dichotomie wird von Bohnsack in seinen späteren Texten selbst unterwandert, indem Orientierungsschemata in den (erweiterten) Orientierungsrahmen integriert werden und die Frage aufgeworfen wird, inwieweit gesellschaftliche Schemata in die Praxis einfließen.

Die dokumentarische Methode beinhaltet, neben der theoretischen/methodologischen Position, eine Forschungsstrategie, die die Eckpunkte Methode (formulierende und reflektierende Interpretation), systematischer Vergleich und Typenbildung umfasst. Dadurch ist dieser Ansatz dazu prädestiniert, eine Brücke hin zu Whites Netzwerktheorie zu schlagen, da sowohl ein praxissoziologischer Bezug als auch eine Forschungsstrategie ausgearbeitet ist, die methodologisch rückgebunden ist und die Sinnkonstitution ihres Gegenstandes auch auf methodischer Ebene ernst nimmt. Das Unterfangen des Brückenschlags zwischen den Ansätzen wird im kommenden Kapitel ausgearbeitet.

Verknüpfung von dokumentarischer Methode und Whites Netzwerktheorie

4

In der Verknüpfung zwischen einem sinnrekonstruktiven Ansatz (der dokumentarischen Methode) und einer nach wie vor strukturalistisch orientierten Netzwerktheorie (White) wird es auch darum gehen, zwei paradigmatische Ansätze aufeinander zu beziehen, die theoretisch unterschiedlich konstruiert sind und ein je anderes Forschungsphänomen zum Gegenstand haben. Um nochmals die Differenzen und Entwicklungen anzusprechen, die den Kontext für die Integration eines praxissoziologischen und des strukturalistischen Paradigmas bilden: Während die dokumentarische Methode aus der qualitativ-sinnrekonstruktiven Untersuchung von Milieus hervorgegangen ist (Bohnsack 1989), setzt die Netzwerkforschung traditionell auf der strukturellen Ebene an und erforscht Netzwerke überwiegend auf Grundlage quantitativer Verfahren (Jansen 2006). In beiden Ansätzen haben sich in den letzten Jahren Verschiebungen ereignet.

Während die dokumentarische Methode in der Erforschung von Organisation, Technik oder Migration neue Anwendungsfelder gefunden hat und damit auch methodische (z. B. Nohl 2009; Vogd 2005) und methodologische Neuerungen einhergegangen sind (z. B. Jansen et al. 2015), können die Verschiebungen in der Netzwerkforschung in den letzten zwei Jahrzehnten als tiefgreifender beschrieben werden. Das anfängliche Theoriedefizit ist mit dem Aufkommen des relationalen Paradigmas (Emirbayer 1997), in dem die Arbeiten Harrison Whites (1992, 2008) eine zentrale Stellung einnehmen, in Angriff genommen worden. Die traditionell positivistische Fundierung der Netzwerkforschung, in der die (quantitative) Vermessung von Knoten und Kanten im Vordergrund steht, wird damit mit einer konstruktivistischen Metatheorie konfrontiert, in der Unsicherheiten, Identitätskonstruktionen oder Geschichten im Mittelpunkt stehen. Die „kulturelle Wende" (Mützel/Fuhse 2010) der Netzwerkforschung hat schließlich zu einer neuen theoretischen Fundierung und zu neuen Forschungsimpulsen geführt (z. B. Mische 1998, 2008). Jedoch ist die methodologische/methodische Einlösung des konstruktivistischen Ansatzes zurückgeblieben und auch auf theoretischer Ebene ist eine praxissoziologische

Erweiterung, die die Prozessebene konsequent mit einbezieht, bisher nicht erfolgt (Schützeichel 2012). Die Weiterentwicklung des relationalen Paradigmas hat somit nicht dafür gesorgt, dass sinnrekonstruktive Verfahren mitentwickelt wurden. Qualitative Forschung wird zwar vermehrt angewendet, allerdings typischerweise in ein quantitatives Design eingebettet (Mützel 2009), was zur Folge hat, dass der spezifische Kontext bzw. die Sinngenese ausgeklammert werden.

Ausgehend von der beschriebenen Situation wird im vorliegenden Kapitel ein Brückenschlag zwischen dokumentarischer Methode und der Netzwerktheorie Harrisson Whites vollzogen, und zwar mit dem Ziel, eine praxeologisch informierte Netzwerkforschung auszuarbeiten, die das verkörperte, implizite Wissen miteinbezieht. Als verbindendes Element kann der *Geschichten*-Begriff herangezogen werden, der in beiden theoretischen Anlagen eine bedeutende Stellung einnimmt. Allerdings ist Whites Verständnis von *stories* anders konturiert als jenes der dokumentarischen Methode: Während in der Netzwerktheorie Whites die typisierten sozialen Relationen in *stories* repräsentiert sind, versucht die dokumentarische Methode, insbesondere auf Grundlage von *Narrationen*, die Logik der Praxis zu rekonstruieren. Wenn es gelingen würde, den Story-Begriff Whites durch die praxeologische Sinndimension zu erweitern, könnte die *Praxis des Netzwerkens* in den Analysefokus rücken. Da die dokumentarische Methode daneben den kommunikativen Sinn, der auf Institutionen, Rollenerwartungen und Identitätszuschreibungen abzielt, mitführt, werden auch diesen Sinnebenen Rechnung getragen.

4.1 Kritikpunkte an Whites Netzwerktheorie und die Antworten der dokumentarischen Methode

In Kapitel 1.3.3 wurden einige Desiderata in Bezug auf Whites Netzwerktheorie herausgearbeitet. Um die Argumente der ersten drei Kritikpunkte nochmals zu rekapitulieren: 1. White bezieht sich auf einen strukturalistisch geprägten theoretischen Überbau, der zur Folge hat, dass Netzwerke primär strukturell begründet werden (Laux 2009). 2. Er führt in seiner theoretischen Anlage eine Leerstelle in Bezug auf die prozessuale, temporale Ebene mit (Schützeichel 2012). 3. In der empirischen Erforschung dominiert nach wie vor der Versuch, formale Modelle auszuarbeiten (Mützel 2009), was zur Folge hat, dass die Indexikalität des Sinngeschehens getilgt wird. Auf all diese Defizite hat die dokumentarische Methode nach Bohnsack eine Antwort parat:

- Ad 1.: Der strukturelle Überhang bei White kann dadurch relativiert werden, dass die Praxisebene eingeführt und in den Mittelpunkt gestellt wird. Allerdings dürfen dabei die Orientierungsschemata, wie es bei Bohnsack heißt, nicht aus den Augen verloren werden. Damit weist Bohnsack in seiner Konzeption des erweiterten Orientierungsrahmens (2012, 2014a, 2014b) eine Position zurück, die versucht, Praxis ohne Struktur, Institutionen etc. zu denken bzw. diese beiden Ebenen als immanenten Widerspruch ansieht. Es geht Bohnsack damit nicht darum, jegliches strukturelle Denken zurückzuweisen (wie dies z. B. Latour für sich in Anspruch nehmen würde), sondern Struktur in Praxis zu denken. Empirisch bedeutet dies, die Logik von Orientierungsschemata zu analysieren und die Frage zu stellen, wie diese im modus operandi der Praxis eingewoben sind.
- Ad 2.: Die prozessuale Ebene bei Bohnsack gestaltet sich in der Handlungspraxis aus. Mit Bourdieu kann darauf hingewiesen werden, dass sich Praxis nicht nur in den aufeinander bezogenen Handlungen widerfinden lässt, sondern sich körperlich verfestigt (habitualisiert) und in den Dispositionen bzw. Orientierungsrahmen der Akteure ihren Ausdruck findet. Im Orientierungsrahmen manifestiert sich somit das „in der gelebten Praxis angeeignete[s] und diese Praxis zugleich orientierende[s] Wissen" (Bohnsack 2001: 331). Die Logik der Praxis wird damit nicht als exteriore Ebene jenseits von *stories* bzw. Erzählungen konzeptualisiert, sondern kann, wie im Kapitel 3.2.2 aufgezeigt wurde, auf der Grundlage von Geschichten empirisch rekonstruiert werden.
- Ad 3.: Dem methodischen Vorgehen, die Erhebungen bzw. die empirischen Ergebnisse mathematisch zu modellieren und damit die Indexikalität des Sinngeschehens einzuklammern, kann mit der reflektierenden Interpretation und der Typenbildung vorgebeugt werden. Es geht bei der dokumentarischen Methode damit darum, die Praxis sprachlich präzise zu rekonstruieren, in ihrer Ambivalenz zu beschreiben und Orientierungsrahmen in Form von typisierten Mustern voneinander abzugrenzen.

4.2 Eine Brücke zwischen der Netzwerktheorie Whites und der dokumentarischen Methode

Während bisher die Defizite der Netzwerktheorie Whites und dessen methodisches Vorgehen thematisiert wurden, wird es in diesem Kapitel darum gehen, einen methodologischen Rahmen herauszuarbeiten, der einen rekonstruktiven Netzwerkansatz ermöglicht. Umgekehrt kann auch die dokumentarische Methode von einer netzwerktheoretischen Erweiterung profitieren, wenn z. B. Prozesse der Identitätszuschreibung und Kontrolle ihrerseits als Praxis fassbar werden.

Als Brücke zwischen den theoretischen Positionen bietet sich der Narrations- oder Story-Begriff an, auf den beide Theorieperspektiven rekurrieren. Bei White repräsentieren Geschichten die mit Sinn unterlegten sozialen Beziehungen in Netzwerken, bei Bohnsack verweisen Erzählungen (in Rückgriff auf Schütze) auf die Praxis der Akteure. Bezieht man die Zugänge aufeinander, dann weisen Geschichten einen *doppelten Verweisungszusammenhang* auf: der *relationale Sinn* bezieht sich auf die institutionalisierten, typisierten Beziehungsmuster und der *praxeologische Sinn* nimmt auf die impliziten Orientierungen und damit die Handlungspraxis Bezug. Geschichten werden in dieser Weise als Sinnräume verstanden, die einerseits auf sozialer Ebene relationieren und andererseits in ihrer zeitlichen Dimension eine Handlungspraxis entfalten bzw. auf Handlungsorientierungen verweisen, die eine solche Praxis anleiten.

Doch welche Folgen hat eine solche Zusammenführung für die jeweiligen Ansätze?

Wenn Geschichten als Form verstanden werden, in denen sich neben Beziehungsrelationen eine Praxis des Relationierens dokumentiert, dann hat das Auswirkungen auf den Identitätsbegriff in der Netzwerktheorie Whites. Dieser erhält ja in den Selbst- und Fremdzuschreibungen seine Gestalt. Aus der Sicht der dokumentarischen Methode wird hier allerdings nur auf eine Seite der Unterscheidung verwiesen: auf jene des kommunikativen Wissens. Wenn sich beispielsweise eine Chefärztin als demokratische Vorgesetzte typisiert, dann sagt das noch recht wenig über ihre Führungspraxis aus. Erst wenn diese anhand von Erzählungen beispielhaft elaboriert wird, in der die Frage im Mittelpunkt steht, *wie* sie ihre Führungsrolle ausgestaltet, dann kann auf ihre Dispositionen und die Praxis des Führungshandelns methodisch geschlossen werden. Hier kann sich beispielsweise zeigen, dass die angesprochene Chefärztin einen hierarchisch geprägten Führungsstil aufweist, aber dieser durch ihre Selbstidentifizierung als Demokratin im Latenzbereich gehalten wird.

Diese *zweite Ebene* des Identitätsbegriffs, die mit Bourdieu als habituelle Dispositionen der Akteure beschrieben wird, ist damit ‚tiefergelegter' und muss sich nicht mit der zugeschriebenen Identität decken. Oder anders ausgedrückt: Die Dispositionen der Akteure bzw. die Praxis des Netzwerkens erschöpfen sich nicht in den beobachtbaren Identitätszuschreibungen.

Gleichzeitig ist zu reflektieren, dass die dokumentarische Methode in Auseinandersetzung mit einem spezifischen Gegenstand entwickelt worden ist. Das Milieu ist jenes erforschte soziale Phänomen, an dem auch die weitere Begriffsentwicklung anschließt. Als zentrales Ergebnis der Milieuforschung kann die Rekonstruktion eines kollektiven geteilten, konjunktiven Erfahrungsraums gelten. Auf Grundlage von strukturäquivalenten Erfahrungen entsteht ein kommunikativ geteilter Raum zwischen Milieumitgliedern, der ein wechselseitiges Verstehen ermöglicht. Der Kontrollbegriff von White wird hier obsolet, da die Frage der sozialen Ordnung im wechselseitigen Verstehen bereits gelöst ist. Oder anders ausgedrückt: Kontrolle, verstanden als Erwartungssicherheit, vollzieht sich bereits durch das geteilte implizite Wissen zwischen Milieumitgliedern.

Allerdings zeigen Jansen et al. (2015) auf, dass z. B. in Organisationen nicht davon ausgegangen werden kann, dass alle Mitglieder einen konjunktiven Erfahrungsraum teilen[32]. Die Mitglieder in Organisationen weisen einerseits mannigfache Herkunftsmilieus auf, andererseits arbeiten sie in unterschiedlichen Abteilungen oder Hierarchieebenen, machen daher differente Erfahrungen, die dann distinkte Habituskonfigurationen zur Folge haben. Zwar ist nicht ausgeschlossen, dass im ‚Sozialraum Organisation' Inseln der Konjunktion emergieren, sich also „Organisationsmilieus" (Nohl 2007: 69) ausbilden, allerdings kann davon ausgegangen werden, dass die Differenz der Orientierungsrahmen der Organisationsmitglieder mehr die Regel denn die Ausnahme ist. Damit werden funktionale Äquivalente zum konjunktiven Erfahrungsraum denkbar, wie z. B. die Formalisierung von Kommunikationswegen, das Explizieren von Programmen oder eine selektive Personalrekrutierung. In Netzwerken kann allerdings, worauf Powell (1990) verweist, nicht (bzw. nur beschränkt) auf das Prinzip der Formalisierung zurückgegriffen werden, und auch Konjunktionen können nicht als Normalfall angenommen werden. Chefärzte teilen andere Erfahrungsräume als Geschäftsführer, niedergelassene Ärzte oder Patienten. Damit wird die Frage der Stabilisierung von Sozialbeziehungen, im Unterschied zum Organisationsrahmen, nochmals prekärer und das Prinzip der Mobilisierung und Kontrolle von und in Netzwerken (White et al. 2007), in denen unterschiedliche Identitäten mit eingebunden sind (bzw. eingebunden werden sollen), rückt in den Fokus der Beschreibung. Anknüpfend daran stellt sich auch die Frage, auf Grundlage welcher Praktiken distinkte Identitäten im Netzwerk kontrolliert werden können bzw. sich kontrollieren lassen. Das Netzwerk kann an diese Überlegungen anschließend durch einen eigenen kommunikativen Grundmodus, eben jenen der *reziproken Kontrollbeziehung*, protosoziologisch als Sozialraum definiert werden. In Netzwerken geht es, nach dieser Perspektive, um die Einbindung differenter Identitäten und den Erhalt der Sozialbeziehungen. Das setzt einen eigenen Habitus voraus, der auf Möglichkeiten des Einbezugs sensibilisiert

---

32 Als Grenzfall können so genannte Face-to-face-Organisationen (Kühl 2002) gelten, in denen auf Grund ihrer geringen Größe alle Mitglieder in unmittelbarem Interaktionskontakt treten. Dadurch entsteht ein gruppenförmiger Reproduktionsmodus, in dem ein konjunktiver Rahmen wahrscheinlich ist.

ist, Möglichkeiten der vorteilhaften Netzwerkbildung antizipiert und nützliche Sozialbeziehungen versucht auf Dauer zu stellen.

4.3 Zwischenfazit

In diesem Kapitel wurde ein Brückenschlag zwischen der Netzwerktheorie Whites und der dokumentarischen Methode nach Bohnsack vollzogen. Wie gezeigt werden konnte, hat der praxeologische Zugang der dokumentarischen Methode das Potenzial, den strukturellen Bias, die fehlende praxissoziologische Perspektive und den mangelnden Einbezug von sinnrekonstruktiven Methoden der White'schen Perspektive zu beheben. Dies gelingt durch den methodologischen Rahmen, der sowohl den Orientierungsrahmen als auch das Orientierungsschemata als zwei Kommunikationsmodi ausbuchstabiert und im methodischen Vorgehen die Sinnkonstitution des Gegenstands ernst nimmt.

Als Scharnier zwischen den Ansätzen dient der Geschichtenbegriff, der je nach theoretischer Perspektive anders konturiert ist. Während es White beim *story*-Begriff um die relationale Typisierung von Identitäten geht, verweisen bei Bohnsack *Narrative* auf die Logik der Praxis. Somit weisen Geschichten einen *doppelten Verweisungszusammenhang* auf.

Die Verknüpfung zwischen dem White'schen Netzwerkansatz und der dokumentarischen Methode hat auch theoretische Konsequenzen für beide Ansätze. Während der Identitätsbegriff bei White sich auf ein ‚Oberflächenphänomen' bezieht, kann der Habitus als eine ‚Tiefenstruktur' verstanden werden, also eine nicht-reflektierte, implizite und damit tiefergelegte Identität, die sich in Auseinandersetzung mit der Umwelt konstituiert. Auf der anderen Seite spielt der Kontrollbegriff bei der dokumentarischen Methode keine Rolle, da aufgrund der geteilten Selbstverständlichkeiten im Milieukontext diese Sozialdimension immer schon gelöst ist. Im Netzwerk kann Konjunktion allerdings nicht als Normalfall erwartet werden. Vielmehr sind in Netzwerken in der Regel unterschiedliche Identitäten und Habitus miteinander verwoben, was die Kontrolle des Anderen prekär werden lässt. Damit rückt die Frage von wechselseitigen Kontrollarrangements in den Mittelpunkt der Betrachtung.

Der metatheoretische Rahmen der empirischen Untersuchung

5

Theorie und Empirie verweisen in einem rekonstruktiven Forschungsverständnis immer schon zirkulär bzw. reflexiv aufeinander (Bohnsack 2003, 2010: 28ff.). Damit ist einerseits gemeint, dass „Beobachtungen immer schon selektiv im Lichte dieser Theorie wahr[genommen werden]" (ebd.: 28), und andererseits, im Sinne des hermeneutischen Zirkels, das Ziel rekonstruktiver Forschung in der Generierung einer Gegenstandstheorie liegt, die nur durch den sensiblen Bezug auf empirische Daten gewonnen werden kann, in denen die Erforschten „ein Thema in deren eigener Sprache, in ihrem Symbolsystem und innerhalb ihres Relevanzrahmens entfalten [können]". (ebd.: 20f.)

Das Verhältnis von Theorie und Empirie ist damit, anders als in hypothesenprüfenden Verfahren, in denen Hypothesen verifiziert oder falsifiziert werden, komplex miteinander verschachtelt. Die Ausgangstheorie, verstanden als Metatheorie, sollte eine stringente und nachvollziehbare Perspektive auf das empirische Material ermöglichen, ohne dieses in seiner konkreten Logik zu bestimmen, denn dann wäre ja die anschließende Forschung überflüssig.

In diesem Kapitel soll auf Grundlage der bisherigen Ausführungen ein metatheoretischer Rahmen konzeptualisiert werden, der eine abstrakte Beobachtungsperspektive für die folgende empirische Untersuchung von Netzwerken zwischen Geschäftsführern, Chefärzten, niedergelassenen Ärzten und Patienten ermöglicht. Es werden die Funktionsweisen und Zusammenhänge für eine praxissoziologisch informierte Netzwerktheorie formuliert, die im Sinne von *sensitizing concepts* den Forscherblick sensibilisieren sollen, ohne subsumtionslogisch die aufgestellten Konzepte in der Empirie blind anzuwenden.

In den Mittelpunkt des metatheoretischen Rahmens, der auf Seite 63 graphisch dargestellt ist, wird das im letzten Kapitel erweiterte Geschichten-Konzept Whites gestellt, das unterschiedliche Verweise zulässt, die analytisch gegeneinander differenziert werden können, aber empirisch ineinander verflochten sind. Geschichten verweisen auf Institutionen bzw. institutionelle Logiken (z. B. Professionalismus,

Managerialismus, Marktlogik), Netzwerkbeziehungen (z. B. Identitätszuschreibungen, Machtasymmetrien), Netzwerkdynamiken (z. B. Mobilisierungs- und Kontrollversuche, Herstellung von Vertrauens- und Reziprozitätsarrangements, Ein- und Ausschlussdynamiken) und die Dispositionen der Akteure (z. B. verschiedene Orientierungsrahmen, Formen von Reflexivität). Institutionen und Netzwerkbeziehungen auf der einen Seite und Netzwerkpraktiken und die Dispositionen der Akteure auf der anderen Seite können durch unterschiedliche Kommunikationsmodi, Wissensformen, Textsorten und Auswertungsmethoden sozialtheoretisch und methodologisch nochmals differenziert werden. Institutionen und Netzwerkbeziehungen lassen sich dem Kommunikationsmodus der Interpretation, der Wissensform des kommunikativen Wissens, der Textsorten Argumentation und Bewertung und der Auswertungsmethode der formulierenden Interpretation zurechnen. Netzwerkpraktiken und die Dispositionen der Akteure sind gekennzeichnet durch den Kommunikationsmodus des Verstehens, der Wissensform des konjunktiven Wissens, der Textsorten Erzählung und Beschreibung und der Auswertungsmethode der reflektierenden Interpretation.

1. *Institutionen*: Netzwerke konstituieren sich nicht im gesellschaftlich leeren Raum, sondern sind in gesellschaftlich generalisierten Strukturen und Mustern eingebettet (White 1992, 2008; Windeler 2002; Boltanski/Chiapello 2013), die regulative, normative und symbolische Bezüge aufweisen (Scott 2014). Institutionen geben damit bestimmte Beziehungsmuster vor, die nicht ignoriert werden können ohne negative Sanktionen, wie gesetzlich definierte Strafen oder Gesichtsverlust zu verlieren. Das bedeutet allerdings nicht, dass gestalterische Räume dadurch eliminiert wären. Ein Arzt wird zwar in seiner professionellen Rolle mit rechtlichen und normativen Vorgaben konfrontiert, kann aber beispielsweise die Sozialbeziehungen mit den niedergelassenen Ärzten oder hin zur Geschäftsführung sehr unterschiedlich gestalten. Institutionen reduzieren und ermöglichen somit gleichzeitig Handlungsmöglichkeiten und -anschlüsse. An der Herstellung von Institutionen sind nicht nur der Gesetzgeber oder Berufsvertretungen (wie die Ärztekammer) beteiligt, sondern auch wissenschaftliche Beschreibungen können performative Wirkungen entfalten (Callon 2007). In Bezug auf Netzwerke ist interessant, dass das Netzwerkkonzept selbst zu einer gesellschaftlichen Institution geworden ist, um die herum sich ein breiter Wissensvorrat gebildet hat. Wie Boltanski/Chiapello ausführen, hat sich in Folge sozialwissenschaftlicher, philosophischer und managementbezogener Arbeiten ein breites theoretisches Wissen über Netzwerke herauskristallisiert. Netzwerke zu bilden ist mittlerweile hochlegitim und Netzwerkakteure können ihr Tun mit Hilfe dieses Wissensvorrats reflektieren. Mit White ausgedrückt: Institutiona-

lisierte *stories* über Netzwerkarbeit werden erzählt, die die Bildung von relativ stabilen Netzwerkdomänen zur Folge haben und Identitäten auf Dauer stellen. Institutionen ermöglichen ihrerseits nicht nur Erwartungssicherheit, sondern sind selbst mit Spannungen durchzogen, die von Akteuren irgendwie bearbeitet werden müssen. In der ‚Institution Netzwerk' sind weitere Institutionen eingefaltet (z. B. professionelle Standards oder rechtliche Regelungen) sodass mit divergenten institutionellen Logiken (Friedland/Alford 1991) gerechnet werden muss. Aus der Überlappung unterschiedlicher institutioneller Komplexe bilden sich Spannungslagen und Ambiguitäten, die wiederum im Netzwerkkontext praktisch bearbeitet werden müssen.

2. *Netzwerkbeziehungen*: Aus einer phänomenologischen Netzwerkperspektive (White 1992, 2008) sind die Beziehungsmuster stets sinnhaft strukturiert. Damit kommen Selbst- und Fremdzuschreibungen in den Blickwinkel, die sich in Form von Identitäten in Geschichten stabilisieren. Netzwerkakteure greifen auf Typisierungen zurück, die Erwartungssicherheit schaffen. Die geformten Identitäten können sich im Verlauf des Interaktionsprozesses wandeln. In Netzwerken emergieren Beziehungsformen, wie z. B. Vertrauensbeziehungen, Wissensweitergabe, Reziprozität und komplementäre Orientierungen (Powell 1990), die mit Zuschreibungen verknüpft sind und in *stories* stabilisiert werden. Daneben spielt Macht in Beziehungsgeflechten eine nicht unwesentliche Rolle. Die Position im Netzwerk disponiert über die Durchsetzungschancen von eigenen Interessen. Dies kann durch den institutionellen Kontext vorstrukturiert werden (z. B. durch die formalisierte Beziehungsstruktur in Organisationen). Aber auch der geschickte ‚Netzwerker' kann seine Machtposition verbessern, indem *structural holes* überbrückt und Kontaktnetzwerke zu unterschiedlichen Akteuren gebildet werden, also soziales Kapital angehäuft wird. Das eigene Handeln wird dadurch von Anderen als Unsicherheitszone wahrgenommen, was zu zusätzlichen Machtchancen führt (Crozier/Friedberg 1979).

3. *Netzwerkpraktiken*: Die ersten beiden Ebenen fokussieren auf die strukturelle Konfiguration von Netzwerken. Damit ist allerdings der dynamische Herstellungs- und Wandlungsprozess von und in Netzwerken ausgeklammert. Eine praxissoziologische Perspektive macht darauf aufmerksam, dass Strukturen, Beziehungen, Macht, also Netzwerke immer auch in Praktiken übersetzt werden müssen. Damit stellt sich die Frage, *wie* Netzwerke dynamisch hergestellt werden, beispielsweise wie in actu Machtasymmetrien in Praktiken übersetzt werden. Es kann etwa danach gefragt werden, wie diffizile Aushandlungsspiele zwischen den Netzwerkakteuren entstehen, die möglicherweise in Reziprozitätsarrangements münden. Aber auch der Aufbau von Vertrauen, Abhängigkeiten oder Zugangsbarrieren werden dynamisch vollzogen. Mit Bourdieu (1983) kann

darauf verwiesen werden, dass und wie *Beziehungsarbeit* in Netzwerken durch Austauschakte vollzogen wird und wie *Anerkennungs- und Zugehörigkeitsgrenzen* die Ein- und Ausschlüsse in Netzwerken regulieren. Im Anschluss an die theoretische Konzipierung von White und den empirischen Studien der Akteur-Netzwerk-Theorie kommen die Mobilisierungs- und Kontrollversuche von Akteuren in den Blick. Durch welche Praktiken und Strategien wird der Andere ins Netzwerk zu integrieren versucht und gelingt die Netzwerkstabilisierung oder entzieht sich der Netzwerkpartner den Kontrollversuchen? Und welche Rolle spielen sogenannte nicht-menschliche Akteure für die Netzwerkbildung? Schließlich kann danach gefragt werden, wie institutionelle Spannungen in Netzwerken bearbeitet und aufgelöst werden. Wie wird mit unterschiedlichen Anforderungen umgegangen und können *Prozesse des Switchings* (White) zwischen gesellschaftlichen Räumen beobachtet werden, infolgedessen neue Bedeutungshorizonte gebildet werden?

4. *Dispositionen der Akteure*: Aus der Perspektive von Bourdieu und Bohnsack wird die Leerstelle des Netzwerkakteurs theoretisch formulierbar. Der Habitus, als Weltaneignungsinstanz, bildet in Folge von Erfahrungen in sozialen Räumen implizite Dispositionen aus, die die Wahrnehmungen, Bewertungen und Handlungen strukturieren. In Bezug auf Netzwerke stellt sich die Frage, ob sich konjunktive Erfahrungsräume bilden, die zu geteilten Orientierungsrahmen führen, oder ob der Normalfall eher darin besteht, dass in Netzwerken differente Habitus ‚aufeinanderprallen' und dieser Umstand wiederum die Netzwerkpraxis herausfordert. Der Habitus kann sowohl zur Trägheit als auch zur Lernfähigkeit tendieren, wenn Auseinandersetzungen mit neuen Erfahrungsräumen erfolgen. Daran anschließend lässt sich die Frage formulieren, wie sich die gesellschaftlich verbreitete Erwartung ‚zu netzwerken' in habituellen Dispositionen niederschlägt. Kommt es zu Verweigerungshaltungen oder bildet sich ein (wie dann auch immer gelagerter) *Netzwerkhabitus* aus, der dann die Netzwerkarbeit affirmativ annimmt und die in Netzwerken eingelassenen Spannungen (erfolgreich) bearbeitet?

5 Der metatheoretische Rahmen der empirischen Untersuchung

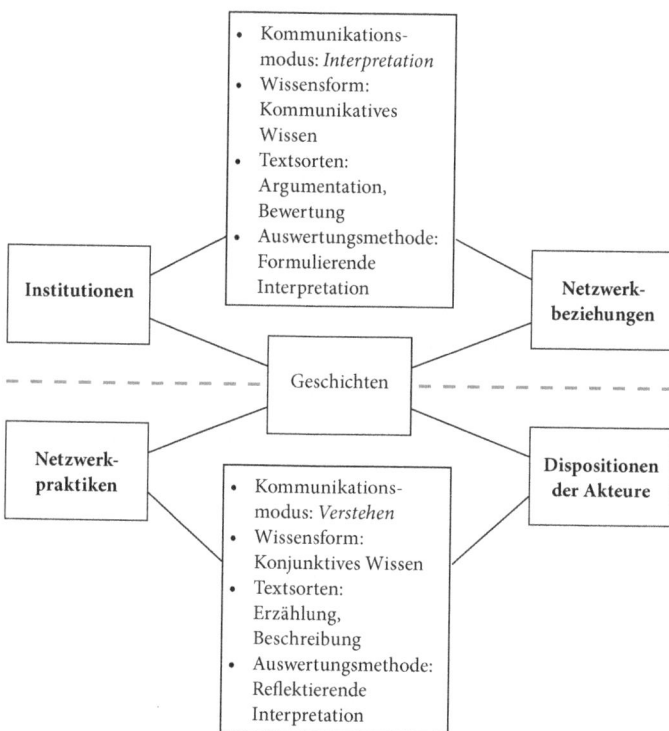

Abb. 1 Metatheoretischer Rahmen

2. Teil
Empirische Untersuchung

Empirische Untersuchung. Zur Netzwerkpraxis im Gesundheitssektor

6

Die bisherigen theoretischen und methodologischen Ausführungen zu Netzwerken sollen in diesem Teil der Arbeit an einem empirischen Beispiel Anwendung finden. Ziel des Vorhabens ist es, eine gegenstandstheoretische Theorie zu Netzwerkpraktiken zwischen Geschäftsführern, Chefärzten, niedergelassenen Ärzten und Patienten zu konzipieren. Der Gesundheitssektor eignet sich für eine solche Untersuchung deshalb sehr gut, da in den letzten Jahren massive Umbrüche stattfanden, die neue Ungewissheiten und Unsicherheiten erzeugten, die unter anderem netzwerkförmig bearbeitet werden. Für White (2008) sind ja Ungewissheiten ein Startpunkt für Netzwerkbildung, der neue Strukturmuster und, wie auf Grundlage der theoretischen und methodologischen Ausführungen hinzufügen wäre, neue Praktiken erzeugt.

Mit welchen neuartigen Rahmenbedingungen haben wir es im Krankenhaussektor zu tun?

Die flächendeckende Einführung eines fallpauschalisierten Abrechnungssystems (Diagnoses Related Groups) im Jahre 2005 stellt den Höhepunkt einer Entwicklung dar, die seit den 1980er-Jahren in Deutschland anhält. Der wirtschaftliche Druck auf Krankenhäuser ist infolge gesetzlicher Maßnahmen stetig angewachsen. Die Idee hinter der ökonomischen Zurichtung des Krankenhaussektors liegt in der Vorstellung, dass Effizienz- und Qualitätsfragen am besten markförmig bearbeitet werden können. Krankenhäuser sollen nicht nur medizinisch oder pflegerisch gute Arbeit leisten, sondern auch wirtschaftlich ‚performen' und sich im Wettbewerb mit anderen Gesundheitsanbietern behaupten. Neben der zunehmenden Vermarktlichung und dem damit verbundenen Aufstieg von BWL-geschulten Krankenhausmanagern, die die Logik des New-Public-Managements organisationsintern forcieren, bestehen klassische institutionelle Logiken, wie die Wohlfahrtsstaatorientierung und der medizinische Professionalismus weiterhin fort (Bode 2010a). In Folge dieser Entwicklung sind Krankenhäuser mit zunehmender institutioneller Komplexität

(Scott et al. 2010) konfrontiert, deren Bearbeitung auch auf Netzwerke zwischen Gesundheitseinrichtungen verlagert wird (Vogd 2007). Beispielsweise versuchen Krankenhäuser vermehrt den niedergelassenen Bereich zu kontrollieren, um den Patientennachschub zu sichern, was zu Gegenreaktionen von Seiten der niedergelassenen Ärzte führen kann[33].

Ausgehend von der beschriebenen Situation stellen sich empirisch folgende Fragen: Welche Netzwerkpraktiken entstehen im Spannungsfeld zwischen Konkurrenz und Kooperation zwischen dem stationären und ambulanten Sektor? Welche Netzwerk-Arrangements zwischen Geschäftsführern, Chefärzten, niedergelassenen Ärzten und Patienten bilden sich? Emergieren auf Grundlage der zunehmenden Umweltausrichtungen der Krankenhäuser ein netzwerkbasierter Erfahrungsraum? Bedeutet das auch, dass neue Dispositionen für die involvierten Akteure entstehen und wie sind diese ausgestaltet? Darüber hinaus kann danach gefragt werden, ob der beschriebene institutionelle Wandel Gewinner und Verlierer produziert. Ob beispielsweise Patienten eine eigenständige Identität im Netzwerk zugestanden wird oder ob diese als passive ökonomische Fälle subsumiert werden. Aber auch Rollenverschiebungen der anderen involvierten Akteure, wie der niedergelassenen Ärzte oder Krankenhausärzte, können erwartet werden.

Als methodische Grundlage der empirischen Untersuchung dienen leitfadengestützte Experteninterviews (Meuser/Nagel 1991), die mit Geschäftsführern und Chefärzten geführt und mit der formulierenden und reflektierenden Interpretation der dokumentarischen Methode (Bohnsack 2014a) analysiert wurden.[34] Während mit der formulierenden Interpretation die Selbst- und Fremdzuschreibungen in den Fokus genommen wurden, diente die Anwendung der reflektierenden Interpretation dazu, die subtilen Netzwerkpraktiken und Dispositionen der Interviewten zu rekonstruieren.

---

33 Beispielsweise berichten Krankenhausmanager davon, dass die angedachte Gründung von Medizinischen Versorgungszentren (MVZs) zur Drohung der nahegelegenen niedergelassenen Ärzte geführt hat, das jeweilige Krankenhaus zu boykottieren und keine Patienten mehr einzuweisen.

34 Dieses Vorgehen impliziert folglich, dass die Perspektive der niedergelassenen Ärzte und der Patienten nicht miterhoben wurden und damit 'nur' aus den Interviews der Chefärzte und Geschäftsführer interpretiert werden. Diese 'einseitige Perspektive' erklärt sich durch das Design der Untersuchung, in dessen Rahmen die hier vorliegende Arbeit entstanden ist. Das DFG finanzierte Forschungsprojekt „Entscheidungsfindung im Krankenhausmanagement" hatte, worauf der Titel bereits hinweist, ausschließlich Krankenhausmanager (Geschäftsführer, ärztlicher Direktoren, Chefärzte bestimmter Abteilungen und Pflegedirektoren) zum Untersuchungsgegenstand.

6 Empirische Untersuchung

Die folgende Analyse gliedert sich in vier Abschnitte. Im kommenden Kapitel wird der angesprochene institutionelle Wandel, „from professional dominance to managed care" (Scott et al. 2000) beleuchtet, der in Deutschland seit den 1980er-Jahren eingesetzt hat und spätestens seit der flächendeckenden Einführung des fallpauschalbasierten Abrechnungssystems (Diagnoses Related Groups) im Jahr 2005 starke Auswirkungen für die Strukturierung des Krankenhaussektors zeitigt. Drei Ebenen spielen hier eine entscheidende Rolle: die zunehmende Vermarktlichung des Krankenhaussektors, die zunehmende Managerialisierung der Krankenhäuser und die zunehmende reflexive Bezugnahme auf Netzwerke.

Im Anschluss daran wird die Fragestellung der empirischen Studie erörtert und das Studiendesign umrissen.

Im darauffolgenden Kapitel 10 werden Interviewausschnitte von Geschäftsführern und Chefärzten mit der formulierenden Interpretation analysiert. Hier rückt der Story-Begriff von White in den Vordergrund, der ja die relationierten Identitäten zum Gegenstand hat. Im Sinne der dokumentarischen Methode stellt dies die Common-Sense-Typisierungen von Identitäts- und Beziehungszuschreibungen dar. Es wird danach gefragt, welche neuartigen Identitätszuschreibungen von Geschäftsführern und Chefärzten infolge des Strukturwandels emergieren und welche strukturellen Auswirkungen diese haben.

Schließlich werden zwei Einzelfälle (je ein Geschäftsführer und ein Chefarzt von zwei Krankenhäusern) mit der reflektierenden Interpretation ausgewertet, um die Logik der Praxis und die Dispositionen der Akteure aufzuschlüsseln. Fall eins handelt von einem Geschäftsführer und einem Chefarzt für innere Medizin, die beide jeweils aus unterschiedlicher Perspektive die Übernahme eines Kassenarztsitzes zum Thema haben und zu einem, zumindest vorübergehenden Netzwerkarrangement, finden. Mit Blick auf einen zweiten Fall werden Interviewausschnitte von einem Geschäftsführer und einem Chefarzt für Kardiologie herangezogen. Im Mittelpunkt dieses Falls stehen die Bemühungen des Chefarztes, die niedergelassenen Ärzte in einer Kleinstadt netzwerkförmig einzubinden.

7 Institutionelle Einbettung und struktureller Wandel im deutschen Krankenhaussektor

Institutionen erhöhen einerseits die Wahrscheinlichkeit der Realisierung bestimmter Beziehungskonstellationen durch formalisierte Regelungen und geben Rollenerwartungen normativ vor (Scott 2014). Beispielsweise ist die Arzt-Patienten-Interaktion hoch institutionalisiert und weist eine asymmetrische Struktur auf, in der der Arzt gemäß dem klassischen medizinischen Professionalismus die Rollenmerkmale universalistische Patientenorientierung, wissensbasierte Behandlungsautonomie und affektive Neutralität annimmt (Parsons 1964; Freidson 2001). Andererseits ermöglichen institutionelle Erwartungen, die in einem Spannungsverhältnis zueinanderstehen können, Gestaltungsfreiräume. Wie noch in diesem Kapitel zu sehen sein wird, entsteht durch die Etablierung von ökonomisch ausgerichteten Strukturmustern, wie Marktsteuerung oder Managerialisierung, die Widersprüche zur klassischen wohlfahrtsstaatlichen Ausrichtung des Krankenhaussektors aufweisen, ein „Orientierungsdilemma" (Bode 2010b: 204) für die Krankenhäuser, das unter anderem an der Grenze der Krankenhausorganisation, also netzwerkartig, bearbeitet wird (Vogd 2007). Wie aus diesen ersten kursorischen Ausführungen bereits abgelesen werden kann, ermöglicht erst ein Verständnis der Institutionen und des Strukturwandels im Krankenhaussektor eine umfassende Analyse der Netzwerkbeziehungen und der Netzwerkpraktiken.

In diesem Kapitel werden daher die institutionellen Konfigurationen des Krankenhauswesens umrissen, die die Beziehungsmuster zwischen Geschäftsführern, Chefärzten, niedergelassenen Ärzten und Patienten vorstrukturieren. Als Referenzrahmen zu den aktuellen Bedingungen werden dabei das Krankenhaus und die Außenbeziehungen herangezogen, wie sie bis in die 1980er-Jahre in Deutschland strukturiert waren. Zentral für den Wandel ist, wie zahlreiche Studien und theoretische Reflexionen zeigen, eine zunehmende ‚Ökonomisierung' (z. B. Mantzei/Schmiede 2014; Simon 2016) des Gesundheitssektors. Hier spielen insbesondere drei Entwicklungen eine entscheidende Rolle: eine zunehmende *Vermarktlichung* der Krankenhausumwelt, eine zunehmende *Managerialisierung*, die sich auf die

Innenbeziehungen des Krankenhauses bezieht, und eine *zunehmende reflexive Bezugnahme auf Netzwerke* im Verhältnis zu den Außenbeziehungen des Krankenhauses. Allerdings sind die Verhältnisse, das sei vorab schon gesagt, nicht ‚durchökonomisiert'. Vielmehr bleibt eine „zweite Wirklichkeit" (Bode 2010a: 65), also wohlfahrtsstaatliche und medizinisch-professionelle Institutionen, weiterhin intakt, auch wenn diese zu Markt- und Managementmustern in Konkurrenz treten und daraus Spannungen entstehen. Das strukturelle Verhältnis zwischen Geschäftsführern, Chefärzten, niedergelassenen Ärzten und Patienten wird damit multireferenziell, was eine Zunahme an Komplexität und Unsicherheit zur Folge hat.

7.1 Das alte Institutionengefüge: Dominanz des medizinischen Professionalismus und der wohlfahrtsstaatlichen Infrastruktur

Während das vormoderne Hospital durch die Verknüpfung Arme – Schwestern – Gott gekennzeichnet war (Rohde 1974), ist mit der „Geburt der Klinik" (Foucault 2011) die Grundlage geschaffen, Medizin als Wissenschaft zu betreiben und den Arzt, der bis dahin ein Nahverhältnis zu wohlhabenden Patienten bzw. dessen Familie hatte, als (alleinigen) Experten für medizinische Fragen zu institutionalisieren. Die organisationale Infrastruktur hat dem Arzt zu Beginn des 19. Jahrhunderts die Bedingungen geschaffen, den Patienten als (wissenschaftlichen) Fall zu betrachten. Medizin und Organisation können damit als co-evolutionärer Prozess skizziert werden (Atzeni/ von Groddeck 2016: 74-75). Im Zuge der Industrialisierung und Demokratisierung ist das moderne Krankenhaus schließlich zum zentralen Ort der Inklusion kranker Menschen geworden (Stichweh 1996; Rohde 1974). Der Ärztestand hat jenen Aufstieg vollzogen, der die allgemein bekannte Formel „Götter in Weiß" möglich gemacht und die Soziologie von einer „Vollprofession" hat sprechen lassen. Ausbildung an Universitäten, Selbstverwaltung (Kollegialität), rechtlich abgesicherte Autonomie in medizinischen Entscheidungen, wissenschaftliche Grundlagen der Patientenbehandlung, Berufsethos und universalistische und affektiv neutrale Patientenorientierung sind jene häufig genannten Merkmale, die unter dem Label *medizinischer Professionalismus* (Parsons 1964; Freidson 2001) firmieren und Medizinern innerhalb von Organisationen, aber auch gesellschaftlich jene zentrale Stellung eingeräumt haben, die bis in die 1990er-Jahre mehr oder weniger unangefochten war.

Neben der Institutionalisierung der medizinischen Vollprofession ist quasi als „Tandem" (Bode 2010a: 79) die Idee der Demokratisierung der Patientenversorgung mit dem *wohlfahrtsstaatlichen Gedanken* ausbuchstabiert worden: Alle Bürger sollen flächendeckenden Zugang zu ambulanten und stationären Gesundheitseinrichtungen haben und in diesen die bestmögliche medizinische Versorgung erhalten. Auf rechtlicher Ebene bedeutet dies, dass den Krankenhäusern ein bestimmter Behandlungsrahmen auferlegt wird. In Deutschland legt der so genannte Krankenhausplan die bedarfsgerechte Versorgung der Bevölkerung fest, die dann im Versorgungsauftrag zwischen Krankenhäusern und Kassen ausgehandelt und damit spezifiziert wird. Aus wirtschaftlicher Perspektive bedeutet dies, dass der Staat und die Länder für die Sicherstellung der so genannten *bedarfsgerechten Versorgung* der Bevölkerung verantwortlich sind. Im Sinne der dualen Finanzierung übernehmen die Länder die Investitionskosten, während die Krankenkassen die laufenden Kosten für den Betrieb tragen. Insbesondere das bis in die 1980er-Jahre bestimmende Selbstkostendeckungsprinzip verhinderte die Möglichkeit, dass Krankenhäuser mit Krankenfällen Verluste oder Gewinne machen konnten (siehe dazu die Darstellung des Krankenhausstrukturgesetzes von 1972 in: Simon 2016: 31-32).

7.1.1 Das relationale Verhältnis innerhalb des Krankenhauses

Innerhalb des Krankenhauses hat sich eine ständische Berufsordnung von Medizin, Pflege und Verwaltung institutionalisiert, mit einer Trias an der Spitze. Der ärztliche Direktor, der Verwaltungsleiter und die Pflegedienstleitung sind jene formal gleichgestellten Akteure, die die Berufsgruppen innerhalb des Krankenhauses repräsentieren. Der medizinische Stab ist, im Unterschied zu Verwaltung und Pflege, hierarchisch anders organisiert. Der ärztliche Direktor, üblicherweise vom medizinischen Kollegium der Chefärzte bestimmt und selbst Chefarzt in Personalunion, hat keine Weisungsbefugnis gegenüber seinen chefärztlichen Kollegen.

Die Autonomie der Ärzte in Bezug auf die medizinischen Entscheidungen ist rechtlich abgesichert. Alleine die Mediziner können eine Diagnose stellen und über weitere Behandlungsmaßnahmen bestimmen (siehe auch Abbott 1988: 40, der deshalb von einem „purely professional act" spricht). In Krankenhäusern haben die Chefärzte die medizinische Letztverantwortung. Neben der rechtlich abgesicherten Autonomie in Bezug auf medizinische Entscheidungen geht der ärztliche Status im Krankenhaus mit berufsständischen Privilegien einher, worunter auch finanzielle Vorteile fallen. Beispielsweise war bis in die 1990er-Jahre die Praxis in deutschen Krankenhäusern weit verbreitet, dass Chefärzte die Liquidationen direkt mit den Privatpatienten ausgehandelt und einbehalten haben. Je nach Arrangement ist ein kleiner Teil der Summe dann an das Krankenhaus und an die Oberärzte/Fachärzte

ausbezahlt worden. Chefärzte, so pointiert Wilkesmann (2016: 216) daher, konnten „mehr oder weniger wie Herrscher in einem eigenen Fürstentum regieren."
Trotz des sich hier abzeichnenden medizinischen Primats in Krankenhäusern kann nicht davon ausgegangen werden, dass die Beziehung zwischen Chefärzten und Verwaltungsleitern eindimensional asymmetrisch angelegt war. Wie Rohde (1974) zeigt, waren im Krankenhaus der 1960er-Jahre Spannungen zwischen Verwaltung und Medizin institutionalisiert, die nicht immer einseitig entschieden wurden. Trotzdem kristallisiert sich im „alten Krankenhaus" ein Bild heraus, in dem Krankenhausärzte, und hier insbesondere Chefärzte, eine priveligierte Stellung im Rollengefüge aufweisen, was sich auch im Verhältnis zu den Außenbeziehungen dokumentiert.

7.1.2 Netzwerke und Außenbeziehungen: Das relationale Verhältnis zwischen Krankenhausärzten und niedergelassenen Ärzten

Dass Netzwerke eine zentrale Rolle in der professionellen Zusammenarbeit bei Medizinern spielen, haben unterschiedliche soziologische Beobachter festgestellt (z. B. Cicourel 1990, Atkinson 1995). So streicht bereits Freidson (1975) heraus, dass in ‚medical groups' im Zuge des ‚doctoring together' professionelle Selbstkontrolle vollzogen und so medizinische Autonomie gewahrt wird. Dass insbesondere Professionen zur Zusammenarbeit in Netzwerken disponiert sind, erfolgt, aus der Perspektive der dokumentarischen Methode, aus einem geteilten Erfahrungsraum, der sich trotz divergenter Spezialisierungen (z. B. zwischen Chirurgen und Internisten) einstellt.

> „[Der geteilte Erfahrungsraum] ergibt sich vor allem [durch] die wechselseitige Referenz der Ärzte aufeinander und durch das gemeinsame verkörperte Wissen darüber, was es heißt Arzt zu sein." (Vogd 2011: 229)

In den Außenbeziehungen ist insbesondere der frei praktizierende Arzt eine zentrale Referenzgröße für den Krankenhausarzt, da sich dieser in vielen Fällen zwischen Patient und Krankenhaus befindet.

> „Er also ist die Vermittlungsinstanz; denn er ist der erste, in dessen Gestalt sich die Institution der Medizin in Anspruch genommen sieht; und er bestimmt daher auch weitgehend, wie weit sich der Patient um seiner Behandlung willen aus der Gesellschaft zurückziehen und in den Sozialbereich der Medizin hineinbegeben sollte." (Rohde 1974: 422)

Der niedergelassene Arzt ist damit aus der Perspektive des Krankenhauses der „Zulieferbetrieb" (Rohde 1974: 438), allerdings sollte hier nicht vergessen werden, dass, im Unterschied zur freien Wirtschaft, Zulieferverträge rechtlich untersagt sind und die Orientierung der Mediziner eher dafür sprechen würde, den niedergelassenen Arzt als ‚Kollegen' zu rahmen. Mit der Überweisung ins Krankenhaus wird der Patient, zumindest für einen bestimmten Zeitraum, aus der Verantwortung des niedergelassenen Praktikers entlassen. Das kann von diesem als Entlastung erlebt werden, denn dem Krankenhaus stehen mehr Möglichkeiten zur Behandlung des Patienten zur Verfügung. Die Beziehung zum Patienten ist mit der Überweisung allerdings nicht beendet: Aus der Sicht des Patienten ist der ‚Zuweiser' auch Experte und Ratgeber. Werden die Erwartungen des Patienten im empfohlenen Krankenhaus enttäuscht, dann kann das auf die Vertrauensbeziehung zwischen niedergelassenem Arzt und Patienten zurückwirken, bis hin zum Bruch der Beziehung (ebd.: 439). Der niedergelassene Arzt ist damit näher an der Lebenswelt des Patienten dran und auch stärker an dessen Zufriedenheit interessiert.

Die Beziehung zwischen Krankenhaus und frei praktizierendem Arzt spielt sich nicht nur im Bereich interprofessioneller Zusammenarbeit ab, sondern, wie Rhode bereits in den 1960er-Jahren festgestellt hat, im Wechselspiel von Kooperation und Konkurrenz ab. Hier kommen insbesondere vier *Momente* zum Tragen (ebd.: 442-456).

1. *Das Moment der wechselseitigen Vorbehalte*: aufgrund der unterschiedlichen Positionen im Netzwerk bilden sich unterschiedliche Orientierungen und wechselseitige Vorbehalte zwischen frei praktizierendem Arzt und Krankenhausarzt aus. Der Einweiser bearbeitet die „Grenze zwischen Medizin-Kultur und ‚allgemeiner Kultur', zwischen Institutionsbereich der Medizin und des Gesundheitswesens und der ‚übrigen Gesellschaft'" (ebd.: 442). Damit ist der Patient die primäre Bezugsgruppe des Hausarztes. Auf der anderen Seite orientiert sich der Krankenhausarzt primär an den ärztlichen Kollegen und damit rückt die Perspektive des Patienten in den Hintergrund. Aus dieser strukturellen Lage heraus, so schreibt Rohde (445 ff.), würden sich wechselseitige Vorbehalte ergeben. Aus der Sicht des Krankenhausarztes erscheint der niedergelassene Arzt als ein „medizinischer Dreiviertel-Gebildeter", der sich in die Nähe vom „Scharlatan" oder „Quacksalber" befinde. Aus Perspektive des Hausarztes ist das Krankenhaus „medizin-obsessiv" und der Krankenhausarzt hat einen „Mangel an eigentlich Ärztlichem, er überbetont, das Medizinisch-Technische auf Kosten jener Feinfühligkeit und sich dem Laien vermittelten Sorgfalt, die die Ausübung von Medizin erst wirklich fruchtbar machen kann."

2. *Das Moment der Anonymität und der Zufallskontakte*: Das Verhältnis zwischen niedergelassenem Arzt und Krankenhausarzt vollzieht sich primär im „Bereich anonymer und abstrakter Kontakte" (Rohde 1974: 448). Direkter Kontakt ist institutionell nicht vorgesehen, die Krankenberichte bzw. der Arztbrief sind jene vorherrschenden Kommunikationsformen, die fallbezogen mit einem Telefonat ergänzt werden können. Auch wenn manchmal persönliche Beziehungen zwischen Krankenhausarzt und frei praktizierendem Arzt bestehen bzw. der Niedergelassene einen Krankenhausarzt besonders schätzt, kann die direkte Zuweisung zu einem Spezialisten institutionell nicht sichergestellt werden (ebd. 449). Bei welchem Krankenhausarzt der Patient landet, ist nie vollständig gewiss[35].
3. *Das Moment der Fesselung an die Krankenversicherung*: Sowohl Krankenhaus als auch frei praktizierender Arzt erhalten ihre Vergütung von den Kassen, was bedeutet, dass auch dieser Akteur in die Beziehung eingewoben ist. Diese Konstellation kann zu unterschiedlichen Arrangements führen, von einer „verschwörerischen Solidarität" bis zum „ökonomischen Konkurrenzstreben" mit den beiden Polen (ebd. 450). Besonders bei der sogenannten „sozialen Indikation" sind Kooperationsformen zwischen Krankenhaus und freier Praxis zu beobachten, was dazu führt, dass in der Dokumentation getrickst wird. So schreibt Rohde (451-452), dass das „Verhältnis zwischen Freier Praxis und Krankenhaus vor allem dann ‚stimmt', wenn das, was man der Krankenkasse berichtet, nicht stimmt."
4. *Das Moment der ökonomischen Konkurrenz*: Dieser vierte Punkt erscheint als besonders relevant, wenn man sich als Kontrast die heutigen ‚ökonomisierten' Verhältnisse vergegenwärtigt. Einerseits zeigt sich an diesem Punkt, dass das Ökonomische auch in den 1960er-Jahren im Verhältnis von niedergelassenem Arzt und Krankenhaus eine Rolle gespielt hat, andererseits sind hier andere Konturen zu erkennen. So schreibt Rohde, dass, während der niedergelassene Arzt auch ökonomisch vom Patienten abhängig ist, das Krankenhaus von ökonomischem Druck entlastet ist. Aufgrund der damaligen Bettenknappheit hat das Krankenhaus den Patienten „in festeren Händen" (1974: 453). Daneben sind an Praktiken des Länger-Liegenlassens zu denken, durch die das Krankenhaus die Bettenauslastung hochhalten kann. Auf der anderen Seite beobachtet Rohde bereits ein „Tauziehen" um lukrative Patienten bzw. Versuche, wenig lukrative Patienten dem anderen Partner zuzuschieben.

---

35 So schreibt Rohde (1974: 449), dass dem niedergelassenen Arzt die Überweisung „in fünf Fällen auf Grund langjähriger Beziehungen […] noch immer gelingen; im sechsten Fall aber mißlingt es ihm mit Sicherheit; und gerade auf diesen wäre es ihm um seines Patienten willen besonders angekommen."

An diesen vier Punkten ist zu erkennen, dass das Krankenhaus der 1960er-Jahre im Verhältnis zum niedergelassenen Arzt und zu den Kassen bereits Netzwerkbeziehungen unterhielt, die Spannungslagen zur Folge hatten. Krankenhausärzte und niedergelassene Ärzte stehen in einem Wechselspiel von Konkurrenz und Kooperation, die Krankenkassen sind als Netzwerkpartner eingeführt, die man durch geschickte Arrangements ökonomisch ausbeuten kann. Allerdings – und dies wird im kommenden Kapitel genauer beleuchtet – war das bürokratische Krankenhaus vom Konkurrenzkampf um Patienten überwiegend entlastet, was zur Folge hatte, dass der niedergelassene Arzt vom Krankenhausarzt nicht besonders ernst genommen worden ist und auch Patienten keine Stellung, sondern bestenfalls eine Lage hatten, wie Rohde (1974: 397) süffisant anmerkt.

7.2 Strukturwandel des Krankenhaussektors: Vermarktlichung, Managerialisierung und die zunehmende reflexive Bezugnahme auf Netzwerke

Während Krankenhäuser bis in die 1970er-Jahre in Deutschland als „Einrichtungen der sozialstaatlichen Daseinsvorsorge" (Simon 2016: 30) verstanden worden sind, sind ab den 1980er-Jahren erste Tendenzen einer *Vermarktlichung* festzustellen. Die flächendeckende Einführung des DRG-Systems[36] 2005, auf dessen Grundlage Patientenfälle im Krankenhaus pauschal abgerechnet werden, markiert einen Wendepunkt. Der Gesundheitssektor, der nach wie vor mit den Strukturen des Wohlfahrtsstaates und des medizinischen Professionalismus durchzogen ist, ist damit als „Doppelwirklichkeit" (Bode 2010b: 203) strukturiert. Damit ist der Krankenhaussektor nicht vollständig als Markt institutionalisiert (zumindest nicht im ökonomischen Sinne eines perfekten Marktes), sondern kann mit dem Begriff des Quasi-Marktes beschrieben werden. Die Doppelwirklichkeit des Krankenhaussektors zeigt sich beispielhaft darin, dass einerseits Krankenhäuser nach wie vor rechtlich am Versorgungsauftrag gebunden sind und die Preise für Diagnose und Behandlung nicht selbstständig festlegen können, andererseits konkurrieren Krankenhäuser vermehrt um Patientenfälle oder können infolge rechtlicher

---

36 Die so genannten Diagnoses Related Groups (DRGs) sind 2005 flächendeckend in deutschen Krankenhäusern eingeführt worden. Im fallpauschalisierten Abrechnungssystem werden ähnliche medizinische Fälle gruppiert und mit einem Pauschalbetrag vergütet, der sich an zuvor festgelegten Mittelwerten orientiert. Dadurch können Krankenhäuser mit Patientenfällen Verluste oder Gewinne einfahren.

Flexibilisierungen Verträge mit den Kassen aushandeln und abschließen, die die integrierte Versorgung zwischen ambulantem und stationärem Sektor betreffen. Durch die zunehmende Konkurrenzsituation und neuen rechtlichen Möglichkeiten (z. B. selektives Kontraktieren) steigt auch die Bedeutung von Verknüpfungen zu organisationsexternen Akteuren, die reflexiv (d. h. in Bezugnahme auf explizites, theoretisch fundiertes Wissen zu Netzwerken) einbezogen werden. Innerhalb des Krankenhauses markiert der Aufstieg der BWL-geschulten Manger und die Einführung von Managementinstrumenten aus Wirtschaftsorganisationen (Stichwort: New-Public-Management) eine Umkehrung der Dominanzverhältnisse von „medical professionalism to managed care" (Scott et al. 2000). Ein ökonomisch geprägtes Verständnis von Management (*Managerialismus*) löst damit die klassische Verwaltungslogik in deutschen Krankenhäusern ab.

7.2.1 Vermarktlichung und Quasi-Markt

Das bis in die 1970er-Jahre in Deutschland dominierende Selbstkostendeckungsprinzip wurde ab den 1980ern schrittweise eingeschränkt und durch eine prospektive Budgetierung ersetzt, die es Krankenhäusern ermöglicht, Überschüsse oder Defizite zu erwirtschaften (Simon 2016: 33). Als bisheriger Höhepunkt der Entwicklung gilt das Gesundheitsstrukturgesetz im Jahre 2000, das die Einführung des DRG-Systems (Diagnoses Related Groups) flächendeckend ab 2005 festlegte. Durch das Fallpauschalensystem, das ähnliche medizinische Fälle gruppiert und dem Krankenhaus mit einem Pauschalbetrag vergütet, der sich an zuvor festgelegten Mittelwerten orientiert, sollte ein Markt entstehen, der Gewinner und Verlierer produziert. Das vorherrschende Bild in der Politik war jenes des „Hecht[es] im Karpfenteich" (Vogd 2011: 17; Bode/Vogd 2016: 6), wobei der Markt (als Hecht) die trägen Krankenhäuser (als Karpfen) unter Stress setzen sollte.

> „Jedenfalls sah man in dem gesteigerten ökonomischen Druck ein Mittel, um neue, zugleich effizientere wie qualitativ hochwertigere Organisationsformen hervorzubringen. Schlecht angepasste Organisationen – wie auch ‚schwarze Schafe', welche mit moralisch zweifelhaften Methoden agieren – würden gleichsam vom Markt verschwinden. Dem Vulgärverständnis der Darwin'schen Selektion folgend, sollten langfristig nur die guten Häuser überleben, denn letztlich würde die Umwelt bei der Krankenbehandlung nur Qualität zu einem angemessenen Preis honorieren." (ebd.: 6)

Mit der Einführung von fallpauschalisierten Entgelten wurde der Krankenhaussektor auch für private Investoren interessant, die sich Gewinne im zweistelligen Bereich erhoffen. Im Zeitraum von 1994 bis 2013 verdoppelte sich schließlich der

7.2 Strukturwandel des Krankenhaussektors

Anteil privat betriebener Krankenhäuser von 17,5 % auf 35 % (Simon 2016: 38). Gewinne können durch eine Fallausweitung und die kosteneffiziente Behandlung ökonomisch wertiger Patienten erreicht werden. Das bedeutet, dass zwischen den Krankenhäusern ein direkter Konkurrenzkampf um Patienten ausgebrochen ist, der durch die im DRG-System vorgesehenen Abschläge bei zu langer Liegedauer zusätzlich befeuert worden ist. Die alte Praxis, Patienten länger liegen zu lassen, um eine hohe Bettenauslastung sicherzustellen, ist damit nur mehr in Kombination mit finanziellen Abschlägen möglich.

Auch wenn mit dem DRG-System zusätzliche Konkurrenzsituationen geschaffen wurden, ist der Krankenhausmarkt weiterhin stark reguliert. Damit kann eben nicht von einem perfekten Markt gesprochen werden, sondern der Krankenhaussektor ist als „Quasi-Markt" (Le Grand/Bartlett 1993; Bode/Vogd 2016: 4) bzw. „embedded competition" (Manzei et al. 2014: 13, in Anlehnung an Granovetter 1985) strukturiert:

1. Anstelle eines Preiswettbewerbs, also der Selbstbestimmung des Produktpreises vom Unternehmen unter der Annahme der Selbstregulierung des Preises durch Angebot und Nachfrage, werden die Preise durch statistische Mittelwerte unter Bezugnahme auf Zahlen ausgewählter Krankenhäuser dynamisch festgelegt, was ein „Nullsummenspiel" (Bode/Vogd 2016: 4) zur Folge hat. Gewinner und Verlierer werden auf dieser Berechnungsgrundlage automatisch erzeugt und kurzfristige Effizienzvorteile durch die neuerliche Berechnung der DRGs wieder eingeebnet. Außerdem bezahlen Patienten in Deutschland nicht direkt die erbrachten Leistungen, sondern über die Zwischenstation von Pflichtabgaben an die Krankenkassen. So ist es aus ökonomischer Perspektive für die Leistungsempfänger rational, Leistungen weiter in Anspruch zu nehmen, auch wenn die Preise steigen, bzw. für die Leistungserbringer rational, diese weiter anzubieten. Das bedeutet, dass der Preiswettbewerb sowohl von den Leistungserbringern als auch von den Leistungsempfängern unterminiert wird.
2. Medizinische Dienstleistungen können als „singuläre Produkte" aufgefasst werden, die „*komplex, ungewiss* und *unvergleichlich* sind" (Karpik 2011: 20-21). Die *Komplexität* entsteht schon dadurch, dass Symptome vom Praktiker gedeutet (diagnostiziert) werden müssen und der Patient selber am Heilungsverlauf beteiligt ist[37]. Auf Grund der Komplexität der Krankenbehandlung folgt eine

---

37 Natürlich gibt es, worauf Stollberg (2008) verweist, Bereiche in der Medizin, wie die Notfallmedizin, wo der Patient auf Grund seines bewusstlosen Zustandes nicht am Behandlungsprozess *aktiv* partizipiert. Allerdings ist auch hier wahrscheinlich, dass der Behandlungsprozess aufgrund der Komplexität somatischer Abläufe nicht trivial wird.

prinzipielle *Qualitätsunsicherheit*: Der Patient hat „auf lange Sicht keine Garantie, dass die Einschätzung richtig ist – weil er nicht nur nicht weiß, worauf man achten muss, um das Produkt richtig beurteilen zu können, sondern weil die Realität letztlich sogar für Experten unklar sein kann." (ebd.: 22) Dem ist auch nicht mit standardisierten Qualitätskriterien Abhilfe zu leisten, denn diese beziehen sich im Sinne von „die Landkarte ist nicht das Gebiet […], immer nur auf die Dokumentation, nicht jedoch auf die eigentliche Praxis" (Bode/Vogd 2016: 9). Aber auch eine *strategische Unsicherheit* besteht auf Seiten der Krankenhäuser, da die Präsentation der ‚Produkte' (und dies im Rahmen eines Werbeverbots) sich nicht mit den Vorstellungen der Kunden decken muss. Die Erwartungen des Patienten stellen aus Sicht des Krankenhauses somit eine *black box* dar. Schließlich beruhen medizinische Leistungen auf dem Faktum der *Unvergleichlichkeit*. Auch wenn das DRG-System Vergleichswerte einführt, ist eine Krankheit nur „unter Berücksichtigung aller situationsspezifische[r] Umstände […] [und einer] detaillierte[n] Einzelfallbeurteilung" (Vera 2009: e11) zu behandeln.

3. Der Krankenhausmarkt ist auch in Hinblick auf die *Selektion der Patientenfälle* reguliert. Im Versorgungsauftrag ist abgesteckt, welche Patientenfälle Krankenhäuser behandeln und abrechnen dürfen. Damit können Krankenhäuser nicht beliebig viele Leistungen anbieten. Patienten wiederum können sich bei akut auftretenden Verletzungen oder Krankheiten für das Krankenhaus nicht selbst entscheiden, sondern werden vom Rettungsdienst eingeliefert. Schließlich ist in vielen Krankheitstrajektorien der niedergelassene Arzt zwischen Krankenhaus und Patient geschaltet, der erst eine Überweisung veranlassen muss, damit eine Weiterbehandlung im Krankenhauskontext erfolgt.

Diese drei Punkte unterminieren einen klassischen Wirtschaftsmarkt, der den Preis von Produkten über den Mechanismus von Angebot und Nachfrage reguliert. Sowohl der Preiswettbewerb als auch der Qualitätswettbewerb sind ausgeschaltet bzw. stark eingehegt. Das hat Konsequenzen für die Struktur des Krankenhausmarktes. Für Märkte, die durch Qualitätsunsicherheit charakterisiert sind, ist die Herausbildung von Koordinierungsinstanzen typisch, denen Vertrauen entgegengebracht wird (Karpik 2011). Aus der Sicht der Patienten können dies persönliche Kontakte zu Verwandten und Bekannten sein, aber auch Ratschläge von Ärzten in die Urteilsbildung eingehen, in welchem Krankenhaus man sich am besten behandeln lässt. Aus Sicht der Ärzte können Patientenmitteilungen, aber auch Praktikernetzwerke

---

Daneben bleibt die Frage bestehen, was es bedeutet, wenn ein Patient im Koma liegt und auch hier sind interpretatorische Prozesse am Werk.

bedeutend sein, die die Übertragung nützlicher Informationen ermöglichen. Kurz gesagt: Im Krankenhausmarkt spielen aufgrund der beschriebenen Unsicherheiten Netzwerke eine entscheidende Rolle, die eine andere Dynamik aufweisen als klassische Wirtschaftsmärkte (Powell 1990).

7.2.2 Managerialisierung

Der zunehmende ökonomische Druck auf Krankenhäuser, der durch die Einführung quasi-marktähnlicher Instrumente künstlich erzeugt wurde, geht mit einer Managerialisierung innerhalb der Krankenhäuser einher. Wie wissenschaftliche Beobachter beschreiben, werden neue organisationale Steuerungsinstrumente in Krankenhäusern implementiert, die ihren Ursprung in der freien Wirtschaft haben und unter dem label ‚New-Public-Management' firmieren (Klatetzki 2012; Iseringhausen/Staender 2012). Benchmarking-Systeme, Zielvereinbarungen, Bonussysteme, Qualitätsmanagement und Medizincontrolling sind in Krankenhäusern mittlerweile üblich geworden. Diese Entwicklung geht Hand in Hand mit dem Aufstieg der BWL-orientierten Manager, die sich nicht mehr klassisch als Verwalter verstehen, sondern Umstrukturierungsprozesse in Krankenhäusern vorantreiben[38]. Diese werden nicht mehr aus einem juristischen oder verwaltungswissenschaftlichen Kontext rekrutiert, sondern haben vermehrt eine wirtschaftswissenschaftliche Grundausbildung (Bär 2011). Auch wenn die klassische Trias, bestehend aus ärztlichem Direktor, Pflegedienstleitung und Geschäftsführer, häufig noch das Standardmodell darstellt (Bär/Pohlmann 2016: 236), sind vermehrt formale Arrangements zu beobachten, in denen der Geschäftsführer hierarchisch über dem ärztlichen Direktor und der Pflegedirektion angesiedelt ist.

Aber auch Ärzte in Führungspositionen haben in der Regel eine wirtschaftswissenschaftliche Zusatzausbildung absolviert und von diesen wird zunehmend erwartet, die eigene Klinik nach dem Kriterium der ökonomischen Effizienz zu führen. Damit geht eine Verschiebung der Orientierungen ärztlicher Führungskräfte einher, von einem „pure professionalism" hin zu einem „hybrid professionalism" (Noordegraaf 2007) bzw. „new professionalism" (Evetts 2011).

> „Angesichts der Bedeutung ihrer Entscheidungen für den wirtschaftlichen Erfolg der Organisation müssen sie sich [Anm. JW: Ärzte in Leitungspositionen] in ihrer Arbeit stärker an Kosten-, Erlös- und Qualitätskriterien orientieren. Sie haben finanzielle Verantwortung zu übernehmen und werden für die wirtschaftlichen Ergebnisse ihrer

---

38 Häufig mit den Pflegedienstleitungen als rechte Hand, die sich als moderne Manager verstehen (Wolf/Ostermann 2016).

Tätigkeit gegenüber der Krankenhausleitung rechenschaftspflichtig." (Iseringhausen 2016: 107)

Aus einer machttheoretischen Perspektive kann davon gesprochen werden, dass der Einsatz neuer Steuerungsinstrumente die ärztliche Autonomie einschränkt. Auch wenn die medizinische Letztverantwortung des Chefarztes nach wie vor rechtlich abgesichert ist, haben Geschäftsführer auf Grund der neuen Steuerungsinstrumente zunehmende Eingriffsmöglichkeiten in den medizinischen Bereich.

„Das Abschließen von Zielvereinbarungen mit dem Chefarzt nachgeordneten Medizinern schmälert dessen Machtstellung im organisationalen Gefüge deutscher Krankenhäuser zusätzlich, weil die Geschäftsführung so in die gesamte medizinische Säule steuern und an den Chefärzten vorbeihandeln kann. Chefärzte mutieren auf diese Weise zu leitenden Angestellten, denen Zielvorgaben gemacht werden und die bei Nichteinhaltung dieser Vorgaben kündbar sind." (Wilkesmann 2016: 219)[39]

Die Machtverschiebungen spiegeln sich auch in den Musterverträgen, die von der Deutschen Krankenhausgesellschaft herausgegeben werden. Während Privatliquidationen nur mehr einen geringen Teil des Gehalts für die Chefärzte ausmachen, steigt die Bedeutung von Zielvereinbarungen mit Bonus-Regelungen (ebd.: 217)[40].

7.2.3 Reflexive Bezugnahme auf Netzwerke

Die beschriebenen Entwicklungen der *Vermarktlichung* und *Managerialisierung* gehen auch mit einem veränderten Verhältnis zwischen Krankenhaus und den niedergelassenen Ärzten bzw. Patienten einher. Dabei ist allerdings zunächst festzustellen, dass Netzwerke zwischen Medizinern bzw. zwischen dem stationären und dem niedergelassenen Sektor keine Neuigkeit darstellen. Wie bereits Freidson (1975) aufgezeigt hat, sind Netzwerke professionstypische Gebilde, in denen medizinische Standards beobachtet werden, und so eine Autonomie des medizinischen Vollzugs aufrechterhalten wird. Rohde (1974) weist seinerseits darauf hin, dass im ‚bürokratischen Krankenhaus' die Außenbeziehungen hin zum niedergelassenen

---

39 Wilkesmann spricht von einer Deprofessionalisierung der (Chef-)Ärzte und sieht Chancen für eine Reprofessionalisierung in der Tätigkeit von Honorarärzten, die neue Freiheitsgrade ermöglichen würde.

40 In einer Befragung der Deutschen Gesellschaft für Innere Medizin im Jahre 2013 von 3435 ärztlichen Führungskräften geben 73,6 % an, ambitionierte Leistungs-, Budget- und Umsatzvorgaben zu erhalten, bei 38 % steht im Arbeitsvertrag eine Erfolgsbeteiligung (siehe Iseringhausen 2016: 109).

7.2 Strukturwandel des Krankenhaussektors

Sektor spannungsgeladen waren, aber dass sich auch Arrangements der Zusammenarbeit bilden können.

Was ist also neu am Thema Netzwerke im Krankenhaussektor? Boltanski/Chiapello (2013) argumentieren, dass die Bedeutung von Netzwerken einem Wandel unterzogen war. Während in den 1960er Jahren der Netzwerkbegriff negativ konnotiert war, ist es mittlerweile hochlegitim, Netzwerke aufzubauen. Die reflexive Bezugnahme auf Netzwerke (Windeler 2002) ist zu einem weit verbreiteten Phänomen geworden. Einzelne Akteure bauen ihr „Sozialkapital" (Bourdieu 1983) auf und auch Organisationen strukturieren sich und das Verhältnis zur Umwelt unter der Bezugnahme von Netzwerkbeschreibungen. Insbesondere das Thema der *besseren Vernetzung* des stationären und des niedergelassenen Sektors wurde politisch in den letzten Jahren immer wieder aufgeworfen und hat zu neuen rechtlichen Regelungen geführt (Amelung et al. 2009). Die Common-Sense-Vorstellung der Vernetzung besteht darin, dass durch die bessere Bearbeitung von Schnittstellen Effizienz- und Qualitätszuwächse erreicht werden können. Infolge von Disease-Management-Programmen, der integrierten Versorgung oder zunehmender personalpolitischer Flexibilität werden neuartige Verknüpfungen zwischen den Sektoren gesetzlich definiert (ebd.: 17f.). Im Zuge dieser neuen rechtlichen Möglichkeiten ist eine zunehmende Varietät an Vernetzungsformen zu beobachten, die nicht nur in einem medizinischen Rahmen eingebettet ist, sondern auch ökonomisch relevant wird. Damit im Zusammenhang steht eine zweite Common-Sense-Vorstellung, die des Fischernetzes, wie Vogd (2011: 183) ausführt.

> „Kurze Verbindungstricke (‚ties') sind über Knotenpunkte (‚knots') zu einem stabilen polyzentrischen Gebilde verwebt, das trägt und auch bei einem schweren Fang nicht reißt. Es ist so eng gewebt, dass brauchbare Fische nicht entweichen können, und es sollte keine Löcher haben, durch die ein Teil der begehrten Beute entweichen könne. Entsprechend dieser Metapher sollen dann auch Gesundheitsnetzwerke tragen und keine Schlupflöcher aufzeigen."

Durch den zunehmenden ökonomischen Druck, der im Krankenhaussektor besteht, und der gesunkenen Liegedauer von Patienten in Krankenhäusern hat sich aus Krankenhaussicht die Bedeutung von Netzwerken gewandelt. Stichworte wie z. B. Kundenbindung oder Einweisermanagement, die mittlerweile weite Verbreitung in deutschen Krankenhäusern gefunden haben, deuten auf den reflexiven Bezug auf Netzwerke hin[41]. Damit einhergehend wandelt sich auch die Rolle des sogenannten ‚Einweisers' (in der Regel der niedergelassene Arzt), den man zunehmend

---

41 Innerhalb des Krankenhauses sind auch 'Vernetzungsaktivitäten' zu finden. Interdisziplinäre Teams, Case-Manager oder Sozialarbeiter, die für das Entlassungsmanagement zuständig sind,

netzwerkfömig zu kontrollieren versucht, damit dieser stationär zu behandelnde Patienten in das eigene Krankenhaus einweist (siehe auch: Behar/Wichels 2009). Das Krankenhausmanagement greift folglich reflexiv auf Netzwerke mit dem Ziel zu, die ‚Fische' (ökonomisch wertige Patienten) zu erbeuten. Aus der Sicht des Krankenhauses sind *vertragliche Verflechtungen, Informationsaustausch* und das *Aufnahme- und Entlassungsmanagement* jene Verknüpfungsbereiche, in denen versucht wird, das Verhalten der niedergelassenen Ärzte zu beeinflussen.

1. *Vertragliche Verflechtungen:* Diese Form der Verknüpfungen stellen rechtliche Arrangements zwischen Krankenhäusern, Krankenhausträgern und dem niedergelassenen Bereich dar. Die Verknüpfungsformen auf dieser Ebene sind von gesetzlicher Seite relativ stark vorreglementiert. Beispielsweise können keine ‚Lieferverträge' abgeschlossen werden und Kassenarztsitze nicht in die Organisationsstruktur von Krankenhäusern integriert werden. Um Verknüpfungen zu bewerkstelligen, wird daher auf andere Vernetzungsformen zurückgegriffen. So haben in den letzten Jahren viele Krankenhäuser und Krankenhausträger medizinische Versorgungszentren (MVZS) gegründet. Diese ambulanten Einrichtungen beherbergen niedergelassene Ärzte verschiedener Fachrichtungen. Ziel der Gründung von MVZs liegt aus Krankenhausperspektive nicht nur in der möglichen Abrechenbarkeit ambulanter Fälle, sondern auch in der Hoffnung, dass die darin angestellten niedergelassenen Ärzte die stationären Fälle in die jeweiligen Trägerkrankenhäuser überweisen. Zweitens ist die Praxis zu beobachten, dass Krankenhausärzte Kassenarztsitze übernehmen. Diese Form trifft auch in Kombination mit MVZ-Gründungen auf. Auf der einen Seite sind die eingenommenen Rollen voneinander entkoppelt, da der Arzt in zwei voneinander unabhängigen Einrichtungen (Krankenhaus vs. MVZ bzw. als niedergelassener Arzt) arbeitet. Damit wird die Vereinnahmung formell verhindert. Auf der anderen Seite werden Loyalitätserwartungen gegenüber den niedergelassenen Ärzten von der Krankenhausführung formuliert, also eine informale Verflechtung mit dem Ziel der stationären Weiterbehandlung von Patientenfällen angestrebt. Eine dritte Praxis ist in der organisatorischen Eingliederung von Belegärzten zu finden. Niedergelassene Ärzte mieten sich in Krankenhäuser ein und nutzen Behandlungsmöglichkeiten, die ihnen in der Haus-/Facharztpraxis nicht zur Verfügung stehen. In diesem Fall findet nicht eine Expansion nach außen hin statt, sondern externe Akteure gliedern sich auf vertraglicher Basis in Krankenhäuser ein.

---

sollen netzwerkförmig Schnittstellenprobleme der gegenwärtigen Krankenhausorganisation bearbeiten.

2. *Informationsaustausch*: Diese Form der Verflechtung findet in mehr oder weniger aktiv gestalteten Kontexten statt, in denen niedergelassene Ärzte und Krankenhausärzte in Kontakt treten und Informationen austauschen, Entwicklungen besprechen oder über aktuelle Probleme diskutieren. Die meisten Krankenhäuser bieten Informations- und Fortbildungsveranstaltungen für niedergelassene Ärzte an, die sich diese in der Regel als Fortbildungen anrechnen lassen können. In fachspezifischen Versorgungsverbünden/ Versorgungsnetzwerken treten ebenso Akteure aus dem niedergelassenen- und dem Krankenhausbereich zusammen, um über aktuelle Entwicklungen und Probleme zu diskutieren. Schließlich absolvieren die Krankenhausärzte *Praxenrunden*, bei denen sie ihre niedergelassenen Kollegen regelmäßig besuchen. Da kommerzielle Werbung den Krankenhäusern gesetzlich untersagt ist, stehen die genannten Kontexte häufig unter dem Doppelaspekt von medizinischem Austausch und ‚Einweiserbindung'.
3. *Aufnahme- und Entlassungsmanagement*: Diese Vernetzungsform besteht an der Schnittstelle zwischen ambulanter und stationärer Versorgung und zielt auf die systematisierte Weiterbehandlung von Patienten ab. Die Bedeutung einer durchdachten Patientenaufnahme und -entlassung hat für den Krankenhaussektor zugenommen. Chefärzte achten mittlerweile sehr genau darauf, dass die Arztbriefe gut formuliert sind und zeitgerecht abgeschickt werden oder dass die niedergelassenen Kollegen informiert werden, wenn bestimmte Komplikationen in der Patientenversorgung aufgetreten sind. Aber auch das für beide Seiten ökonomisch fruchtbare Zusammenspiel muss organisiert werden. Um beispielsweise „case-splitting" oder „Drehtüreffekte"[42] auf Kosten der Krankenkassen ausnutzen zu können, ist die Zusammenarbeit zwischen Krankenhaus und den niedergelassenen Ärzten unabdingbare Voraussetzung.

Einige Vernetzungsaktivitäten des Krankenhauses werden, so wird in der empirischen Rekonstruktion noch zu sehen sein, von den niedergelassenen Ärzten skeptisch gegenbeobachtet. Die Gründung neuer MVZs oder die Übernahme von Kassenarztsitzen stellen ja potenzielle Konkurrenzaktivitäten um die ambulante Behandlung von Patientenfällen dar. Die Frage, wer ökonomisch wertige Patienten in seiner Praxis behandeln kann und wie potenzielle Verlustfälle in die nächste Klinik ‚abgeschoben' werden können, stellt sich unter den marktwirtschaftlichen Bedingungen nochmals in gesteigerter Form. Die Frage, die sich hier anknüpfen lässt, ist, wie die niedergelassenen Ärzte auf die Mobilisierungsversuche der Kran-

---

42 Dabei handelt es sich um den Effekt, dass Patienten mehrmals zwischen Krankenhaus und Niedergelassenen hin- und hergeschickt werden. Ein Fall kann daher in mehrere Fälle aufgegliedert werden, was die Erlösstruktur steigert.

kenhäuser reagieren, ob diese also unterlaufen werden oder ob es zu reziproken Arrangements kommt.

Schließlich stellt sich auch die Frage, ob Patienten im Netzwerk eine aktive Rolle einnehmen und so zu *Netzwerkplayern* ‚mutieren'. Dass Patienten gegenwärtig eine aktivere Rolle einnehmen als noch zu Zeiten des bürokratischen Krankenhauses, das Rohde (1974) vor Augen hatte, ist ein mittlerweile üblich gewordenes Narrativ. Der „aufgeklärte Patient" im Sinne des „informed consent", so wird es häufig formuliert, nehme im „shared descision making" eine mittlerweile symmetrische Rolle im Verhältnis zum Arzt ein (bzw. soll diese bekleiden) (z. B. Scheibler 2004). Die Forderung, dass der Patient eine eigenverantwortliche Rolle einnehmen soll, steht im demokratischen Geiste der 68er-Bewegung, die unter anderem gegen hierarchische Strukturen und asymmetrische Rollenmuster protestierte. Die aufgeklärte Patientenrolle ist auch vom wirtschaftswissenschaftlichen Mainstream befeuert worden: Der Patient soll demnach nicht als Patientenfall, sondern als Kunde wahrgenommen werden und sich auch danach verhalten. Als technisches Medium spielt schließlich das Internet eine entscheidende Rolle, das einen einfacheren Zugang zu medizinischem Wissen ermöglicht, einen Austausch mit anderen Laien oder sogar Experten möglich macht und auf Bewertungsportalen Krankenhäuser oder Arztpraxen einem Vergleich unterzieht. Ob allerdings Patienten als Netzwerkplayer eigene Interessen formulieren und netzwerkförmig durchsetzen können oder ob es den „Mythos des mündigen Patienten" (Stollberg 2008) zu konstatieren gilt, ist eine offene Frage. Durch die zunehmende Bedeutung von Verknüpfungen in der Krankenbehandlung ist es zumindest im Bereich des Möglichen gerückt, dass Patienten und deren Angehörige zu einem nicht zu unterschätzenden Faktor werden, die beispielsweise im Hausarzt einen Unterstützer finden und gegen das Krankenhaus ihre Interessen durchsetzen.

> „Nicht zuletzt werden der Patient und seine Angehörigen selbst zu einem Teil des Netzwerkes, haben nun vermehrt selbst am Behandlungsprozess mitzuarbeiten, sei es in der Pflege, im Einfordern von Finanzmitteln oder in der Organisation von Beschwerdemacht, um den Irregularitäten in den Behandlungsprozessen eigene Kontrollversuche entgegenzusetzen." (Vogd 2007: 114)

Insbesondere durch den Anstieg chronisch Kranker, die als Experten ihrer Krankheit gelten können (Amelang 2009), könnte sich eine Gruppe von Patienten herausbilden, die nicht nur ein umfangreiches Wissen über ihre Krankheit entwickeln, sondern auch einen tieferen Einblick in die Funktionsweise und Schnittstellenproblematik integrierter Versorgung gewinnen und so eigene Anliegen konsequenter vertreten.

7.3 Zwischenfazit

In diesem Kapitel wurde der Strukturwandel des Gesundheitssektors thematisiert und die Verschiebungen der Relationen zwischen Geschäftsführern, Chefärzten, niedergelassenen Ärzten und Patienten beleuchtet. Hierbei zeigt sich, dass insbesondere die Prozesse der *Vermarktlichung*, der *Managerialisierung* und der *reflexiven Bezugnahme auf Netzwerke* miteinander zusammenhängende Neuentwicklungen darstellen. Allerdings bedeutet das nicht, dass sich bis dahin dominante institutionelle Logiken, wie die Wohlfahrtsorientierung und der medizinische Professionalismus, auflösen würden. Vielmehr ist zu erwarten, dass sich komplexe Verhältnisse ausbilden, die für die strukturelle Konfiguration von Geschäftsführern, Chefärzten, niedergelassenen Ärzten und Patienten Folgewirkungen aufweisen:

1. Marktförmige Strukturen werden von politischer Seite befördert, was zur Folge hat, dass Krankenhäuser einem zunehmenden ökonomischen Druck ausgesetzt sind und damit neue Unsicherheitslagen entstehen. Allerdings ist der Krankenhausmarkt nicht als ‚perfekter Markt' institutionalisiert, sondern der Einfluss unterschiedlicher Dimensionen (z. B. dynamische Festsetzung des Preises durch das DRG-System, Zwischenschaltung der Krankenkassen und einweisenden Ärzten, Werbeverbot, Komplexität der medizinischen Behandlung) hat zur Folge, dass der Krankenhaussektor als *Quasi-Markt* bzw. *embedded competition* strukturiert ist. Die aufgrund der Komplexität medizinischer Behandlung entstehende *Qualitätsunsicherheit* macht die Entwicklung eines netzwerkförmigen Marktes wahrscheinlich, der nach anderen Kriterien funktioniert als der klassische Wirtschaftsmarkt. Darauf stellen sich auch die Krankenhäuser ein, die den niedergelassenen Sektor netzwerkförmig zu kontrollieren versuchen.
2. Das Verhältnis zwischen Geschäftsführung und Chefärzten wandelt sich infolge des Aufstiegs von BWL-geschulten Managern und der Einführung von organisationsinternen Steuerungsinstrumenten aus der Wirtschaft. Von Chefärzten wird erwartet, dass sie auch wirtschaftlich handeln und bei schlechter Performance, die durch Benchmarks und Zielvereinbarungen zahlenförmig darstellbar ist, in Rechtfertigungszwänge geraten. Die damit einhergehenden Rollenerwartungen, die eine Ähnlichkeit mit jenen von leitenden Angestellten aufweisen, haben zur Folge, dass die Autonomie der Chefärzte zumindest in Frage gestellt wird bzw. in Spannung mit den Anforderungen an die medizinische Profession geraten.
3. Das Verhältnis zwischen Krankenhaus und niedergelassenem Sektor wandelt sich nicht nur in Folge der angesprochenen Vermarktlichung, sondern auf das Netzwerk wird als Steuerungsmedium immer häufiger reflexiv zurückgegriffen. Infolge von rechtlichen Neujustierungen werden neue Netzwerkarrangements

möglich, wie z. B. die Gründung krankenhauseigener MVZs, die Doppelrolle von Krankenhausarzt und niedergelassenem Arzt oder die Einbindung von (niedergelassenen) Belegärzten in den Krankenhausalltag. Niedergelassene Ärzte steigen in ihrer Bedeutung für das Krankenhaus infolge des Wettbewerbs um ökonomisch rentable Patientenfälle. Damit werden Netzwerkbeziehungen für das Krankenhaus zu reflexiv verfügbaren Beziehungsmustern, die versucht werden, im Sinne des eigenen finanziellen Interesses zu steuern. Es ist damit zu rechnen, dass die niedergelassenen Ärzte auf diese Kontrollversuche reagieren, entweder durch Unterlaufen oder durch Neuaushandlung von Beziehungsmustern. Die Rolle des Patienten kann im Beziehungsgeflecht schließlich als ambivalent beschrieben werden. Einerseits kann die Beobachtung des mündigen Patienten als Mär demaskiert werden, andererseits sprechen die Verhältnisse des vernetzten Gesundheitswesens dafür, dass Patienten eigene Kontrollversuche durchführen und so ins ‚Netzwerkspiel' einsteigen. Insbesondere das enge Verhältnis zum Hausarzt, aber auch der Anstieg der Gruppe chronisch Kranker, die häufig Experten ihrer Krankheit sind, sprechen für eine zunehmende aktive Stellung der Patienten im Versorgungsnetzwerk.

Die skizzierten Netzwerkbeziehungen machen deutlich, dass sich eine Verschiebung klassischer Machtasymmetrien abzeichnet. Während sich das Verhältnis von Geschäftsführer und Chefarzt in Richtung eines Machtgewinns der Geschäftsführer verschiebt, gewinnt der niedergelassene Arzt an zunehmender Bedeutung im Verhältnis zum Krankenhaus. Ob der Patient als Netzwerkplayer selbst eine Machtposition im Netzwerk einnimmt, muss zunächst offengehalten werden. Neben den beschriebenen Machtasymmetrien, hat der Strukturwandel auch Folgen für die Komplexitätsbearbeitung in Netzwerken. Da unterschiedliche institutionelle Logiken (Friedland/Alford 1991), wie medizinischer Professionalismus/ Wohlfahrtsstaatsorientierung mit einer zunehmenden Managerialisierung/ Vermarktlichung konfrontiert werden, ist mit „institutional complexity" (Greenwood et al. 2011) auch in Netzwerkbeziehungen zu rechnen. Wie diese bearbeitet wird, ist eine empirische Frage, die in den folgenden Kapiteln beantwortet werden soll.

Fragestellung der empirischen Untersuchung 8

Die Fragestellung der qualitativ-sinnrekonstruktiven Untersuchung zu den Netzwerken zwischen Geschäftsführern, Chefärzten, niedergelassenen Ärzten und Patienten nimmt ihren Ausgangspunkt in der Analyse des voranstehenden Kapitels. Ein tiefgreifender Wandel durchzieht den Krankenhaussektor, in dem die Institutionalisierung von Marktmechanismen, Managementstrukturen und der reflexive Bezug auf Netzwerkmuster eine zunehmende Bedeutung einnehmen. Dieser neuartige institutionelle Zuschnitt verändert auch das Beziehungsgefüge zwischen Geschäftsführern, Chefärzten, niedergelassenen Ärzten und Patienten. Krankenhäuser kommen immer häufiger in finanzielle und damit existentielle Drucksituationen und müssen diese Unsicherheiten bearbeiten. Infolge der „true uncertainty" (Knight 1921), in der die Folgen des Handelns ungewiss sind, kann davon ausgegangen werden, dass sich neue Identitäten ausbilden und habituelle Dispositionen wandeln. Beispielsweise ist als gängige Praxis zu beobachten, dass das Krankenhausmanagement versucht, Patientenströme aktiv ins eigene Krankenhaus zu leiten, um die Fallzahlen zu erhöhen. Damit wird die klassische medizinische Logik konterkariert, die einen Patienten nach Eintritt ins Krankenhaus den Informationswert ‚krank' zuschreibt und damit kommunikativ anschlussfähig macht. Im Sinne des relationalen Ansatzes von White ist damit davon auszugehen, dass die Neugenerierung von Identitäten die klassischen Identitätsmuster in irgendeiner Weise beeinflusst und damit auch die Netzwerkverknüpfungen. Darüber hinaus kann, im Sinne von Bohnsack und Bourdieu, mit einem Wandel der Praxis und damit mit einer Transformation der habitualisierten Dispositionen gerechnet werden.

Anschließend an die Problemstellung können folgende Forschungsfragen formuliert werden:

1. Welche Beziehungsmuster und Identitätszuschreibungen emergieren in Folge des institutionellen Wandels?
2. Wie sind die untersuchten Akteure in Netzwerken eingebunden?

3. Welche Spannungen, Konflikte und Arrangements zwischen den untersuchten Akteuren entstehen?
4. Welche Dispositionen der Akteure können identifiziert werden? Kann ein Wandel der Dispositionen beobachtet werden und wie vollzieht sich dieser?

Sampling der empirischen Untersuchung und methodisches Vorgehen 9

Den Rahmen für die folgende Analyse, in der die Netzwerkbeziehungen zwischen Geschäftsführern, Chefärzten, niedergelassenen Ärzten und Patienten im Mittelpunkt stehen, bildet das von der DFG finanzierte Forschungsprojekt „Entscheidungsfindung im Krankenhausmanagement", das im Zeitraum zwischen 2013 und 2016 durchgeführt wurde. Ziel der Studie war es, den Umgang des Krankenhausmanagements mit unterschiedlichen und teils widersprüchlichen Anforderungen und Erwartungen aus den Bereichen Wirtschaft, Politik, Recht, Medizin und Pflege zu beleuchten. Wie managen also, so die Fragestellung, Mitglieder des Krankenhausmanagements die erwähnten Logiken und können berufsbezogene Lagerungen und krankenhausbezogene Arrangements identifiziert werden? Als Mitglieder des Krankenhausmanagements wurden Geschäftsführer, ärztliche Direktoren, Pflegedirektoren und Chefärzte aus den Bereichen Innere Medizin und Chirurgie identifiziert. Die Auswahl der Krankenhäuser hat sich an folgenden Kriterien orientiert: Zwölf Krankenhäuser der Regel- und Schwerpunktversorgung mit verschiedener Trägerschaft (konfessionell, privat, öffentlich) und unterschiedlicher räumlicher Lage (Ballungsgebiet, ländlicher Raum und alte/neue Bundesländer) wurden für das Sampling selektiert.

Die Netzwerke zwischen Akteuren des Krankenhausmanagements, niedergelassenen Ärzte und Patienten waren zunächst nicht als Forschungsphänomen in der DFG-Studie ausgeflaggt. Allerdings zeigte sich in den durchgeführten Interviews, dass Netzwerke für die meisten Geschäftsführer und Chefärzte eine relevante Dimension darstellten. Im Sinne des „theoretical samplings" (Glaser/Strauss 1998) wurde dieser Aspekt aufgegriffen und als Thema für die vorliegende Arbeit aufgegriffen.

Das Sampling der vorliegenden Arbeit besteht aus 45 leitfadengestützten Experteninterviews (Meuser/Nagel 1991) mit Chefärzten, ärztlichen Direktoren und

Geschäftsführern[43]. Dabei wurde folgendes Vorgehen gewählt: Die durchgeführten Interviews wurden nach Stellen durchsucht, in denen das Thema Netzwerke zwischen Geschäftsführern, Chefärzten, niedergelassenen Ärzten und Patienten aufgegriffen wurde. Die relevanten Interviewzitate wurden mit der formulierenden Interpretation analysiert, in der das kommunikative (oder explizite Wissen) im Zentrum steht. Ziel dabei war es, die Identitätszuschreibungen, also wie sich die Interviewten selbst und andere Netzwerkakteure reflektieren, zu untersuchen. In einem zweiten Schritt wurden zwei Fälle (je ein Chefarzt und ein Geschäftsführer aus zwei Krankenhäusern, das heißt: insgesamt vier Interviews) mit der reflektierenden Interpretation rekonstruiert, in denen das Netzwerk-Thema in sehr ergiebiger Weise behandelt wurde. Ziel dieses Vorgehens war es, die subtile Netzwerkpraxis und die Dispositionen der Akteure herauszuarbeiten[44].

Mit einem solchen Forschungsdesign geht einher, dass die untersuchten Netzwerke primär aus der Perspektive des Krankenhausmanagements beleuchtet werden. Zwar zeigt sich an einem empirischen Fall, der in Folge genauer analysiert wird, wie ein Chefarzt einen Kassenarztsitz übernimmt und damit eine Doppelrolle einnimmt (Krankenhausarzt/ niedergelassener Arzt). Allerdings wurden ins Sampling nicht explizit niedergelassene Ärzte, Patienten und Krankenhausangestellte aus anderen Bereichen (z. B. Hierarchieebenen) einbezogen.

Außerdem kann aus einer praxissoziologischen Perspektive kritisiert werden, dass Experteninterviews als Grundlage der empirischen Studie nicht geeignet sind. So stellt beispielsweise Schmidt (2012) heraus, dass die teilnehmende Beobachtung bzw. die Ethnographie, die Parademethoden für ein praxeologisches Vorgehen darstellen würden, da nur so garantiert werden könnte, dass der unmittelbare Vollzug der Praxis beobachtet wird. Durch qualitative Interviews, so der Vorwurf, könnten nur die Einstellungen, Deutungen und Rechtfertigungen der Akteure analysiert werden. Der Einwand ist insofern berechtigt, als in Interviews nicht die Praktiken unmittelbar beobachtet werden können, die beispielsweise Akteure in Netzwerken reproduzieren. Allerdings kann aus einer habitustheoretischen Perspektive der formulierte Einwand relativiert werden, da auch im Interview nicht nur die Praxis des Interviewens, sondern auch der Habitus resp. der Orientierungsrahmen der Interviewten einfließt. Insbesondere in den Textsorten der Erzählung und Beschreibung, wie Nohl (2009) in Rückgriff auf Schütze (1987) ausführt, werden Daten produziert, die auf die Praxis der Akteure rückschließen lassen. Der Ha-

---

43 Die Namen der Interviewten und der Krankenhäuser sind, wie es gute wissenschaftliche Praxis erfordert, pseudonymisiert.

44 Zur Erläuterung der formulierenden und reflektierenden Interpretation der dokumentarischen Methode nach Bohnsack: Kapitel 3.2

bitus kann in der Interviewsituation nicht ausgeschaltet werden und gerade in den Zwängen des Erzählens treten die Orientierungen der interviewten Akteure zutage, die sich in der Auseinandersetzung mit sozialen Situationen entwickelt haben. Der Habitus ist damit auch nicht mit einer beliebigen subjektiven Deutung zu verwechseln, sondern eben jene Vermittlungsstelle zwischen gesellschaftlicher (objektiver) Wirklichkeit und impliziter (subjektiver) Orientierung, die wechselseitig aufeinander verweisen und sich gegenseitig bedingen. Das bedeutet, dass das leitfadengestützte Experteninterview, sofern es als Instrument benutzt wird, das Erzählungen bei den Interviewten generiert, als Methode für die Rekonstruktion von Habitus, resp. einer sich zeitlich entfaltenden Praxis, sehr gut geeignet ist.

Zur kommunikativen Konstruktion von Identitäten im Krankenhaussektor 10

Im Mittelpunkt der bisherigen Betrachtungen standen die strukturellen Verschiebungen in der Krankenhauslandschaft und die Auswirkungen auf das Verhältnis zwischen Geschäftsführern, Chefärzten, niedergelassenen Ärzten und Patienten. Es konnte aufgezeigt werden, dass im gegenwärtigen Krankenhaus infolge von Managerialisierungsprozessen die Geschäftsführer den Chefärzten die dominante Rolle streitig machen, infolge von Vermarktlichungsprozessen die Bedeutung von Netzwerken und damit die Kontrolle von niedergelassenen Ärzten für das Krankenhaus zunimmt und auch Patienten eine aktivere Rolle einnehmen könnten. Die strukturelle Dimension lässt sich allerdings, wie White (2008) beschreibt, nicht alleine durch die wissenschaftliche Herleitung von Strukturmustern und Institutionen verstehen, sondern die in Geschichten relationierten Identitäten sind jene narrativen Elemente, die auf den relationalen Sinn rückschließen lassen. In diesem Kapitel werden aus diesem Grund die zugeschriebenen und typisierten Identitäten von Geschäftsführern und Chefärzten in Bezug auf Vernetzungsaktivitäten analysiert. Hier stellt sich die Frage, inwieweit neue Identitätszuschreibungen infolge des beschriebenen Strukturwandels im Krankenhaussektor emergieren. Als methodische Grundlage wird auf die formulierende Interpretation zurückgegriffen (Bohnsack 2014a), durch die das kommunikative, das heißt, explizite Wissen, analysiert wird.

Wie der Geschäftsführer eines öffentlichen Krankenhauses im folgenden Interviewabschnitt ausführt, wird den niedergelassenen Ärzten eine besondere Stellung zwischen Patienten und Krankenhäusern zugeordnet. Diese wären grundlegend für die Zuweisungen von Patienten verantwortlich, was als Zwang erlebt wird, sich als Krankenhaus, den niedergelassenen Ärzten unterordnen zu müssen:

> „Man muss mit dem Niedergelassenen – der Niedergelassene nicht mit uns –, aber wir müssen mit ihm reden. Wir müssen nett zu ihm sein. Wir müssen ihm entgegenkommen. Wir müssen ihn streicheln. Wir dürfen ihn nicht angreifen. Wir dürfen ihm nicht widersprechen, sondern wir sind Dienstleister

für den niedergelassenen Arzt. So, und wir leben von den Zuweisungen. Ohne Zuweisung, keine Chance."

Die Interviewpassage verweist auf die existentielle Bedeutung der niedergelassenen Ärzte, die Alternativlosigkeit der Situation („Ohne Zuweisung, keine Chance") und auf den Zwang, das eigene Verhalten vor diesem Hintergrund entsprechend anzupassen. Diese Verhaltenserwartung wird allerdings als einseitig beschrieben: Während man sich an den niedergelassenen Arzt orientieren müsse, kann dieser seinen bisherigen Modus fortsetzen. Die Selbstzuschreibung gegenüber dem niedergelassenen Arzt als *Dienstleister* verweist auf die wahrgenommene Asymmetrie: Man müsse Dienste für den niedergelassenen Kollegen leisten und nicht umgekehrt.

Analog dazu erwartet ein Krankenhausmanager eines städtischen Krankenhauses von seinen Ärzten eine geschickte Außendarstellung, die in Patientenstatistiken evaluiert werden könne:

„Wenn sich eine Abteilung gut entwickelt, dann merke ich es an den steigenden Leistungszahlen im Vergleich zum Vorjahr. Da gibt es wiederum zwei Komponenten, die ich mir genauer angucke. Das ist einmal die reine Patientenzahl. Das lässt einen Rückschluss darauf zu: Wird Werbung für das Auftreten der Abteilung nach draußen, werden die Arztbriefe/ all diese Dinge, die nach draußen gespiegelt werden. [...] Werden die gut auch aufgenommen, ja. Und haben diejenigen, sind Patienten und das sind Einweiser insbesondere, haben die das Gefühl: Die machen das gut da im [Krankenhaus]. Das ist die Zahl der Patienten selber. Nun bringen die Patienten Krankheiten mit oder OP-Notwendigkeiten und das wiederum hat etwas mit Geld zu tun. Wie wertig ist der Patient? Das ist aber eine andere Fragestellung. Und die gucke ich mir natürlich auch an. Und daran kann ich sehen: Wird einer Abteilung zugetraut, auch schwierigere Sachen zu machen."

Der Geschäftsführer begreift die erhobenen Statistiken als ein Tool, in dem das Verhalten der Krankenhausärzte und der Einfluss auf niedergelassene Ärzte herausgelesen werden können. Patientenstatistiken ließen Rückschlüsse auf „das Auftreten der Abteilung nach draußen" zu, also ob beispielsweise Werbung gemacht werde, und schließlich auf die Qualität der Arztbriefe. Mit den Patientenzahlen zeige sich auch das grundsätzliche Vertrauen der Einweiser in das Krankenhaus. Auf einer zweiten Ebene könne man an der (ökonomischen) Wertigkeit des Patientenfalles ablesen, ob schwierige medizinische Fälle „einer Abteilung zugetraut" werden. Patienten werden damit entweder nach Menge (Patientenzahl) oder nach Krankheitsbild, das finanziell mehr oder weniger rentabel sein kann, relevant. Von den Krankenhausärzten wiederum wird erwartet, die niedergelassenen Ärzte zu bewerben und Vertrauen aufzubauen. Werden die Erwartungen enttäuscht, kann das sogar einen Kündigungsgrund darstellen, wie eine Klinikmanagerin ausführt. Die enttäuschenden Statistiken des Oberarztes werden von der Managerin analysiert:

„Man guckt natürlich dann auch in der Tiefe, woran liegt es. Gibt es der Markt nicht her? Aber da guckt man sich auch verschiedene Dinge an. Welche Veranstaltungen laufen da für Einweiser? Wie ist denn dieser Oberarzt vernetzt unter den [Stadt] Rheumatologen? Geht der in diese/ zum Beispiel zu diesen Arbeitstreffen der Arbeitsgemeinschaft oder Rheumastammtisch? Irgendwie so heißt das. Da treffen sich die Rheumatologen. Da geht der nicht hin. Ist ja komisch. Und dann kriegt man noch mit, Mensch, die Rheuma-Liga ist ja in unserem MVZ und der weiß gar nichts davon oder sagt, ja, ja, die sind auch da, der macht dort/ bringt sich dort nicht ein. Da merkt man, da stimmt etwas in der Vernetzung nach außen nicht. Das ist zwar sicherlich hier nach innen ein ganz guter Oberarzt, auch fachlich gut, aber da fehlt halt komplett die Vernetzung. Das nimmt man ja dann über bestimmte Marker an verschiedenen Stellen wahr. Und dann weiß man, dass/ so werden wir nicht zum Ziel kommen. Und dann guckt man natürlich, woran liegt das, hat der einfach zu wenig Zeit oder entspricht das halt nicht seiner Persönlichkeit? Also, diese Außendarstellung, das ist ja nicht jedermanns Sache und wenn das, so wie hier der Fall ist, dann ist halt klar, es müssen andere Personen her, die das halt besser können."

Obwohl die Klinikmanagerin den Arzt für einen „ganz guten Oberarzt" hält, wird dieser entlassen, weil er „in der Vernetzung nach außen" nicht kompetent gewesen sei. Die geringe Vernetzungstätigkeit wird dabei nicht mit einem professionellen Selbstverständnis, sondern seiner Persönlichkeit in Zusammenhang gebracht. Eigentlich sollte sich ein Oberarzt vernetzen und wenn er dies nicht tut, dann hat dieser, so könnte man es ausdrücken, nicht die dafür notwendige ‚Netzwerkpersönlichkeit' und damit seinen Job verfehlt.

Auch bei der Besetzung neuer Stellen erwähnt die Klinikmanagerin das Kriterium des Netzwerkens explizit. Für die Suche hat das Krankenhaus auch eine „Headhunterin" bestellt, die nach diesen Kriterien gesucht hat und schließlich fündig geworden ist.

„Und dann kam diese Chefarztbewerbung und dann haben wir gesagt, Mensch, dann gucken wir uns das mal genauer an. Wo ist die Konkurrenz? Wie ist die

> *Marktsituation? Es war klar, wenn, dann brauchen wir jemanden, der ein Zugpferd ist. Also, es war ganz klar, das Chefarztprofil, es muss jemand aus der [Stadt] sein, der hier in [...] bekannt und vernetzt ist, weil es natürlich ein Stück Verteilungskampf ist. Weil wir sitzen ja zwischen den Rheumakliniken [Name] und draußen [Name]. Auch aus DDR-Zeiten ja sehr bekannt hier in [Stadt]."*

Die Klinikmanagerin sieht das Krankenhaus in einer Konkurrenzsituation und in einem Verteilungskampf und sucht deshalb einen Chefarzt, der aus der Stadt ist und in dieser „bekannt und vernetzt" ist. Zugespitzt also ein „Zugpferd", der, so kann vermutet werden, sowohl Patienten *anzieht* als auch in Ärztenetzwerken tätig ist.

Die Erwartung von Geschäftsführern gegenüber Krankenhausärzten, Netzwerkarbeit zu betreiben, wird von diesen auch selbst aufgegriffen. So meint beispielsweise ein Chefarzt:

> *„Ich bin im Qualitätszirkel hier, Hausarztnetz [Stadt], na klar. Und das hat auch was mit Werbung zu tun. Ich halte viele Vorträge. Wir laden die sechs Mal im Jahr ein eben zu einer zertifizierten Fortbildung. Also, Klinkenputzen in dem Sinne, also, ich sage jetzt mal, Kundenpflege machen, natürlich. Aber das ist auf Augenhöhe [...] Darum ist auch die Vernetzung wichtig. Man muss halt Vorträge halten, man muss bekannt sein, man muss Zeitungsartikel schreiben. Man muss Fortbildungen machen für die Niedergelassenen. Sie müssen eine Rampensau sein als Chef."*

Dass Netzwerken wichtig ist und zum Jobprofil gehört, ist für den Chefarzt eine Selbstverständlichkeit. Im Hausarztnetz tätig zu sein, Vorträge zu halten, Zeitungsartikel schreiben oder die niedergelassenen Ärzte zu zertifizierten Fortbildungen einzuladen, ist Teil der „Kundenpflege". Die niedergelassenen Ärzte werden als Kunden typisiert, denen „auf Augenhöhe" zugehört wird. Die Selbstidentifizierung als „Rampensau" verweist auf die öffentliche Wirkmächtigkeit, die als Chefarzt nötig sei.

Aber auch Kundenbindung wird als explizites Kriterium im Zuge einer MVZ-Gründung von einem Chefarzt angegeben:

> *„Das eine oder andere MVZ betreiben, also medizinisches Versorgungszentrum, denn genau diese Struktur soll hierin eingebettet werden. Das ist zum einen der Versuch, die gynäkologische Versorgung hier auf einem entsprechenden Niveau zu halten und gleichzeitig weitere Patienten, man könnte auch Kunden sagen, heranzuziehen".*

Der Sinn in der Gründung des MVZs bestehe darin, einerseits die medizinische Versorgung auf einem entsprechenden Niveau zu halten, aber gleichzeitig sollen Patienten, die vom Chefarzt als Kunden typisiert werden, an das Krankenhaus gebunden werden.

10.1 Wandel der Identitätskonstruktion im Vergleich zum bürokratischen Krankenhaus der 1970er-Jahre

Die in diesem Kapitel beschriebenen Verschiebungen der Beziehungsmuster zwischen Geschäftsführern, Chefärzten, niedergelassenen Ärzten und Patienten dokumentieren sich auch in den Selbst- und Fremdzuschreibungen und den damit verbundenen Rollenerwartungen. Geschäftsführer erwarten von Krankenhausärzten, sich zunehmend zu vernetzen, und nehmen Statistiken zu Hilfe, um den Vernetzungserfolg zu evaluieren. Fällt die Evaluation negativ aus, dann kann das sogar bis zur Kündigung gehen, wie eine Klinikmanagerin ausführt. Auch bei der Einstellung neuer Ärzte in Führungspositionen wird Vernetzung als explizites Kriterium angeführt. Die interviewten Chefärzte integrieren die formulierten Fremderwartungen durchaus und verstehen die Vernetzungstätigkeiten als zu ihrem Jobprofil zugehörig. Damit deckt sich die Fremdidentifizierung mit der Selbstidentifizierung, wie am Beispiel eines Chefarztinterviews deutlich wird. Die Bedeutung niedergelassener Ärzte hat sich aus Sicht des Krankenhausmanagements gesteigert. Dies wird durchaus als Druck erfahren, wie ein Geschäftsführer ausführt. Im Verhältnis zum niedergelassenen Arzt identifizieren sich Geschäftsführer und auch Chefärzte als Dienstleister. Schließlich wird der Patient als Kunde typisiert und Kundenbindung als erstrebenswertes Unterfangen betrachtet. Die Interviewstellen zeigen deutlich auf, dass das ökonomische Denken des New-Public-Managements in den Krankenhäusern angekommen ist.

In den analysierten relationalen Geschichten lassen sich drei Veränderungen im Vergleich zu Rhodes (1974) Beschreibungen, der das bürokratische Krankenhaus der 1960er-Jahren vor Augen hatte (siehe die Ausführungen in Kapitel 7.1.2), im Verhältnis zum niedergelassenen Sektor aufzeigen:

1. Während zu Rohdes Zeiten die wirtschaftliche Dimension in den Beziehungen zwischen Krankenhaus und dem niedergelassenen Sektor eine untergeordnete Rolle gespielt hat, wird die Relation zum niedergelassenen Bereich heute vor allem aus ökonomischer Perspektive reflektiert. Patienten werden als Kunden typisiert und von Chefärzten wird erwartet, dass diese Patientenfälle akquirieren

sollen. Der niedergelassene Bereich wird somit als komplexer Interventionsraum konzipiert, den es zu beeinflussen gilt (z. B. netzwerken, werben, Vertrauen aufbauen). Dabei werden unterschiedliche werberische Maßnahmen eingesetzt, um Patienten in das eigene Krankenhaus zu schleusen und Bindeeffekte zu erzielen.
2. Im Kontext des bürokratischen Krankenhauses wurde mit dem niedergelassenen Arzt überwiegend anonym kommuniziert und dieser als ‚Mediziner zweiter Klasse' abqualifiziert, mit dem man sich nicht weiter zu beschäftigen habe. Dahingegen nimmt die Bedeutung persönlicher Kontakte im gegenwärtigen Beziehungsgefüge zu. Chefärzte führen „Kundenpflege" durch und setzen vertrauensbildende Schritte (z. B. in Praxenrunden). Damit zusammenhängend wird ein Kontakt auf Augenhöhe angestrebt bzw. die eigene Rolle in Bezug zu niedergelassenen Ärzten als „Dienstleister" typisiert. Damit wird auch die schon angesprochene steigende Bedeutung der niedergelassenen Ärzte für Krankenhäuser deutlich.
3. Ärzte werden vermehrt unter dem Kriterium der ‚Vernetzung' evaluiert und Jobkandidaten mit ‚Beziehungskapital' gesucht. Damit dokumentiert sich, dass auf Netzwerke als eigener Reflexionsraum eingeführt sind und auf theoretisches Wissen zurückgegriffen wird, das im Horizont des Managementdiskurses seit den 1980er-Jahren steht.

Die Praxis des Netzwerkens 11

In der bisherigen Arbeit wurde in einem ersten Schritt das institutionelle Gefüge des Krankenhaussektors in Deutschland herausgearbeitet und in einem zweiten Schritt die typisierten Beziehungsmuster und Identitätszuschreibungen der Geschäftsführer und Chefärzte auf Ebene des kommunikativen Wissens untersucht. Diese Wissensformen (institutionelles Gefüge, Identitätszuschreibungen) stellen allerdings nur die eine Seite der Medaille dar, die Netzwerke zwischen Geschäftsführern, Chefärzten, niedergelassenen Ärzten und Patienten konstituieren. Die andere Seite, die Logik der Praxis, also die Orientierungsrahmen resp. Dispositionen der Akteure und die Netzwerkpraktiken, werden in diesem Kapitel anhand von zwei Fällen rekonstruiert. In diesen zeigt sich, wie Akteure des Krankenhausmanagements in ihrem praktischen Tun die Umwelt des Krankenhauses netzwerkartig einbeziehen und welche Orientierungen diese in Hinblick auf die Beziehungsstrukturen aufweisen. Anhand von zwei Krankenhäusern, in denen je der Geschäftsführer und ein Chefarzt im Mittelpunkt der Interpretation stehen, werden die Dispositionen der Akteure und die Netzwerkpraktiken aufgedeckt.

Der erste Fall (Krankenhaus Ebertstadt) dokumentiert den Versuch eines Geschäftsführers, die Patientenzahlen zu steigern. Dies soll mit Hilfe des Chefarztes für Innere Medizin gelingen, der einen Kassenarztsitz übernimmt und damit eine Doppelrolle (Chefarzt/niedergelassener Arzt) einnehmen soll. Zentral an diesem Fall sind die unterschiedlichen Rahmungen des Kassenarztsitzes, die trotz der divergenten Perspektiven (ökonomisch motivierte Fallsteigerung vs. medizinische Unabhängigkeit) ein Netzwerkarrangement ermöglichen, das aktuell die habituellen Dispositionen der Akteure nicht unter Druck setzt. Im zweiten Fall werden die Führungs- und Kontrollpraktiken eines Geschäftsführers in Hinblick auf die Krankenhausärzte untersucht und die Bemühungen eines Chefarztes für Kardiologie rekonstruiert, die niedergelassenen Kollegen in einer kleinstädtischen Umgebung zu mobilisieren. Wesentlich am Fall Hohenfeld ist einerseits eine komplementäre Orientierung der interviewten Akteure in Hinblick auf die Rolle des Chefarztes.

Beide sind sich einig, dass der Chefarzt Freiheiten in der Ausführung seiner Arbeit hat und sowohl medizinisch als auch ökonomisch im Sinne des Krankenhauses handelt. Dies macht es aus Sicht des Chefarztes nötig, ein Netzwerk in der Kleinstadt zu mobilisieren und sich auf die Eigenlogik der darin involvierten Identitäten einzulassen, was zur Folge hat, dass sich die Dispositionen des Chefarztes, vom krankenhauszentrierten Chefarzt zum Netzwerkakteur im kleinstädtischen Umfeld, wandeln.

11.1 Fall 1: Krankenhaus Ebertstadt

Im folgenden Fallbeispiel steht die Übernahme eines Kassenarztsitzes vom Chefarzt für Innere Medizin im Mittelpunkt. Aus der Perspektive des Geschäftsführers handelt es sich dabei um einen „Coup", der die Patientenzahlen für sein Krankenhaus steigern soll. Das geplante Vorgehen hat allerdings mögliche Spannungen mit verschiedenen externen Akteuren zur Folge hat, die vom Geschäftsführer antizipiert und bearbeitet werden. Der Chefarzt für Innere Medizin rahmt die Übernahme des Kassenarztsitzes anders: Für diesen ergibt sich der Sinn des Kassenarztsitzes aus den dadurch möglich werdenden ambulanten Behandlungen und der daraus folgenden Unabhängigkeit vom, für ihn zu betriebswirtschaftlich geführten, Krankenhaus. Die unterschiedliche Netzwerkrahmung führt vorläufig nicht zu Spannungen und Konflikten, sondern schafft ein zeitlich stabiles Arrangement, das allerdings weitere Kontrollprojekte zukünftig wahrscheinlich macht. Zunächst wird die Perspektive des Geschäftsführers in den Fokus gerückt.

11.1.1 Geschäftsführer Johannes Gruber: Ökonomische Fallsteigerung und die Bearbeitung von Gegenbeobachtungen

Für den Geschäftsführer macht die Übernahme des Kassenarztsitzes insbesondere aus wirtschaftlicher Perspektive Sinn, als Möglichkeit „Patientenströme" in das Krankenhaus zu leiten, wie im folgenden Interviewzitat zu sehen ist.

> GF: *„Das heißt, mit dieser Übernahme [Anm.: des Kassenarztsitzes] wird es uns gelingen, dass wir wahrscheinlich mit einem Marktanteil von 20 Prozent aller gastroenterologischen Patienten hier Fuß fassen können, und das ist natürlich äußerst interessant. Und direkte Profiteure werden die Internisten hier*

sein, aber auch die Allgemeinchirurgen. [...] Also ich befördere das. Ich habe auch in, ich brauche dafür auch zwei Millionen Euro, um diesen Umbau zu gewährleisten. Und die werde ich auch ausgeben, sobald sie mir bewilligt sind. [...] und das ist ein Riesen-Coup für unser Haus, weil dieser Arzt übernimmt einen von vier fachärztlich internistischen Sitzen, in denen es eine gastroent/ gastroenterologische Patienten sind. Und keiner der heutigen vier Sitzinhaber schickt auch nur einen einzigen Patienten in unsere Klinik, weil – der eine Teil sitzt nämlich sehr stark im Norden, da wäre der Weg viel zu weit. Und einer ist zwar ganz hier um die Ecke, ist aber ein alter Katholik und gehört zu den katholischen Kliniken und weist als ehemaliger katholischer Oberarzt seit 30, 40 Jahren nur in diese in diese Klinik ein. [...] Also durch diesen Coup werden wir nochmal weitere Patientenströme auf uns vereinigen können und attraktive Patienten, die wir halt so vorher überhaupt noch nicht bekommen haben."

Im Mittelpunkt der Ausführungen steht die Idee, dass das Krankenhaus mit Patienten versorgt werden soll und dies auch strategisch angestrebt wird.[45] Damit geht die Bewegung des Geschäftsführers aktiv zur Krankenhausumwelt hin, die zu kontrollieren versucht wird. Der Kassenarztsitz ist in der Logik des Geschäftsführers dann jener Umleitungsmechanismus, der im Sinne einer Kausalität (wenn Kassenarztsitz, dann Marktanteil von 20 % gastroenterologischer Patienten) die Patientenfälle steigerbar macht. Im Sinne einer betriebswirtschaftlichen Sichtweise funktionalisiert der Geschäftsführer damit den Kassenarztsitz als Mittel, um „Patientenströme" bzw. (ökonomisch) „attraktive Patienten" in das Krankenhaus zu kanalisieren, die dann für verschiedene Krankenhausbereiche, wie innere Medizin oder Allgemeinchirurgie, (wirtschaftlich) relevant werden. Mit dieser Abstraktionsleistung blendet Herr Gruber einerseits medizinische Belange, andererseits eine mögliche Eigenlogik des Kassenarztsitzes aus: Ob der Kassensitzinhaber (Anm.: der Chefarzt für Innere Medizin) beispielsweise im Sinne des Geschäftsführers handelt bzw. die Patienten zur Weiterbehandlung in das vorgesehene Krankenhaus gehen, ist für den Geschäftsführer zu diesem Zeitpunkt kein relevantes Problem. Die Rahmung von Herrn Gruber ist im Sinne eines betriebswirtschaftlichen Common-Sense gehalten: Der Kassenarztsitz ist zahlenmäßig darstellbar, wirtschaftlich berechenbar und verspricht zukünftige Gewinne. Weitere Ressourcen vom Träger zu lukrieren, die für den Kassenarztsitz notwendig sind, scheint dabei keine größere Hürde darzustellen. Das deutet darauf hin, dass der private Träger die Perspektive

---

45 Der Geschäftsführer dreht damit die Idee des Versorgungsauftrags, dass für die Bewohner eines bestimmten Gebiets die Möglichkeit einer Krankenhausversorgung zur Verfügung stehen soll, um.

des Geschäftsführers teilt und darauf vertraut, dass sich der Einsatz von immerhin zwei Millionen Euro wirtschaftlich lohnt.

Die Übernahme des Kassenarztsitzes stellt für den Geschäftsführer auch deshalb einen „Riesen-Coup" dar, da mögliche regionale Besonderheiten umgangen werden können: Man muss sich nicht mehr mit dem „alten Katholik" beschäftigen oder die räumliche Distanz hin zu anderen Sitzen zu überbrücken versuchen, sondern kann die Krankenhausumwelt, so die Vorstellung, effektiv und störungsfrei kontrollieren.

Allerdings ist dem Geschäftsführer gleichzeitig bewusst, dass die Übernahme von Kassenarztsitzen zu Folgeproblemen bzw. Risiken führen kann.

> GF: *„Es gibt Standorte in Deutschland von [Name des Trägers] zum Beispiel im Osten, da sind sogenannte MVZs (Anm. JW: medizinische Versorgungszentren). Das ist ja praktisch die, sagen wir mal, die Krone der (lacht) Kooperation, ja, also neben irgendwelchen kooperativen Verträgen könnte man ja auch sagen: ‚Wir als Krankenhaus übernehmen einfach einen Kassenarztsitz und machen jetzt ein krankenhauszentriertes MVZ.' Das klappt wohl in Ostdeutschland sehr gut, weil die auch eine Tradition von Polikliniken haben. Insofern ist die Bisshemmung da relativ niedrig. Hier im Westen funktioniert das nicht. Also wir hatten an einem Standort mal ein MVZ auch nur angedacht. Da war ein riesen Aufschrei in der Niedergelassenen-Gruppe. Und es gibt ein Krankenhaus, das hat dann MVZ gegründet und eine Fachgruppe, die eigentlich gar nicht tangiert war, hat bis heute, also 10 Jahren nach diesem MVZ-Gründung, heute immer noch einen Boykott ausgesprochen. Also keiner der dieser einen Fachgruppe weist ein. Nichts desto trotz ist es halt so, dass man die Niedergelassenen braucht, weil sie sind die Geldgeber, sie sind diejenigen, die die Patienten reingeben. Also muss man trotzdem irgendwelche Wege finden, um mit denen zu kooperieren, ohne zugleich in deren Geschäftsfeld einzudringen."*

Das Verhältnis zum ambulanten Sektor wird in dem Interviewzitat als ein Spannungsverhältnis betrachtet. Hier wird deutlich, dass der Geschäftsführer nicht blind seine Interventionsstrategie fährt, sondern auf regionale Unterschiede hin sensibilisiert ist und sich bewusst ist, dass Interventionen von anderen Akteuren/Gruppen gegenbeobachtet werden und gegebenenfalls mit Gegenreaktionen zu rechnen ist. Das Beispiel des MVZ zeigt, dass bestimmte Interventionen zumindest ortsbezogen auf heftigeren Widerstand (z. B. Boykott, Aufschrei) stoßen können und dies in die strategische Entscheidung einbezogen werden muss. Damit wird auch der ‚einfache' betriebswirtschaftliche Common-Sense problematisch, in dem die rationale Berechnung und das störungsfreie Funktionieren im Mittelpunkt stehen. Die regionale Krankenhausumwelt wird daraus resultierend als Spannungsfeld er-

11.1 Fall 1: Krankenhaus Ebertstadt

lebt, die es jenseits der „Krone der Kooperation" zu bearbeiten gilt. An der Aussage „Krone der Kooperation", die mit einem Lachen begleitet wird, wird deutlich, dass dieser Weg den positiven Gegenhorizont darstellt, der allerdings versperrt bleibt. Damit reflektiert der Geschäftsführer auch bestimmte Grenzen der Intervention, die beispielsweise darin bestehen, kein medizinisches Versorgungszentrum (MVZ) zu errichten. Gleichzeitig steht es für Herrn Gruber außer Frage, nicht zu intervenieren. Zu existentiell wird die ökonomische Bedeutung der niedergelassenen Ärzte für das Krankenhaus eingeschätzt, die als „die Geldgeber", „die die Patienten reingeben" gerahmt werden. Damit ergibt sich für den Geschäftsführer ein Dilemma: Man müsse intervenieren, geht damit aber auch hohe Risiken ein. In dieser Spannung wird die Mobilisierung von Netzwerken prekär und ein behutsames Vorgehen bedeutsam. Im weiteren Vorgehen gibt es für den Geschäftsführer keinen spezifischen Weg (zumindest nicht in Westdeutschland), sondern „irgendwelche Wege" wären zu finden, die dann ein Netzwerk nach außen hin ermöglichen. In dieser Spannungslage Wege der Intervention zu finden, ohne ins „Geschäftsfeld" der niedergelassenen Ärzte „einzudringen", wird der Geschäftsführer zum erfinderischen und risikoaffinen Netzwerkbauer, der tastend nach einer Lösung sucht. Die Übernahme des Kassenarztsitzes ist insofern bereits als eine Lösung zu verstehen, da dieser nicht das Label MVZ hat und damit auf einer symbolischen Ebene für andere niedergelassene Ärzte keine ‚Gefahr' aufweist. Allerdings ist das Problem der Gegenbeobachtung externer Akteure für den Geschäftsführer damit nicht gebannt.

GF: „Ja, das Risiko könnte halt sein, wenn die Leute das in den falschen Hals kriegen, dass es heißt, [Träger] übernimmt hier Sitze. Und dann könnten die anderen sagen: ‚Ja, wie? Also dann weisen wir hier gar keinen mehr ein'. Die könnten uns praktisch den Garaus machen."
I: „Und wie greifen Sie dem vor? Was sind da Ihre Strategien?"
GF: „Ja, wir haben mit den, der Kollege [Anm.: Chefarzt für Innere Medizin] hat mit ganz vielen Niedergelassenen offen darüber gesprochen und das bereits seit über einem Jahr angekündigt und immer wieder kundgetan, dass er Interesse hat. Und als er jetzt da einen Sitz angeboten bekam, hat er auch zum Beispiel dem KV-Vorsitzenden [Anm.: kassenärztliche Vereinigung] das bereits kundgetan und so. Also wir spielen da mit offenen Karten. Wir werden sicherlich dann, wenn es dann zum Tragen kommt und die Praxis eröffnet wird, also alles spruchreif ist, dann wird der Arzt in eigenem, das auch sicherlich bewerben in der Zeitung, aber eben als Einzelperson, als/ und eben nicht, und dann wird dann da drin stehen ‚Doktor XY eröffnet seine Praxis in den Räumen der [Träger]-Klinik' und eben nicht ‚die [Träger]-Klinik eröffnet eine Praxis.' Und da, so könnte, hoffe ich, klappt es (lacht). Wir werden es sehen."

In den Ausführungen wird deutlich, dass der Kassenarztsitz gleichzeitig Segen und Fluch für das Krankenhaus darstellen kann. Auf der einen Seite hofft Herr Gruber auf einen Zugewinn an Patienten und damit eine ökonomische Steigerung und auf der anderen Seite kann der Kassenarztsitz zum existenzbedrohenden Bumerang werden („Garaus machen"). Als Umgangsstrategie mit den drohenden Sanktionen von Seiten der niedergelassenen Ärzte wird ein Spiel mit „offenen Karten" anvisiert, das gleichzeitig das wirtschaftliche Kalkül des Geschäftsführers verdecken soll. Damit wird Offenheit vielmehr suggeriert, denn die Verknüpfung des Kassenarztsitzes mit dem Krankenhaus oder Träger soll nach außen hin eben nicht sichtbar werden. Um die Strategie umzusetzen, ist der Geschäftsführer maßgeblich auf den Chefarzt für Innere Medizin angewiesen. In diesem Sinne soll die professionelle Identität des Chefarztes als glaubwürdiger Marker eingesetzt werden, der die medizinische Bedeutung der Übernahme des Kassenarztsitzes glaubhaft vermitteln und potenzielle kritische Gegenbeobachter (niedergelassene Ärzte verschiedener Fachgruppen, kassenärztliche Vereinigung, regionale Öffentlichkeit) beruhigen soll. Der Geschäftsführer versteht sich somit als Netzwerkbauer, der im Spannungsfeld zum ambulanten Sektor Risiken eingeht und im Hintergrund die Fäden zieht: Er arbeitet am Fassadenmanagement und schaltet Zeitungsartikel, die den Kassenarztsitz mit der „Einzelperson" Chefarzt verknüpfen und mögliche Referenzen hin zum Träger, Krankenhaus und Geschäftsführer, in Bezug auf die regionale Öffentlichkeit verdecken soll. Herr Gruber ist damit auf mögliche öffentliche Rahmungsprozesse hin sensibilisiert und versucht seinerseits den Kassenarztsitz medizinisch zu rahmen. Das Vorgehen ist, wie an den weiteren Ausführungen deutlich wird („hoffe ich, klappt es (lacht). Wir werden es sehen.") mit Unsicherheiten verbunden, die aber nicht zu einer Starre oder Verzweiflung umschlagen (wie z. B. das Lachen deutlich macht). Vielmehr erinnert die Orientierung an ein spielerisches Vorgehen, bei dem Bluffen (Fassadenmanagement) dazu gehört.

11.1.2 Chefarzt für Innere Medizin Peter Lichtenberger: Medizinische Unabhängigkeit

Kontrastierend zur Perspektive des Geschäftsführers, wird nun die Orientierung des Chefarztes für Innere Medizin analysiert. Für diesen rückt die durch den Erwerb des Kassenarztsitzes sich ermöglichende Behandlung ambulanter Fälle in den Vordergrund:

> CAI: „*Versetzt mich halt in zwei sehr angenehme Situationen. Zum einen kann ich mein Fach ambulant/ Gastroenterologie ist überwiegend ambulant, es*

gibt kaum Gründe, warum ein gastroenterologischer Patient stationär liegen sollte, außer bei schwersten Erkrankungen. Klar. Krebserkrankung [...] Auch viele Patienten, ganz speziell an Colitis Ulcerosa, Morbus Chron, das ist ein persönlicher Schwerpunkt von mir. Das sind neunzig, neunundneunzig Prozent ambulante Therapien, die Betreuung ist auch ambulant. Könnte ich sonst auch nicht wahrnehmen. Es gibt hier im Haus sonst keinen, der das macht. Und, davon abgesehen, mache ich es auch gern. Und. Verschafft mir halt die komfortable Situation, dass ich halt ein Fachgebiet für mich eigenständig ausüben kann. Kann trotzdem Patienten, wenn sie schwerer erkranken, stationäre Behandlung bedürfen, kann ich sie weiter betreuen. Also, in meiner eigenen Abteilung [...] Klar, ich profitiere sicherlich davon, von der Situation, dass ich ein Teil des Krankenhauses nutzen kann. Klar gegen Entgelt. Ich zahle dafür."

Im Unterschied zum Geschäftsführer, der eine Fallsteigerung im Zuge der Übernahme des Kassenarztsitzes erwartet, besteht der Sinn des Kassenarztsitzes für Herrn Lichtenberger in der medizinischen Behandlung von Patienten, die dieser als Krankenhausarzt nicht behandeln könnte. Der Arzt kann mit der Übernahme des Kassenarztsitzes sein Fachgebiet eigenständig ausüben, kann Patienten mit spezifischen Krankheiten behandeln und bei schwerer Erkrankung kann er die Infrastruktur des Krankenhauses nutzen. Die rechtliche Aufteilung in stationäre und ambulante Diagnose- und Behandlungspfade erlebt der Chefarzt mit seiner Spezialisierung auf Gastroenterologie als Begrenzung der Behandlung bestimmter Krankheitsbilder. Mit der Übernahme des Kassenarztsitzes wird die Begrenzung unterlaufen. Hier deutet sich allerdings weniger eine Orientierung am Patienten an, den man als Arzt ‚ganzheitlich' behandeln möchte, sondern das Interesse an der fachlichen Spezialisierung tritt in den Vordergrund. Der Kassenarztsitz wird damit als Bedingung der Möglichkeit gesehen, das Fachgebiet in seiner gesamten Breite auszuüben. Interessant an dem Interviewausschnitt ist außerdem, dass das Verhältnis zum Krankenhaus als alleiniges Arrangement auf rechtlicher Ebene gesehen wird: Der Chefarzt bezahle für die Krankenhausnutzung (Infrastruktur), eine irgendwie gelagerte Identifikation mit der wirtschaftlichen Situation des Krankenhauses wird nicht mitgeführt. Die Übernahme des Kassenarztsitzes und die Mitbenutzung stationärer Einrichtungen werden damit nicht als eine Form der Bindung/Identifikation, sondern als ein vertragliches Arrangement verstanden. Dies wird auch in der Aussage „meiner eigenen Abteilung" deutlich: Der Chefarzt sieht sich nicht als *Zulieferer* für das Krankenhaus (z. B. für andere Abteilungen), sondern hebt gerade die überwiegend ambulante Situierung der gastroenterologischen Fachdisziplin hervor. Bei wenigen schweren Fällen würde eine Überweisung in die „eigene Abteilung" Sinn machen. Eine Verknüpfung zum Krankenhaus oder zum

Träger, wie sie der Geschäftsführer stark versteht, wird sogar explizit abgelehnt, wie das folgende Zitat zeigt:

> *CAI: „Ich habe persönlich, also als Privatmann/ Habe ich einen Kassenarztsitz erworben von einem Kollegen, der jetzt in Rente gegangen ist. Das heißt, dieser Sitz gehört mir persönlich. Hat nichts mit [Name des Trägers], mit dem Krankenhaus nichts zu tun. Deswegen ist er auch in getrennten Räumen, auch wenn das hier ein Anbau des Krankenhauses ist."*

Obwohl auf rechtlicher wie auch auf räumlicher Ebene eine Verbindung zum Krankenhaus bestehe, weist der Chefarzt explizit eine darüber hinausgehende Bindung zurück. Der Kassenarztsitz wäre eine persönliche Investition eines Privatmannes und hätte nichts mit dem Träger oder dem Krankenhaus zu tun. Hier deutet sich an, dass die Trennung zwischen Träger/Krankenhaus und Kassenarztsitz, die der Geschäftsführer in der Außendarstellung strategisch aufbauen möchte, vom Chefarzt mitgetragen wird. Allerdings weisen die Interviewausschnitte nicht darauf hin, dass dieses Vorgehen, wie beim Geschäftsführer, bewusst-intendiert im Sinne einer Täuschung angestrebt wird, sondern weil sich der Chefarzt medizinisch-fachliche Klammer dieser beiden Bereiche versteht.

Neben der Orientierung an der Ausübung des Spezialgebiets, kommt noch eine zweite Rahmung ins Spiel. Herr Lichtenberger erhofft, dass der erlebte ökonomische Druck, der vom Geschäftsführer und der Konzernleitung ausgehe, in der ambulanten Tätigkeit abnehme, wie sich im folgenden Interviewzitat dokumentiert:

> *CAI: „Man wird unter Druck gesetzt von allen Seiten, von Seiten der Kassen, von Seiten der Geschäftsführung oder der Konzernleitung [...] von Seiten der Patienten. Der Patient, der im Prinzip unter Druck setzt, ich will eine bestimmte Leistung haben. Die Kassen, die Sie unter Druck setzen und sagen: ‚Du darfst eine bestimmte Leistung verordnen, aber nur die, die wir dir vorschreiben'. Auch von der Geschäftsführung, der Konzernleitung: ‚Du darfst aber nur die Patienten am besten aufnehmen und behandeln in der Zeit, wo es für uns noch wirtschaftlich ist'. [...]"*
> *I: „Sehen Sie sich als ambulanter/ Ist da die Situation für Sie entschärft?"*
> *CAI: „Sie ist angenehmer."*

Verschiedene Gruppen/Akteure würden Vorschriften tätigen, die der Chefarzt als Druck erlebt. Beispielsweise erwarte die Geschäftsführung und die Konzernleitung die Aufnahme und Behandlung von Patienten nach ökonomischen Kriterien. Sowohl der Konzern/Träger als auch die Geschäftsführung (und die Patientenerwartungen) werden dabei nicht gegeneinander differenziert und so zum gemeinsamen negativen Gegenhorizont. Eine irgendwie gelagerte Integration der externen Erwartungen in das eigene Handeln wird nicht vollzogen. Der Druck ist da und dem Chefarzt bleibt keine andere Handlungsmöglichkeit, als sich aufzuregen. I fragt in weiterer Folge, ob der Druck durch den Kassenarztsitz „entschärft" sei. Der Chefarzt antwortet, dass die Situation „angenehmer" wäre, was darauf hindeutet, dass der Interviewte den Kassenarztsitz als Umgang mit dem Druck reflektiert, ohne dass er erwartet, dass der Druck dadurch „entschärft" (d. h. aufgehoben) wäre. Der Kassenarztsitz wird damit zu einem teil-autonomen Bereich. Durch die ‚Flucht nach außen', so kann angenommen werden, wird ein Weg eingeschlagen, die Kontrollversuche anderer Akteure besser unterlaufen zu können.

11.2 Fazit Fall Ebertstadt

Wie die Interpretationen zeigen, orientiert sich der Chefarzt an der medizinisch-fachlichen Behandlung und erlebt externe Erwartungen und Forderungen als Drucksituationen. Damit erhält der Kassenarztsitz eine grundlegend andere Bedeutung als jene des Geschäftsführers. Gleichzeitig rücken verschiedene Praktiken des Netzwerkens in den Vordergrund. Während der Geschäftsführer zunächst, im Sinne eines ‚einfachen' betriebswirtschaftlichen Common-Sense, die Steigerung von Leistungszahlen ansteuert und der Kassenarztsitz aus dieser Perspektive heraus funktionalisiert, zahlenmäßig darstellbar und berechenbar wird, deuten sich in der Perspektive des Chefarztes die Begrenzungen der Krankenhausarztrolle an. Das zu bearbeitende Problem für den Geschäftsführer liegt in weiterer Folge in der Spannung zwischen (ökonomischer) Gewinnlogik und der existentiellen Bedrohung kritischer Gegenbeobachtungen organisationsexterner Akteure und daraus entstehender Sanktionierungen. In dieser Spannungslage wird das Vorgehen nach ‚Kochbuchrezept' brüchig und der Geschäftsführer zum risikoaffinen Unternehmer, der spielerisch mit Unsicherheiten umgeht. Er schafft es, verschiedene Identitäten zu mobilisieren (Träger, Chefarzt), ist auf die Antizipation kritischer Rahmungen sensibilisiert und versucht diese durch die Konstruktion einer geschickten Außendarstellung zu unterlaufen. Für den Chefarzt für Innere Medizin besteht das Problem in der krankenhausinternen Tätigkeit. Durch die Doppelfunktion Krankenhausarzt/niedergelassener Arzt bildet der Chefarzt eine personale Klammer, durch die das medizinische Fach wieder zur Einheit kommt. Daneben ermöglicht die Doppelfunktion Freiräume gegenüber dem wahrgenommen Druck von Geschäftsführer,

Krankenhaus bzw. dem Träger. Externe Kontrollversuche können damit besser unterlaufen werden, ohne dass der Druck vollkommen entschärft wäre. Obwohl die Orientierungen des Geschäftsführers für den Chefarzt einen negativen Gegenhorizont darstellen müssten, entsteht über den Kassenarztsitz ein aktuell friktionsloses Netzwerk-Arrangement zwischen Geschäftsführer und Chefarzt. Sowohl die Erzählung des Geschäftsführers als risikoaffiner Unternehmer, der einen „Coup" durchführt, als auch die Orientierung des Chefarztes, der neue medizinische Möglichkeiten und Freiheiten gewinnt, können in Bezug auf den Kassenarztsitz sinnhaft gebildet werden. Das Verhältnis kann somit als komplementär beschrieben werden, da schließlich der Chefarzt die vom Geschäftsführer gewünschte Differenz zwischen Kassenarztsitz und Träger/Krankenhaus reproduziert. Allerdings nicht, um eine ‚Außendarstellung' strategisch zu konstruieren, die mögliche Sanktionen verhindern soll, sondern weil der Chefarzt das Krankenhaus und den Kassenarztsitz als zwei getrennte Bereiche wahrnimmt. Allerdings stellt sich die Frage, ob das Arrangement zukünftig ebenso spannungsfrei fortgeführt werden kann. Wenn nämlich die erwarteten Überweisungen nicht wie vom Geschäftsführer erhofft erfolgen, könnte es zu Kontrollversuchen des Geschäftsführers kommen. Der Chefarzt verweist ja darauf, dass gastroenterologische Patienten überwiegend ambulant betreut werden und sieht eine stationäre Weiterbehandlung schwerer Fälle nur im eigenen Bereich und nicht z. B. in der chirurgischen Abteilung. Der Geschäftsführer müsste dem Kassenarztsitz, jenseits der verwendeten abstrakten Schemata im Sinne von Kausalität und Gewinnerwartung, eine eigene Logik zusprechen und den Chefarzt als Netzwerkidentität mit eigenen Kontrollversuchen wahrnehmen. Das Spiel von Mobilisierung, Autonomie und Gegenkontrolle würde dann auf anderer Ebene fortgesetzt werden.

11.3 Fall 2: Krankenhaus Hohenfeld

Das Krankenhaus Hohenfeld wird ebenfalls von einem privaten Träger geführt, allerdings befindet sich dieses, anders als Fall Ebertstadt, in einer Kleinstadt. Im Unterschied zum ersten Fall verzichtet das Krankenhaus Hohenfeld auf die Expansion in den ambulanten Sektor (z. B. in Form eines MVZ oder der Übernahme eines Kassenarztsitzes) und möchte sich somit auf das stationäre Kerngeschäft konzentrieren. Diese Strategie wird allerdings nicht ganz freiwillig verfolgt. Wie der Geschäftsführer im Interview ausführt, wurde die Idee eines krankenhauseigenen MVZs auf Grund des darauffolgenden Drucks der niedergelassenen Ärzte wieder verworfen.

11.3 Fall 2: Krankenhaus Hohenfeld

Die kleinstädtische Einbettung des Krankenhauses spielt sowohl für den Geschäftsführer als auch für den Chefarzt für Kardiologie eine Rolle, wie in der folgenden Interpretation noch zu sehen sein wird. Insbesondere für den Chefarzt für Kardiologie, der zuvor in einer großstädtischen Klinik gearbeitet hat, wird das periphere Krankenhausumfeld zum neuen Erfahrungsraum. Im Zuge seiner chefärztlichen Tätigkeit im Krankenhaus Hohenfeld wird dieser Teil des kleinstädtischen Beziehungsgefüges und entwickelt neue Dispositionen und verschiedene Formen der Netzwerkpraxis (Ein- und Ausschlusspraktiken, Spiel mit Informationen). Der Geschäftsführer, der zunächst interpretiert wird, lässt den Chefärzten einerseits Freiheiten, was bedeutet, dass mögliche Spannungslagen, die vom Chefarzt für Kardiologie schließlich netzwerkförmig bearbeitet werden, in die Chefärzte ‚hineinverpflanzt' werden. Andererseits erwartet der Geschäftsführer von seinen Chefärzten medizinische Qualität und evaluiert die Krankenhausprozesse unter anderem über Informationen, die er von externen Akteuren (z. B. niedergelassenen Ärzten und Patienten) erhält. Wie in den Interpretationen des Chefarztes für Kardiologie noch zu sehen sein wird, versucht er die Kontrollversuche des Geschäftsführers zu unterlaufen, indem Informationen bewusst zurückgehalten werden, wobei er sich auf die Solidarität von befreundeten niedergelassenen Ärzten verlassen zu können glaubt.

11.3.1 Geschäftsführer August Hofer: Freiheiten geben und medizinische Qualität einfordern

Zunächst wird das Beziehungsgefüge des Geschäftsführers zu den Chefärzten interpretiert. Herr Hofer reflektiert das Verhältnis zu den Chefärzten unter dem Aspekt, dass es primär darum gehe, „gute Leute" zu haben, „die selbst laufen" würden.

> *GF: „Und im Grunde muss man da Leute haben, die auch so/ die selbst laufen. Also das ist gar nicht so, dass die Geschäftsführung dann sagt irgendwie so, wir geben jetzt das und das vor und/ sondern, wenn da gute Leute da sind, dann haben die auch ein gewisses Renommee oder gehen auf die Zuweiser zu, liefern die medizinische Qualität, die muss einfach/ die muss stimmen. Gerade hier, das ist ja auch ein Setting, wo wir hier eine Stadt mit 35.000 Einwohnern haben, also das ist nicht Großstadt, wo das vielleicht noch ein bisschen anonymer ist, sondern wo halt sehr direkte Beziehungen zu den Zuweisern sind, die häufig hier im Haus auch gelernt haben, hier ihr praktisches Jahr auch gemacht haben und die müssen halt mit der Leistung dann überzeugen können."*

Der Geschäftsführer sieht das Verhältnis zu den Chefärzten damit nicht als hierarchisch geprägtes Vorgesetzten-Untergebenen-Verhältnis, in dem klare Vorgaben formuliert werden („geben jetzt das und das vor"), sondern spricht den Chefärzten Kompetenzen zu, die es zulassen würden, Freiheitsräume zu gewähren. Der Geschäftsführer vertraut darauf, dass die Freiheitsräume nicht gegen seine Interessen ausgenutzt werden, sondern Freiheiten dazu führen würden, dass die Chefärzte ‚das Richtige' machen. Es hängt damit, aus der Perspektive des Geschäftsführers, an der Person des Chefarztes, der die Anforderungen seiner Rolle selbst versteht und umsetzt, also „auf die Zuweiser zu[geht]" und der „medizinische Qualität" liefert.

An der Aufzählung der Merkmale zeigen sich bereits implizite Erwartungen an die Chefarztposition, die für diese vorausgesetzt werden. Insbesondere in Bezug auf die „medizinische Qualität" formuliert der Geschäftsführer normative Erwartungen, was sich in der Aussage, dass diese *stimmen müsse*, dokumentiert. Insbesondere im kleinstädtischen Umfeld, das sich durch „direkte Beziehungen" auszeichne, in dem die „Zuweiser" im eigenen Krankenhaus gelernt hätten, müssten die Chefärzte mit der „Leistung dann überzeugen können." Medizinische Qualität ist für den Geschäftsführer damit kein alleiniger Selbstzweck, sondern wird insbesondere im kleinstädtischen Umfeld zum Mittel zum Zweck, um beispielsweise die Zuweiser zu überzeugen. In der Interviewsequenz dokumentiert sich ein Geschäftsführer, der das „Setting", in dem das Krankenhaus eingebettet ist, mitreflektiert, allerdings, im Unterschied zum Geschäftsführer des Krankenhauses Ebertstadt, selbst nicht interveniert. Die Orientierung gegenüber den Chefärzten ist zwischen dem Zulassen von Freiheiten, dem Verzicht formaler Vorgaben und dem Vertrauen in „gute Leute" auf der einen Seite und relativ klar umrissenen Erwartungen, die auch auf die Krankenhausumwelt bezogen sind, wie medizinischer Qualität, Renommee und Zuweisermanagement („auf die Zuweiser zu[gehen]"), auf der anderen Seite aufgespannt. Dem Chefarzt ist es dann überlassen, die Erwartungsbündel umzusetzen, wobei der Geschäftsführer hier nicht weiter ausführt, ob und wie er die Erwartungen kommuniziert und evaluiert.

In Bezug auf die Kommunikation mit Akteuren aus dem kleinstädtischen Umfeld wird im folgenden Zitat deutlich, dass die in der „Netzwerk- und […] Kontaktpflege" eingesammelten Informationen krankenhausintern weitergegeben werden.

> GF: *„Und ich habe/ bin natürlich hier auch sehr eng am Ort und an den Zuweisern dran, kriege natürlich dann auch viel mit, wer welche Meinungen hat. Also die Zuweiser sind natürlich wichtig oder die anderen Stakeholder hier drum herum und ich mache dann ja so die Netzwerk- und die Kontaktpflege und dementsprechend irgendwie habe ich natürlich auch viele Termine und kenne die ganzen Leute hier vor Ort und kann natürlich dann auch sagen,*

11.3 Fall 2: Krankenhaus Hohenfeld

was ich dann hier so höre, weil letzten Endes/ also ich sage jetzt mal, ich bin so eine Art Bürgermeister von so einem kleinen 450 Einwohner-Ort und das ist so klein, dass dann sich Gerüchte natürlich dann auch schnell hier (...) verbreiten und (...) ja, da kriegt man schon viel mit, man kann natürlich viele Hinweise dann geben."

In diesem Interviewabschnitt wird deutlich, dass sich der Geschäftsführer „natürlich" als Netzwerker sieht, der die Geschichten im Krankenhausumfeld auch ernst nimmt. Die Bedeutung des Netzwerkens zeigt sich beispielsweise daran, dass es Herrn Hofer wichtig ist, enge Kontakte insbesondere mit Zuweisern zu pflegen, aber auch mit anderen organisationsexternen ‚Stakeholdern' „Netzwerk- und [...] Kontaktpflege" kommunikativ zu vollziehen, was ihm auch scheinbar gelingt („eng am Ort und an den Zuweisern dran"). Der Geschäftsführer interessiert sich für die im Dorf kursierenden Geschichten („was ich dann hier so höre"), sieht auch, dass diese krankenhausintern relevant sein können und erzählt diese schließlich weiter. Hier zeichnet sich eine Praxis ab, die sich nicht nur daran orientiert, Freiheiten zu lassen oder Erwartungen zu kommunizieren, sondern der Geschäftsführer fungiert als Informations-Bindeglied zwischen Kleinstadt und Krankenhaus, indem er externe Informationen intern weiterleitet. In der Identifikation als „Bürgermeister von so einem kleinen „450 Einwohner-Ort (gemeint ist das Krankenhaus mit seinen Mitarbeitern) dokumentiert sich eine krankenhausbezogene Orientierung, in der es wichtig ist, die Bürger (Mitarbeiter) über Gerüchte und Meinungen aufzuklären und so zu unterstützen. Ob und wie diese die Geschichten/Gerüchte verarbeiten, wird nicht weiter reflektiert.

Informationen werden allerdings nicht nur in der kleinstädtischen Umgebung gesammelt, sondern auch im Zuge des Beschwerdemanagements. Patientenbeschwerden bearbeitet der Herr Hofer persönlich.

GF: „Also, ich habe es mir zur Aufgabe gemacht, dann mit dem Patienten zu sprechen und auch die Wichtigkeit ihrer/ dann auszudrücken, dass wir uns der annehmen. Man erfährt viel über das Haus natürlich, wo es gut läuft, wo es nicht gut läuft."

Einerseits gehe es in der Bearbeitung von Patientenbeschwerden darum, diesen eine „Wichtigkeit" zuzuweisen. Der Geschäftsführer spricht dann auch persönlich mit den Patienten, womit er zu signalisieren versucht, dass die Beschwerden ernst genommen werden. Andererseits leitet er aus den Patientenbeschwerden ab, wo es im Krankenhaus „gut läuft" oder eben „nicht gut läuft". Herr Hofer traut sich somit zu, auf Grundlage des negativen Feedbacks von Patienten, Krankenhausprozesse zu evaluieren. Kontakte mit externen Akteuren werden somit nicht nur dazu genutzt, um Gerüchte im kleinstädtischen Umfeld zu erkennen und weiterzuleiten, sondern dienen dem Geschäftsführer auch dazu, einen Einblick in die Krankenhausprozesse zu erhalten, die dieser ohne dem Patientenfeedback nicht hätte.

Während die bisherige Interpretation gezeigt hat, dass Chefärzten Freiheiten gestattet werden, zeigt sich im folgenden Interviewabschnitt, dass das nicht in Richtung einer Laissez-faire-Führung hinausläuft. Wenn der Anspruch der hohen Qualität nicht erfüllt werde, dann werden auch Konflikte generiert und ausgefochten.

> GF: „Und (…) das ist aber harte Arbeit, also ob das jetzt hier so Wischiwaschi ist und/ oder ob man hinguckt und sagt, da ist irgendwas nicht in Ordnung, so und das/ da muss man natürlich auch Konflikte dann auch schon mal aushalten, so Konflikte auch generieren. (…) Ich glaube, das ist auch eine wichtige Aufgabe, ich glaube, das erkennen die meisten dann auch an. Weil nur mit einer sehr hohen Qualität können wir das Haus hier auch am Leben erhalten und da auch hier wieder zurück in die Spur dann auch bringen."
> I: „Ja, das ist dann wahrscheinlich maßgebliche Arbeit dann hier?"
> GF: „Das ist maßgebliche Arbeit, ja, ich glaube auch, wenn man halt bestimmte Einheiten hat und da gibt es so ein, zwei Leute, die (…) am Ende die Stimmung oder die Qualität oder wie auch immer oder wo die Arbeitseinstellung nicht stimmt, da muss man dann/ da muss man sich halt auch drum kümmern, das ist eben die Sache."
> I: „Was heißt dann drum kümmern? Heißt dann/"
> GF: „Ja, Gespräche führen, das Ganze ansprechen und/ also es zeigt häufig sehr große Erfolge einfach, weil nicht weggesehen wird und gesagt wird ja, das ist eben so. Sondern wie gesagt, wir nehmen das wahr und das finden wir nicht gut und wir hätten auch gerne eine Änderung im Verhalten dann. Ja und das zeigt ja/ also häufig genug ist es auch so, dass sich das Verhalten ändert und manchmal ändert es sich nicht und (…) da muss man auch eine Lösung finden, aber (…) wir wollen hier ein erstklassiges Haus werden in allen Bereichen."

Zu Beginn des Interviewabschnitts markiert der Geschäftsführer am „Wischiwaschi"-Vorgehen einen negativen Gegenhorizont und orientiert sich an hoher Qualität. Herr Hofer glaubt an die Wirksamkeit hoher Qualität, um das „Haus auch hier am Leben [zu] erhalten", und ist hier auch bereit, Konflikte zu „generieren" und auszuhalten. Interessant ist hier, dass der Konflikt nicht als etwas gesehen wird, das irgendwie entsteht, sondern eine Interventionsmöglichkeit darstellt. Konflikte werden vom Geschäftsführer erzeugt, wenn aus seiner Sicht ein „Wischiwaschi"-Vorgehen vorliegt. Die anschließende Proposition des Interviewers, ob dies dann die maßgebliche Arbeit hier wäre, wird vom Geschäftsführer bestätigt und hier wird der Interviewte auch in seinem Vorgehen deutlicher und bestimmter als zuvor. Im Fall der Fälle spricht er Defizite an und zeigt Grenzen auf. In den meisten Fällen würde sich das Verhalten ändern, aber wenn nicht, dann müsse eine „Lösung" gefunden werden. Hier geht Herr Hofer nicht genau darauf ein, auf was das in letzter Konsequenz hinauslaufen würde.

An diesem Interviewzitat dokumentieren sich die Grenzen der Freizügigkeit auch in Bezug auf Chefärzte. Wenn diese die eingeforderte Qualität nicht erfüllen, dann ist der Geschäftsführer auch dazu bereit, Konflikte zu generieren und auszufechten. Qualität wird hier allerdings nicht als Selbstzweck gedacht, sondern in Bezug auf externe Beobachter formuliert, denen zugetraut wird, dass diese Qualität auch „erkennen". In der Aussage, dass „hohe[r] Qualität" zugetraut wird, das „Haus hier am Leben zu erhalten", deutet sich die bereits angesprochene Krankenhausorientierung und eine gewisse Sorge um das Krankenhaus an. Dieses könne auch, so die implizite Befürchtung, nicht wieder „in die Spur" kommen.

Anhand der Interviewzitate dokumentiert sich, dass die Führung von Chefärzten als zentrale Aufgabe des Geschäftsführers gesehen wird. Auch der Bezug zur Krankenhausumwelt ist mit der Führungsfunktion eng vernküpft.

11.3.2 Chefarzt für Kardiologie Albert Netzer: Ausbildung eines Netzwerkhabitus

Der Chefarzt für Kardiologie ist für die Interpretation ein besonders interessanter Fall, da er, das wird in der Rekonstruktion noch zu sehen sein, im kleinstädtischen Netzwerk am stärksten eingebunden ist und im Zuge der Einsozialisierung verschiedenste, teils ausgefeilte Netzwerkpraktiken ausbildet. So wird der niedergelassene Arzt im komplexen Abrechnungsspiel als Netzwerkpartner gebraucht und kontrolliert, andererseits lässt er sich auch vom niedergelassenen Arzt kontrollieren, indem bestimmte Wünsche ernst genommen und einbezogen werden. Bei Herrn Netzer kann auch davon gesprochen werden, dass sich ein Wandel der Dispositionen vollzieht: vom krankenhauszentrierten Chefarzt zum Netzwerkakteur im kleinstädtischen Umfeld. Der Chefarzt versucht die kleinstädtische Logik zu verstehen und bildet ein „Fingerspitzengefühl" gegenüber den dort eingebetteten Identitäten aus. Das dokumentiert sich beispielsweise im „Spiel mit Informationen" oder in der ärztlichen Solidarität, die er von einem niedergelassenen Arzt erfährt, der die Kontrollaktivitäten der Geschäftsführung unterläuft.

Der Chefarzt als „Schlüssel": Autonomieräume im Verhältnis zur Geschäftsführung

Zunächst wird das Verhältnis zum Geschäftsführer rekonstruiert und es zeigt sich, dass der interviewte Chefarzt und der Geschäftsführer ein ähnliches Bild von der Rolle der Chefärzte haben.

> CAK: *„Das Problem ist ja: Wir haben es mit verschiedenen Fachdisziplinen zu tun: Wir haben auf der einen Seite Politiker, rahmenbedingt Standesvertreter. Wir haben in der Krankenhausleitung Kaufmänner. Aber was wir nicht haben, sind Ärzte. So genau. Auf der anderen Seite ist der Chefarzt. So, jetzt liegt es natürlich am Chefarzt: Wie kann ich diese Rahmenbedingungen umsetzen? Wie setze ich die um?"*

Herr Netzer führt in das Interview mit einem Problemaufriss ein, dem eine Differenzierung zugrunde gelegt wird. Der Chefarzt unterscheidet zwischen „Fachdisziplinen": Es gebe „auf der einen Seite" Politiker, Standesvertreter und Kaufmänner in der Krankenhausleitung, allerdings keine Ärzte. Auf der anderen Seite würde „der Chefarzt" stehen, an dem es liegen würde, die Rahmenbedingungen umzusetzen. Die gesetzte Differenzierung orientiert sich damit daran, dass die eine Seite Rahmenbedingungen *setze* und die andere Seite diese *umsetze*. Folgelogisch werden Politiker/Standesvertreter und die Krankenhausleitung nicht mehr weiter gegeneinander differenziert, sondern einheitlich als *Rahmenbedingungssetzer* beobachtet. Auf der anderen Seite stehen die Chefärzte, mit denen sich Herr Netzer auch identifiziert („Wie setze ich die um?") und die in ihrer Bedeutung, im Vergleich zu Politiker/Krankenhausleitung, höher eingeschätzt werden. Die Umsetzung der Rahmenbedingungen erscheint gegenüber der Setzung von Rahmenbedingungen somit primär. Damit sieht sich der Chefarzt nicht als Rädchen im Getriebe oder als Mitarbeiter, der die Rahmenbedingungen als Zwänge erlebt[46], die er umzusetzen habe, sondern in der Frage „Wie setze ich die um?" ist ein aktives Momentum eingebaut.

Dass die Rahmenbedingungen so und auch anders umgesetzt werden können, verweist auf die Kontingenz bzw. auf die Gestaltungsmöglichkeit, die in der Umsetzung entsteht. Dies elaboriert der Chefarzt anhand der Durchführung einer Untersuchung.

---

46 Hier deutet sich schon eine Differenz zum Chefarzt im Krankenhaus Ebertstadt an. Dieser erlebt das Verhältnis zu anderen Akteuren als Druck, integriert allerdings nicht die externen Erwartungen.

11.3 Fall 2: Krankenhaus Hohenfeld

GFK: „Ganz blöde Geschichte: Ich kann natürlich – wenn ich Spaß an irgendeiner Untersuchung habe – die x-mal durchführen. Das kostet dem Haus x Euro. Gut im DRG-System sind die eh da mit drin, zum Beispiel. Und keiner merkt es. Ich kann aber auch strukturiert sagen: ‚Okay, ich spiele zwar gerne rum, aber es gibt keinen Grund', also keine Indikation dafür, ‚und deswegen mache ich es nicht', so.

In diesem Abschnitt wird die angesprochene Kontingenz an einem Beispiel exemplifiziert. In dem Satz, dass der Interviewte eine bestimmte Untersuchung x-mal durchführen könne und es „keiner merkt", pointiert er die Freiheiten seiner Entscheidungen im Verhältnis zu externen Anforderungen. Gleichzeitig wird die dadurch entstehende Willkürlichkeit, die sich an den Vorlieben des Chefarztes entfalten könnte („wenn ich Spaß…") dadurch eingeschränkt, indem das Beispiel als „ganz blöde Geschichte" gerahmt wird. Während die Vorlieben des Chefarztes als potenzielles Vorgehen eingeführt werden (*gerne herumspielen*) und diese von externen Referenzen auch unbeobachtet bleiben würden, wird ein solches Vorgehen gleichzeitig als negativer Gegenhorizont zurückgewiesen. Im *strukturierten Vorgehen* entfaltet der Chefarzt demgegenüber einen positiven Gegenhorizont, der sich an der (medizinischen) Indikation orientiert. Die Orientierung an der Indikation wird vom Chefarzt als freiwillige Entscheidung erlebt, die gerade nicht extern vorgegeben wird („deswegen mache *ich* es nicht").

CAK: „Das heißt: und auf der anderen Seite, der Kaufmann, – der die Klinik leitet, – der weiß ja gar nicht/ der kann ja diese fachlichen Sachen gar nicht ergreifen und begreifen, ob ein Chefarzt das umsetzt, wie strukturiert er arbeitet oder nicht. Die kaufmännische Leitung eines Hauses sieht ja im Endeffekt nur: Ich kriege von der BQS einen Bericht. Ich kriege von mir aus vom Niedergelassenen mal eine Rückmeldung, ja, oder vielleicht – wir hatten vorher [Name Krankenhausverbund] gehabt, ja – im Benchmark mit 28 anderen Häusern: Haben wir etwas längere Verweildauern oder weniger Nebendiagnosen – oder irgendwie so was – ja? Aber ansonsten: Was ich im Alltag tue, ja, kann ja keiner beurteilen. Deswegen liegt eigentlich so der Schlüssel, glaube ich, auf dem Chefarzt."

In diesem Interviewzitat setzt sich der Chefarzt in die Rolle des Kaufmanns bzw. Klinikleiters und beobachtet dessen Position als mangelhafte Möglichkeit, die Arbeit des Chefarztes zu „ergreifen" und zu „begreifen". Während „ergreifen" sinnlogisch mit ‚etwas fassen' oder ‚auf etwas Zugriff haben' verstanden werden kann, verweist „begreifen" auf die kognitiven Prozesse, die ein bestimmtes Verständnis voraussetzen. Der Kaufmann weist aus der Sicht des Chefarztes damit ein doppeltes Defizit auf: Er kann das medizinische Alltagshandeln aus fachlicher Richtung nicht verstehen und höchstens Informationen sammeln, die einen indirekten Zugriff aufs Geschehen zulassen. BQS-Berichte, die Rückmeldungen vom Niedergelassenen oder Benchmarks entlarvt der Chefarzt als ‚Karten', die allerdings keine Sicht auf das ‚Gebiet' ermöglichen würden. Folglich liegt für den Interviewten „der Schlüssel" beim Chefarzt. Die Metapher des Schlüssels untermauert das bisher Gesagte: Der Chefarzt kann *Türen* mit seinem *Schlüssel* öffnen, ist also in dieser Hinsicht handlungsfähig, während die Kaufleute nur „irgendwie so was" haben – also Mittel, die gerade nicht den Zugriff auf die Türen ermöglichen.

CAK: „Und dann ist natürlich der nächste Punkt – was man in den letzten Jahren gemacht hat –, dass Chefärzte/ Das Pendel schlägt ja immer aus. In den letzten Jahren gibt es immer mehr Chefärzte, so wie ich. Ich habe schon – [Name des Trägers] hat mir das bezahlt 2005 um den Dreh – so eine Betriebswirtschaftsausbildung, ja, dass man weiß, was dahintersteckt, was dies, das ist."

Während damit der Geschäftsführer aus Sicht des Chefarztes ein Verständnis- und Durchgriffsdefizit aufweist, zeigt der Interviewte in diesem Interviewabsatz auf, dass umgekehrt das Verständnisdefizit des Chefarztes im Verhältnis zum Geschäftsführer abnimmt. Die Metapher, dass das *Pendel ausschlage* kann in die Richtung interpretiert werden, dass die betriebswirtschaftliche Ausbildung *zunächst* zu einem Vorteil der Geschäftsführer geführt hat, aber mit der Betriebswirtschaftsausbildung der Chefärzte das Pendel in weiterer Folge in die andere Richtung ausgeschlagen habe. Mit dieser ökonomischen Zusatzausbildung würde man wissen, „was dahintersteckt, was dies, das ist." Damit führt die Aneignung des betriebswirtschaftlichen Wissens von Chefärzten nicht (nur) dazu, dass diese möglicherweise wirtschaftlicher handeln, sondern das betriebswirtschaftliche Spiel durchschauen.

An dieser Stelle könnte die These aufgestellt werden, dass der Chefarzt das Verhältnis zum Geschäftsführer als mikropolitisches Spiel beobachtet und damit daraufhin abtastet, wie die eigene Ungewissheitszone im Verhältnis zum Geschäftsführer vergrößert und umgekehrt die Ungewissheitszone des Geschäftsführers im Verhältnis zur eigenen Position verkleinert werden könnte. Für diese These würden auch die Autonomiebestrebungen sprechen, die in diesen Interviewabschnitten anklingen. Der mikropolitische Blick des Chefarztes, so kann vermutet werden, ermöglicht Freiheitsräume, indem die Position des Kaufmanns erst vor dieser Folie als mangelhaft wahrgenommen werden kann und damit Autonomieräume sichtbar werden. Allerdings versteht der Chefarzt die Autonomieräume, die im Verhältnis zur Geschäftsführung entstehen, nicht als Selbstzweck im Sinne eines Machtspiels. Wie bereits aufgezeigt wurde, ist eine Orientierung der eigenen Praxis an der medizinischen Indikation handlungsleitend. Das bedeutet, dass die Autonomieräume mit einer Vorstellung von „Qualität" verknüpft werden, wie Herr Netzer an einer anderen Interviewstelle betont. Allerdings ist diese nicht, wie im kommenden Abschnitt deutlich wird, primär an der guten Behandlung von Patientenfällen orientiert, sondern an einer komplexen Abrechnungslogik[47], die zu bearbeiten ist und wo der niedergelassene Arzt als Netzwerkpartner auftaucht, den es zu kontrollieren gilt, von dem man sich aber auch kontrollieren lässt.

Das komplexe Abrechnungsspiel und der Einbezug des niedergelassenen Arztes

Strukturiertes Handeln, so zeigt die folgende Sequenz, besteht in der Integration von medizinischer Lösung und ökonomischer Kosteneffizienz. Anhand eines fiktiven Patientenfalles rückt die Frage, wie unter den Bedingungen einer komplexen Abrechnungslogik Patienten möglichst kosteneffizient behandelt werden können, in den Vordergrund. Gleichzeitig plausibilisiert der Chefarzt das kosteneffiziente Vorgehen medizinisch, was Anschlüsse an den eigenen Nachwuchs und den niedergelassenen Arzt schafft.

CAK: „Das heißt also zum Beispiel, wenn ich weiß: eine Hypertonie, sagen wir mal, bringt mir 1.600, 1.700 Euro. Ich weiß: Okay, ich habe hier im Endeffekt Kosten pro Tag 350, 400 Euro plus/minus irgendwas, ja. Und dann kann ich mir ausrechnen, ja, plus Aufnahme- und Entlassungskosten, wie auch immer, wie lange der Patient da liegen kann, dass es für das Haus sich noch rechnet. Vier mal vier ist 16 – wenn man sagt, 400 Euro – heißt: vier Tage in etwa, plus/minus. Ne?"

---

47 Vor diesem Hintergrund grenzt sich der Interviewte auch von Chefärzten ab, die die Betriebswirtschaftsausbildung nur machen, um in der Bewerbung für eine Chefarztstelle zu glänzen. „Für die Leute, die es machen, um Chefarzt zu werden, und sich besser bewerben zu können, ändert sich auch nicht, weil sie die Sachen, die sie lernen, nicht umsetzen. [...] Ich meine: Da haben Sie ein Zertifikat und sagen: 'Okay', ne, 'ich habe hier gemacht. Ich habe voll die Betriebswirtschaftsahnung', ja. Aber das wird einmal kurz auswendig gelernt, Prüfung geschrieben, zugeklappt, weg, ja. Oder sie arbeiten dann wider besseren Willen/ Wissens, muss man sagen. Ja? Also das sind so Dinge. Aber es ist im Prinzip schon sinnvoll, dass man weiß: Okay, wie setzt sich so was zusammen? Ja? Auch so die Basics. Ich bin ganz erstaunt, dass manche Kollegen überhaupt nicht wissen: 'Was bekomme ich für so einen Fall überhaupt?'"

In diesem Abschnitt stellt Herr Netzer seine Kompetenz im ökonomischen Denken und Rechnen dar. Er weiß, wie viel Ertrag eine Hypertonie (Bluthochdruck) bringt, wieviel Kosten in etwa im Behandlungsverlauf entstehen und wie lange der Patient durchschnittlich mit einer solchen Erkrankung im Krankenhaus verbringen wird. Am Beispiel des Hypertonie-Beispiels kommt als Ergebnis heraus, dass der Patient in etwa vier Tage mit dem Symptom liegen kann, damit es sich für das „Haus" rechnet. Damit rekurriert der Chefarzt auf die Referenz Krankenhaus. Das ökonomische Rechnen wird im Vergleich zur vorhergehenden Sequenz in einem anderen Rahmen verhandelt. Nicht die Autonomieräume im Verhältnis zur Geschäftsführung sind das vordergründige Thema, sondern die Kosteneffizienz, die dem Krankenhaus zugutekommt. Hier dokumentiert sich somit ein Chefarzt, der sich von der Geschäftsführung abgrenzt, indem er den Blick und die Handlungsmöglichkeiten der Geschäftsführung als oberflächlich dekonstruiert und die dadurch entstehenden Autonomieräume im Sinne des Krankenhauses nutzt.

> *CAK: „So. Jetzt kommen wir auf den Qualitätsbegriff natürlich zurück. Jetzt ist es natürlich für den Patienten wichtig, auf der einen Seite: ‚Wird mein Problem behoben?' Okay? Das ist das Entscheidende: medizinisch behoben. Das Zweite, was aber auch Qualität ist, dass man links und rechts schon schaut: Hat er noch Nebenerkrankungen, die behandelt worden sind? Und – jetzt kommt es – die Entscheidung, ja: Müssen diese anderen Sachen, die ich vielleicht nebenbei entdeckt habe, gemacht werden oder nicht? So. Zum Beispiel, ich könnte sagen: ‚Okay, das ist Frau Müller. Die hat seit acht Jahren Kopfschmerzen. Och, da gucke ich mal nach.' Dann kriegt die noch ein Schädel-CT, ein Schädel-MRT. Das CT kostet dem Haus 200 Euro, das MRT kostet dem Haus 400 Euro – sind 600 Euro – und sie liegt drei Tage länger da. Oder ich kann sagen, was gute Medizin ist, dem Hausarzt aufschreiben und sagen: ‚Achtung, wir haben nebenbei festgestellt: Die Patientin hat noch das und das Problem. Das sollte bitte ambulant abgeklärt werden, weil das ein chronisches Problem ist.' Ich sage zu meinen Assistenten immer: ‚Chronische Dinge können chronisch abgeklärt werden', also, ne."*

Der Chefarzt nimmt in diesem Interviewabschnitt auf einen „Qualitätsbegriff" Bezug. Zunächst steht für diesen die Behebung des medizinischen Problems im Zentrum, was als „das Entscheidende" ausgeflaggt wird. Allerdings, und hier wird der Patientenfall komplex, kommen Nebenerkrankungen dazu. Interessant an dieser Stelle ist der weitergehende kommunikative Anschluss in der Interviewpassage. Denn anders als man es von einem Arzt vermuten würde, besteht das primäre Problem nicht in der medizinischen Behandlung des multimorbiden Patientenfalls[48], sondern die ökonomische Abrechnungslogik macht den Fall komplex und damit für den Chefarzt interessant. Von der Warte der medizinischen Behandlungslogik aus ist der Fall relativ unkompliziert, denn theoretisch, was auch der Interviewte ausführt, könnte die Patientin vollständig im Krankenhaus behandelt werden[49]. Der medizinische Aspekt tritt folglich vor der ökonomischen Abrechnungskomplexität in den Hintergrund, ohne allerdings zu verschwinden. Das „Entscheidende" des Patientenfalls ist nicht mehr, das medizinische Problem zu beheben, sondern den Fall möglichst kosteneffizient, und das im Sinne des Krankenhauses, zu bearbeiten.

Da die stationäre Behandlung der Nebenerkrankungen dem Krankenhaus zusätzliche Kosten verursachen würde, wie der Chefarzt vorrechnet, werden diese in den ambulanten Bereich verlagert. An dieser Stelle kommt der Hausarzt ins Spiel, dem dann die Behandlung der Nebenerkrankungen überlassen und dies über den Arztbrief kommuniziert wird. Das wirtschaftlich effiziente Vorgehen wird wiederum als „gute Medizin" gerahmt – das Abrechnungsspiel an dieser Stelle wieder medizinisch eingeholt. Dies dokumentiert sich auch am Merksatz: „Chronische Dinge können chronisch abgeklärt werden", den Herr Netzer seinen Assistenzärzten vermittelt. Analog zur Kommunikation mit dem Hausarzt wird der kommunikative Anschluss an den ärztlichen Nachwuchs in einem medizinischen Rahmen formuliert: Im Satz, dass chronische Dinge chronisch (d. h. ambulant) abgeklärt werden können, ist der komplexe Abrechnungsrahmen ausgeklammert.

Der fiktive Fall wird, im kommenden längeren Interviewzitat, vom Chefarzt für Kardiologie gedanklich noch weitergesponnen.

CAK: „Aber Sie sehen schon an dem Beispiel: Wenn ich – ich spiele gleich noch weiter durch – so, und jetzt ist die über 55, hat auch noch Recht auf eine Vorsorge-Koloskopie. Hat jeder ab 55 einmal im Leben, so. Ist eine rein elektiv planbare Geschichte. So, und wenn ich das auch noch stationär mache, bleibt die noch mal drei Tage länger. So, jetzt spiele ich es also durch: Im ersten Fall hat es eigentlich nur ein Problem, was akut behandelt werden muss. Das ist der hohe Blutdruck. Das behandle ich, schreibe dem Hausarzt auf: ‚Achtung, seit fünf Jahren Kopfschmerzen, sollte mal abgeklärt werden, zum Neurologen',

---

48 So zeigt beispielsweise Vogd (2007) auf, dass in Folge des Zeitdrucks, der durch die DRG-Abrechnung entstanden ist, viele Entscheidungen bezüglich der Patientenbehandlung nur mehr auf Grundlage der Patientenakte gefällt werden. Allerdings werden komplexe medizinische (!) Fälle weiterhin mit voller Energie und Anteilnahme des Arztes betreut, was zur Folge hat, dass sich der Professionshabitus in diesen Behandlungsverläufen reaktualisiert.

49 Dies könnte auch als Vorteil für die Patientin reflektiert werden, da beispielsweise weniger Wege zurückzulegen wären.

und sie hat eigentlich das Alter, wo irgendwann mal – man sagt ab 55 hat man das Recht – eine Vorsorge-Koloskopie gemacht werden muss. Das heißt: Ich habe für die Frau das Problem behoben, den hohen Blutdruck. Ich habe eine gute Qualität: Ich habe die Sachen erkannt, die noch ausstehen. Ich habe sie korrekt bewertet. Und als Nebeneffekt dafür, dass ich gute Qualität gemacht habe, ja – weil: Ich habe ja das Problem behoben, ich habe alles mitgekriegt – hat das Haus unter Umständen eine sehr günstige Kostenstruktur und die Ertragslage bei der kurzen Verweildauer ist gut. So, jetzt kommen wir auf das andere Beispiel. So, jetzt sage ich: ‚Okay‘, ne, ‚nach vier Tagen ist der Blutdruck in Ordnung, aber die hat ja auch noch seit fünf Jahren Kopf-Aua‘, hat sich nicht verändert, ist seit fünf Jahren kopfgleich, ja, könnte auch noch fünf Jahre und zehn Tage, ‚aber das kläre ich noch ab.‘ Dann bleibt die statt vier Tage noch mal drei Tage extra, sind sieben Tage. Zu den drei Tagen Extra-Verweildauer kommen noch die Kosten für das CT, MRT und neurologischer Konsiliarius dazu, und sage, nachdem das abgeklärt ist: ‚Ja, und irgendwann sollte die eh auch noch mal eine Vorsorge-Koloskopie kriegen, dann kann sie auch mal eben machen.‘ Das dauert/ Eine Koloskopie dauert meistens drei Tage. Am ersten Tag trinken Sie genug Flüssigkeit, damit der Darm sauber ist. Am zweiten Tag werden Sie dann untersucht, und im Regelfall am dritten Tag gehen Sie nach Hause. Jetzt gibt es auch ambulante Koloskopien, wo Sie am Tag zuhause was trinken. Und das machen junge, fitte Patienten. Den ganzen Tag hier teilstationär, geht. Aber jetzt in diesem Fall eines stationären Patienten läuft das so ab. [...] Aber jetzt kommt es – da komme ich gleich drauf – so, das heißt: Dieser Patient ist statt vier Tagen zehn Tage da und hat zusätzlich dem Haus noch Materialkosten, Kosten für CT, MRT, Koloskopie, Personalressourcen gekostet, ohne dass man dem Patienten mit seinem akuten Problem – seinem akuten Problem wohlgemerkt – geholfen hat, ja. Jetzt kommt es. Wenn ich aber sage – was auch clever ist: Ich möchte aber die Koloskopie nicht verlieren, ja, ja, weil das für das Haus einen Benefit hat, kommen wir auch zur Qualität, und sagen: Okay, dann vergisst der das, vergisst es der Hausarzt, ja. Dann kann man ja auch in den Brief reinschreiben: ‚Sollte mal gemacht werden. Wir haben direkt einen Termin gemacht, für den sowieso soundsovielten, zur Aufnahme‘, [...] Das machen wir auch so zum Beispiel – in meinem Fall, auch wenn ich mal auch allgemein internistisch arbeite – wenn einer eine Gallenwegerkrankung hat, ja, und dann muss/ die Gallenblase muss raus. Die Chirurgen sagen: ‚In drei Wochen raus‘. Dann ist es natürlich Standard, dass sie sagen: ‚Du musst mal raus einen Arztbrief schreiben.‘ Gut ist es: ‚Wird bei uns gemacht‘. Sehr gut ist es: Der wird entlassen, und da steht drin: ‚Er soll sich bitte am 27.05.2014 um 8:00 Uhr nüchtern auf der Station B2 vorstellen‘, ne?"

11.3 Fall 2: Krankenhaus Hohenfeld

Das bisher beschriebene Muster, dass an diesem Patientenfall die komplexe Abrechnungslogik im Vordergrund steht und nicht die medizinische Behandlung, setzt sich in dieser Passage fort. Zwar weist der Arzt darauf hin, dass das Erkennen, die Bewertung und die Behebung von Erkrankungen ein Teil der „guten Qualität" ist und nur der „Nebeneffekt" in der „günstige[n] Kostenstruktur" für das Krankenhaus liegen würde. Allerdings zeigt sich die Komplexität des Falles für den Chefarzt wiederum in der kosteneffizienten Abrechnung und der damit in Zusammenhang stehenden Zusammenarbeit mit dem Hausarzt. Die medizinische Erhebung des Problems und die Behandlung des Patienten werden relativ unspektakulär geschildert, aber die Raffinesse des Vorgehens, und das dokumentiert sich auch in den emotional aufgeladenen Aussagen wie „aber jetzt kommt es" oder „was auch clever ist", zeigt sich in der Berechnung des Patientenfalls und der vorteilhaften Aufsplitterung des Patientenfalles zwischen Krankenhaus und Hausarzt. Hier differenziert der Chefarzt eine *bad practice* von einer *good practice*, die sich beide primär an der Kostenstruktur orientieren, aber auch medizinisch plausibilisiert werden können. Schlechte Praxis wäre, wenn alle Behandlungen im Krankenhaus durchgeführt werden, da dies zu einer schlechten Kostenstruktur führen würde und das akute Problem der Patientin möglicherweise nicht behandelt wird. Gute Praxis dahingehend wäre, den Fall aufzuteilen und zunächst die akuten Probleme im Krankenhaus zu behandeln, die chronischen Nebenerkrankungen dem Hausarzt zu überlassen und schließlich die Vorsorgekoloskopie mittels einer Wiedereinweisung durch den Hausarzt abermals im Krankenhaus durchzuführen. Um die Wiedereinweisung sicherzustellen, wird die richtige Kommunikation mit dem Hausarzt als zentral betrachtet. Im Arztbrief ist damit jene Mitteilung zu wählen, die es wahrscheinlich macht, dass der Patient für die Behandlung, die man im Krankenhaus durchführen möchte, wieder eingewiesen wird. Dabei sind zwei Punkte interessant: 1. Das wirtschaftliche Kalkül oder die Kostenkalkulation wird verdeckt: Im „sollte mal gemacht werden" wird die medizinische Referenz angespielt. Dass ab einem gewissen Alter eine Vorsorgeuntersuchung sinnvoll wäre, wird medizinisch begründet. 2. Dem Chefarzt ist bewusst, dass der Hausarzt die Wiedereinweisung auch mal vergisst, deshalb schafft er im Arztbrief ‚Fakten'. Indem er einen Termin mit der Patientin festlegt und dies auch im Arztbrief kommuniziert, wird versucht, den Patientenfall an das Krankenhaus zu binden[50]. Der Hausarzt wird somit als Bande genutzt und mit Hilfe der geschickten Kommunikation über den Arztbrief kontrolliert.

---

50 Hier könnte auch die Vermutung formuliert werden, dass mit der Terminierung nicht nur der Hausarzt an die Vorsorgekoloskopie „erinnert wird", sondern dass konkurrierende Einrichtungen, aber auch eine ambulante Durchführung der Vorsorgekoloskopie, auszuschalten versucht werden.

Normen der Zusammenarbeit und sich vom Hausarzt kontrollieren lassen

Der Hausarzt wird allerdings nicht nur einseitig als ‚Bande' benutzt, sondern in der Beziehung mit dem Einweiser kommt es zu einem reziproken Arrangement. Herr Netzer lässt sich vom niedergelassenen Arzt kontrollieren, indem dieser die Erwartungen des Hausarztes in die Behandlungspraxis miteinbezieht. Das Netzwerkarrangement ist dabei normativ abgesichert: Der Chefarzt bezieht die Sicht des Hausarztes reflexiv ein, was eine Sensibilität für die Grenzen der Überweisungsmöglichkeiten zur Folge hat.

In der folgenden Interviewpassage führt Herr Netzer aus, wie sich ein Arrangement der Übereinstimmung in der Überweisung von Patientenfällen zwischen Hausarzt und Chefarzt etabliert hat.

> I: „Ja, wie sind da Ihre/ Also da gibt es ja wahrscheinlich verschiedene Interessen, wie man da die Selektion vornimmt, ne? Also ich weiß nicht: Stimmen Sie da überein, mit den niedergelassenen Kollegen?"
> CAK: „Ja. Ja, also die niedergelassenen Kollegen – deswegen sage ich ja, ne – die niedergelassenen Kollegen kapieren das ja auch, was Sache ist, ja? Und ich habe noch nie bei einem niedergelassenen Kollegen erlebt, dass – wenn eine Sache gut gelaufen ist – dass er sich beschwert hat, ja, weil: Jetzt kommt es drauf, ja, an. Wenn Sie sagen: ‚Die hat seit fünf Jahren Kopfschmerzen. Bitte klären Sie das mal ab.' Dann ist dem das genauso klar, wie mir: Ambulante Geschichte, muss nicht dafür im Krankenhaus bleiben, ja. Problem jetzt nur, wenn ich sage: ‚Die hat seit drei Tagen zunehmende Kopfschmerzen, bitte umgehend ambulant abklären', dann wird der natürlich sauer, ne, wird der. Verstehen Sie? Weil da ist das – was ich gesagt habe, dieser Merksatz von gerade: Was chronisch ist, kann chronisch gemacht werden. Wenn es akut ist, muss es akut gemacht werden. Mit diesem kleinen Merksatz – den ich auch meinen Berufsanfängern immer sage, ja – kommt man eigentlich ganz gut weiter, ja. Ja?"

Der Interviewer führt an dieser Stelle eine neue Differenzierung ein: ob es zwischen Hausarzt und Krankenhausarzt verschiedene Interessen gebe und ob der interviewte Chefarzt mit dem niedergelassenen Kollegen übereinstimme. Herr Netzer schließt an die Perspektive der Übereinstimmung an und bejaht diese. In der Aussage „die niedergelassenen Kollegen kapieren das ja auch, was Sache ist" wird eine Übereinstimmung der Sichtweisen suggeriert. Beide würden verstehen, wie das Spiel ablaufe. Allerdings müssten bestimmte Normen eingehalten werden: Wenn der Chefarzt einen akuten Fall an den Hausarzt überweist, dann „wird der natürlich sauer". Hier dokumentiert sich einerseits eine Orientierung an der Perspektive des niedergelassenen Arztes: Der Chefarzt hat ein Sensorium dafür, welche Überweisungen an den Hausarzt möglich sind und welche nicht, und gibt dieses Wissen in komprimierter Form („kleinen Merksatz") auch an die Berufsanfänger weiter. Damit deutet sich an, dass der Chefarzt an einer guten Beziehung mit dem Hausarzt interessiert ist und Überweisungen vermeidet, die den Hausarzt sauer werden lassen.

Das Interesse an einer ‚guten Beziehung' ist noch weitreichender. Dies wird an der kommenden Interviewpassage deutlich, in der es darum geht, wie die expliziten Wünsche des Hausarztes versucht werden, in die Behandlungspraxis mit einzubeziehen.

CAK: „Wir haben natürlich auch das Problem – wir sind ja auch Dienstleister, auch Dienstleister unserer niedergelassenen Kollegen – dass sie schon mal sagen: ‚Wissen Sie Herr Müller, der kommt zwar vielleicht wegen dem oder dem. Aber könnten Sie nicht mal noch das und das gucken?' [...] Aber das ist ja auch kein Problem. Wissen Sie, warum das kein Problem ist? Weil: Alle Kalkulationen sind eine Mischkalkulation. Das heißt: Wenn Sie sehr gut und stringent handeln, dann haben Sie immer auch betriebswirtschaftlich noch genug Luft, ja, zu sagen: ‚Okay, mhm, jetzt hat er mich drum gebeten, dies, das'".

Zunächst wird die Rolle des Dienstleiters im Verhältnis zum niedergelassenen Arzt problematisiert. Der Hausarzt würde die eine oder andere Bitte formulieren, die über die medizinische Indikation hinausreiche. Hier deutet sich eine Spannung an, da die Durchführung der Bitte zu Problemen in der Kostenstruktur führen könnte. Allerdings wird das „Problem" vom Chefarzt in weiterer Folge krankenhausintern bearbeitet und erscheint damit nicht mehr als Problem. Herr Netzer reagiert auf die Bitte des Hausarztes damit nicht mit Empörung oder Ignoranz, sondern versucht diese in der Abrechnungsbilanz mit Hilfe der „Mischkalkulation" einzubeziehen. Indem andere Patientenfälle „stringent" behandelt werden („dann haben Sie immer auch betriebswirtschaftlich noch genug Luft"), entsteht ein Ausgleich: Während bestimmte Fälle mehr Ertrag als Kosten entstehen lassen, können zusätzliche Kosten abgedeckt werden. An diesem Beispiel zeigt sich, dass die Zuschreibung der eigenen Rolle in Bezug auf die niedergelassenen Ärzte als „Dienstleister" an dieser Stelle ernst genommen wird, auch wenn dies mit zusätzlichen Kosten verbunden ist.

Das Beispiel veranschaulicht, wie ein Arrangement mit dem niedergelassenen Arzt entsteht, indem dieser einerseits als Bande verwendet wird, andererseits Grenzen der Patientenüberweisung reflektiert werden und schließlich ein Weg gefunden wird, wie die Wünsche des niedergelassenen Arztes in die Behandlungspraxis miteinfließen. An den niedergelassenen Arzt kann man wirtschaftlich nicht-rentable

Verfahren einerseits auslagern (akute Kopfschmerzen), andererseits kann dieser auch dazu genutzt werden, um aus einem Fall zwei Fälle zu machen (Bluthochdruck und Vorsorge-Koloskopie). Der Hausarzt wird somit zu einem wichtigen Player, der durch die „richtige Kommunikation" zu wirtschaftlich rentablem Verhalten genutzt werden kann. Gleichzeitig kann die kostengünstige Abrechnung auch aus medizinischer Sicht plausibilisiert werden und damit werden kommunikative Anschlüsse an den ärztlichen Nachwuchs und an den Hausarzt geschaffen. In der Interpretation dieser Interviewpassage dokumentiert sich somit ein Chefarzt, der die Position des niedergelassenen Arztes ernst nimmt, reflexiv einbezieht und im Zuge dessen den Hausarzt nicht nur kontrolliert, sondern sich auch kontrollieren lässt. Es entsteht damit ein reziprokes Netzwerkarrangement, das normativ abgesichert ist (man weiß um die Belastbarkeitsgrenzen der Beziehung).

Wandel der Dispositionen: Vom krankenhauszentrierten Chefarzt zum Netzwerkakteur im kleinstädtischen Umfeld

Neben der ersten Geschichte, die das Verhältnis zur Geschäftsführung und zum niedergelassenen Arzt vor dem Hintergrund einer komplexen Abrechnungslogik zum Thema hatte, erzählt der Chefarzt für Kardiologie eine zweite Geschichte, die den Wechsel von einem Stadt- in ein kleinstädtisches Krankenhaus zum Inhalt hat, in dem Herr Netzer aktuell arbeitet. An dieser Geschichte wird der Wandel der Dispositionen des Chefarztes deutlich: Während in der Stadt das Verhältnis zu den niedergelassenen Ärzten und damit die Akquise von Patienten unproblematisch verläuft und der Chefarzt die niedergelassenen Ärzte und Patienten nur rudimentär einbezieht, scheitert diese im neuen kleinstädtischen Kontext.

> *CAK: „Ja. Das Problem ist ja: Dorf [...] also wusste es selber nicht, bevor ich auf dem Dorf gearbeitet habe, ne. Und zwar: Sie erfahren hier auf dem Dorf ja eh nicht, was die Wahrheit ist. In der Großstadt machen Sie ein paar Symposien und dann wissen die Einweiser: hoch, toller Chirurg, toller Internist, ne. [...] Ich bin auch zu Niedergelassenen gegangen [Anm. JW: im kleinstädtischen Umfeld], nett, freundlich, ne, finden alles toll – und haben trotzdem nicht einen überwiesen, ne. So. [...] habe ich schon mehrere Praxenrunden gemacht, ja. So, schon mehrere Praxenrunden gemacht, und die erzählen dir eigentlich immer so [erregt]: Ja, da war der Arzt mal nicht gut, ja. Also <u>nichtssagende</u> Sachen."*

Sowohl in der Großstadt wie zunächst auch im kleinstädtischen Umfeld versucht der Chefarzt die niedergelassenen Ärzte so zu beeinflussen, dass sie Patienten in die eigene Klinik einweisen. In beiden Kontexten wird der niedergelassene Arzt von Herrn Netzer nicht als medizinischer Kollege betrachtet, sondern als Mittler zwischen Patienten und Krankenhäusern, den man nur mit dem eigenen chefärztlichen Status zu beeindrucken habe, damit er Patientenfälle einweist. Während in der Großstadt das Arrangement aus der Perspektive des Chefarztes zu funktionieren scheint (die geschickte Darstellung der Chefarztrolle im Kontext von Symposien erscheint ausreichend), scheitert der Chefarzt im kleinstädtischen Umfeld trotz einiger Anstrengungen, das Einweiserverhalten der niedergelassenen Ärzte zu beeinflussen. Über das Verhalten der „Niedergelassenen" empört sich der Chefarzt, was auch an der Herabwürdigung des kleinstädtischen Umfelds als „Dorf" deutlich wird. In den Interviewaussagen dokumentiert sich die Erwartung (asymmetrischer) ärztlicher Zusammenarbeit, die enttäuscht wird: Die niedergelassenen Ärzte haben den Status des Chefarztkollegen zu respektieren, was dann an der Einweisung von Patienten abgelesen werden kann. Dass die eigenen Kontrollbemühungen unterwandert werden, also weder eingewiesen wird noch die *wahren Gründe* der Nichteinweisung genannt werden, wird als inakzeptables Verhalten betrachtet.

Auch in Bezug auf die Patientenentlassung sieht der Chefarzt Differenzen zwischen einer großstädtischen und einer kleinstädtischen Praxis:

CAK: „Wenn Sie in einem Großklinikum sind, dann kommt einer an mit Brustschmerzen. Sie machen Herzkatheter und sagen: ‚Am Herzen liegt es nicht. Ich schmeiße den Patienten am nächsten Tag raus'. Großstadt – interessiert das kein Schwein, wenn der meckert. Der Niedergelassene sagt zu ihm, ja: ‚Ja, war in einer Spezialklinik – ist nicht.' Wenn ich das hier machen würde – hier in dem Dorf kennt jeder jeden, wir sagen immer so schön: Am Buttermarkt wird das dann erzählt – und wenn ich Pech habe, ruft mich drei Tage später der Bürgermeister an, warum denn die Tante seines Freundes hier einfach so rausgeschmissen wurde."

Während im großstädtischen Umfeld die medizinische Indikation für die Entscheidung der Entlassung eines Patienten ausschlaggebend ist und mögliche Beschwerden des Patienten sanktionslos abgewiesen werden können, erscheint die Entscheidungspraxis im kleinstädtischen Kontext als Problem. Die Meinung des Patienten wird zwar auch im großstädtischen Kontext vom Chefarzt registriert („der meckert"), allerdings könne dieser gegen seinen Willen ‚hinausgeschmissen' werden, was als positiver Gegenhorizont erscheint. Die Praxis des Chefarztes in der Großstadt ist somit nicht an der Patientenmeinung oder der sogenannten sozialen Indikation orientiert, sondern die medizinische Indikation ist jene Entscheidungsgrundlage, die auch die Unterstützung der niedergelassenen Ärzte erfährt. Allerdings bleibt im kleinstädtischen Umfeld die Unterstützung der niedergelassenen Ärzte aus und auch andere wichtige Akteure verleihen den Beschwerden der Patienten an Gewicht. Die Einflussversuche anderer Akteure (Niedergelassener oder Bürgermeister) bzw. der kleinstädtische Klatsch erscheinen demgegenüber als negativer Gegenhorizont. Die Entlassungspraxis des großstädtischen Prinzips hat zur Folge, dass sich Herr Netzer möglicherweise rechtfertigen muss.

Trotz der entstehenden Probleme im kleinstädtischen Umfeld und der daraus resultierenden Empörung versteht sich der Chefarzt gleichzeitig als interessierter Beobachter. In einer Interviewpassage meint er beispielsweise: „Aber das fand ich so ganz interessant, was man da wirklich lernen musste". Die neue Situation wird damit nicht als merkwürdiges Chaos oder unlösbare Situation, sondern als zu bewältigende Herausforderung gerahmt. An dem zitierten Satz dokumentiert sich ein Interesse am Unbekannten, das trotz der enttäuschten Erwartung versucht wird, verstehbar zu machen. Die sich hier abzeichnende Orientierung an einer Funktionslogik der Praxis, in der das nicht-Bekannte trotz Ablehnung versucht wird, verstehbar zu machen, wird in Bezug zur eigenen Biografie gesetzt:

> CAK: „Ich komme ja aus der Praxis, ne, viel gelebt, gut gelebt, Menschen mit Demenz-Erfahrung, ja, so, ne. Deswegen haben sie auch immer gesagt, weil ich halt nicht so den ganzen Tag über Büchern gehangen habe, ne, ich werde nie Chefarzt werden. Aber deswegen packe ich ja die Punkte an und erkenne die auch, was halt nicht in Büchern so steht, Bücher beschrieben hat Krankenhausmanagement-Bücher – ich habe da auch so eins rum fliegen, ne – die aber, glaube ich, noch nie richtig im Krankenhaus gearbeitet haben oder noch nie mit Niedergelassenen richtig beim Bierchen mal geredet haben, und sagen: ‚Hör mal, warum weist du eigentlich Frau Zimmer ein, oder nicht?'"

Der Chefarzt beschreibt sich selbst als jemanden „aus der Praxis", der „viel gelebt, gut gelebt" und auch Erfahrungen mit Menschen jenseits gewohnter Verhaltensmuster (Menschen mit Demenz) gesammelt hat. In einem anderen Interviewabschnitt erzählt der Interviewte darüber hinaus, dass er „ein Jahr Autos frisiert und zusammengebastelt" habe. Die damit einhergehenden Erfahrungen, die nicht einer Standardbiografie von Chefarztkarrieren entsprechen, werden mit einer an der Scholastik orientierten Sichtweise, dem Lesen von Büchern und den Inhalten von Krankenhausmanagement-Büchern, konturiert. Zwar merkt der Chefarzt an den Reaktionen seiner Wegbegleiter, dass der Weg abseits des Bücherlesens (und einer damit einhergehenden universitären Sozialisation) mit einer Chefarztkarriere nicht unbedingt vereinbar ist. Allerdings ergeben sich dadurch andere Anschlüsse und eine andere Orientierung in der Chefarzttätigkeit. Die damit zusammenhängende Perspektive, *Punkte anzupacken und zu erkennen*, also einen Pfad jenseits sozialer

Konventionen zu beschreiben, elaboriert der Interviewte beispielhaft daran, dass er mit dem Niedergelassenen „richtig beim Bierchen" redet. Hier wird die Differenz zwischen Person und Rolle eingeführt: Man könne mit dem niedergelassenen Arzt in einem konventionellen Rahmen reden oder man könne mit diesem „richtig" reden, das heißt in einem privaten Rahmen und einem alkoholischen Getränk, wo dann bestimmte Fragen zur Einweisungspraxis anders abgehandelt werden. Während die Inhalte in Management-Handbüchern als insuffizient perspektiviert werden, orientiert sich der Chefarzt am Wissen und den Perspektiven der Akteure im Feld und ist für Kontexte sensibilisiert, in denen andere Interaktionsdynamiken entstehen und ein anderes Wissen abgerufen werden kann.

Eintritt ins kleinstädtische Netzwerk und Reproduktion der Innen-Außen-Differenz

Während Herr Netzer bisher darüber berichtet hat wie er an der kleinstädtischen Logik gescheitert ist, erzählt dieser in der nächsten Interviewpassage von seinem Eintritt ins kleinstädtische Netzwerk. Im Zuge einer (zufälligen) Einladung zu einem Gartenfest verwandelt sich sein Outsider-Status allmählich in einen Insider-Status.

CAK: „So, und jetzt werde ich mal sagen, was die Geschäftsführung nie erfährt und was auch ich selber bis dahin nicht erfahren habe, und zwar: Und ich kenne jemanden, der ist hier seit drei Generationen der ganzen Inzest-Mafia tief verwurzelt. [...] Ich habe dem Vater zweimal das Leben gerettet und der Mutter, und waren immer nett beieinander. Einmal hat der mich eingeladen. Und komischerweise bei dieser Einladung saß dann der dritte Bürgermeister der Stadt da, zwei Einweiser saßen da – von denen ich jetzt auch regelmäßig auf Gartenfest und so eingeladen werde – und auf einmal war ich in dem Insiderkreis drin. Und der <u>Gleiche</u>, der mich <u>nett, freundlich</u> hat abtropfen lassen [erregt] – ja, beim Praxisbesuch, dass ja alles toll ist, und trotzdem nicht eingewiesen hat – hat mir dann Sachen erzählt, wo ich ja beinahe rückwärts umgefallen bin. Ne, so funktioniert Dorf. So."

Der Eintritt in das kleinstädtische Netzwerk vollzieht sich mit der Einladung zu einem Gartenfest von einem Bekannten, für dessen Eltern der Chefarzt lebenswichtige Maßnahmen ergriffen hat. Die Überschreitung der Insider-Grenze wird einerseits als Offenbarungserlebnis beschrieben, infolge dessen neue Einblicke ermöglicht werden (man erhält neue, überraschende Informationen). Gleichzeitig grenzt sich der Chefarzt von dem kleinstädtischen Geschehen explizit ab. Trotz der Zugehörigkeit, die sich in weiteren Einladungen manifestiert, wird die kleinstädtische Gemeinschaft als „Inzestmafia" deutlich diskreditiert. Für den Chefarzt, der es gewohnt ist, sich an der medizinischen Indikation zu orientieren, die niedergelassenen Ärzte durch seinen Status zu kontrollieren und Solidarität für seine Entscheidungen erwartet, wird das kleinstädtische Netzwerk, in dem auch nicht-medizinische Identitäten eingebettet sind und Einfluss haben (z. B. der dritte Bürgermeister), als mafiöse und inzestiöse Struktur erfahren. Nicht (alleine) die professionellen Bindungen zu Ärztekollegen zählen in diesem Kontext, sondern familiäre bzw. dörfliche. Die kleinstädtische Netzstruktur wiederläuft offensichtlich den chefärztlichen Dispositionen, wie sich auch an der Erregung in der Interviewpassage dokumentiert. Die gleichzeitige Orientierung an einer neuen, interessanten und vorteilhaften Praxis kreuzt sich damit mit den medizinischen und statusbezogenen Erwartungen des Chefarztes. Trotz der symbolischen Abwertung des kleinstädtischen Netzwerks reproduziert Herr Netzer die Grenzen des Beziehungszusammenhangs, indem er der Geschäftsführung nichts von den neuen Erkenntnissen erzählt. Hier dokumentiert sich einerseits eine Praxis des Ein- und Ausschlusses: Der zum Insider gewordene Chefarzt ist hier nicht solidarisch mit der Geschäftsführung, die an den neuen Informationen ebenfalls interessiert sein könnte, sondern belässt diese auf der Seite der Outsider. Andererseits kann auch angenommen werden, dass der mit dem Eintritt ins kleinstädtische Netzwerk konfligierende chefärztliche Status dadurch ‚repariert' und reproduziert wird, indem der Geschäftsführer außen vor gelassen wird. Herr Netzer arrangiert sich zwar mit der ungeliebten „Inzestmafia", allerdings kann er sich weiterhin vom nichtwissenden Geschäftsführer abgrenzen und so die eigene chefärztliche Identität aufrechterhalten.

Konjunktion mit dem niedergelassenen Arzt

Die beschriebene Ausschlusspraxis gegenüber der Geschäftsführung reproduziert sich auch im folgenden Interviewzitat. Zusätzlich zeigt sich, dass Herr Netzer auf die Solidarität eines befreundeten niedergelassenen Arztes vertrauen kann und ein gemeinsamer negativer Gegenhorizont, die Kontrollversuche der Geschäftsführung, zwischen den ärztlichen Kollegen geteilt wird.

CAK: „Das Schöne war: Die Geschäftsführung war ja auch mal bei einem Kumpel von mir, ne, und hat sich nach mir erkundigt, die ist dann Internisten-Chefin [amüsiert]. Ja, und der hat die ganz eiskalt abtropfen lassen, [lachend], und denen so ungefähr gesagt, ne: ‚Herr [Nachname des Arztes]? Kann ich nicht viel sagen, arbeitet unauffällig', dies, das. Na? [Lacht]. Ruft mich dann am Abend an: ‚Hörma die machen da'. [Lacht]."

Die Reproduktion der kleinstädtischen Logik und des kleinstädtischen Netzwerkes wird an dem Interviewzitat deutlich und erfährt eine Passung mit ärztlicher Solidarität. Dass die Geschäftsführung außen vor bleibt, ist für den Chefarzt ebenso selbstverständlich wie für den niedergelassenen Arzt. Im Insiderkreis angekommen erfreut sich Herr Netzer am *Fassadenspiel* des niedergelassenen Kollegen („*kann ich nicht viel sagen, arbeitet unauffällig*"), über das sich dieser als Outsider noch erregt hat. Die Internisten-Chefin, der zugeschrieben wird, im Auftrag der Geschäftsführung Informationen zu sammeln, wird vom niedergelassenen Arzt abgewiesen und die Zurückweisung („eiskalt abtropfen lassen") vom Chefarzt begrüßt. Durch das beschriebene „abtropfen lassen" werden einerseits die Netzwerkgrenzen nach außen hin reproduziert, andererseits zeigt sich an der emotionalen Dichte der Erzählung (Lachen, Dialekt, „Kumpel"), dass der niedergelassene Arzt und der Chefarzt über die Abgrenzung hin zur Geschäftsführung konjungieren. Wie selbstverständlich erzählt der niedergelassene Arzt vom Anruf und kann darauf vertrauen, dass der Chefarzt diesen nicht auflaufen lässt, z. B. indem er vom Gespräch dem Geschäftsführer erzählt. Während der Chefarzt mit dem Fassadenspiel als ‚Insider' damit wie selbstverständlich Solidarität vom niedergelassenen Arzt erfährt, sitzt die Geschäftsführung dem Fassadenmanagement des Einweisers auf.

Das Spiel mit Informationen

Dass Informationen ein wichtiger Bestandteil der Netzwerkpraxis des Chefarztes sind, dokumentiert sich beispielsweise in der Praxis des „abtropfen lassens". Dass Informationen zurückgehalten und dafür andere vorgehalten werden, beschreibt der Chefarzt am Beispiel von „Schrottbriefen", die vom niedergelassenen Arzt vorgehalten werden.

> *CAK: „Jedes Krankenhaus, ja, macht fünf Prozent Schrottbriefe. Entweder ich sage: 95 Prozent waren gut, oder ich sage: Zeige mal dem Geschäftsführer oder dem Müller, der dahin kommt – hier Schrottbrief. Ja, okay? [...] So. ‚Aber ansonsten ist alles gut, und ich weise trotzdem nicht ein.'"*

Der Chefarzt beobachtet die Praxis des „abtropfen lassens" bereits aus einer ‚aufgeklärten' Perspektive, in der die vorgeschobenen Gründe und die eigentlichen Gründe für die Nichteinweisung gegeneinander differenziert sind. Das, was der niedergelassene Arzt sagt, und das, was ‚dahinter steckt', wird als voneinander entkoppelt erlebt. Der niedergelassene Arzt plausibilisiere die Nichteinweisung mit „Schrottbriefen", die aus der ‚aufgeklärten' Perspektive des Chefarztes keinen Informationswert darstellen. Schlechte Arztbriefe würden immer produziert und könnten vom niedergelassenen Arzt herangezogen werden, der sich nicht in die Karten schauen lassen möchte. Paradoxerweise sind schlechte Arztbriefe für den niedergelassenen Arzt nicht nur ein Ärgernis, sondern erhalten einen Wert, da so Kontrollversuche vom Geschäftsführer oder Chefarzt mit einer ‚plausiblen', medizinischen Erklärung unterlaufen werden können.

In dieser Passage wird ein Spiel mit Informationen deutlich. Falsche Fährten können gelegt werden, indem Informationen zurückgehalten und andere (fadenscheinige) Informationen vorgelegt werden. Die ‚falschen' Informationen *funktionieren* allerdings nur deshalb, da sie medizinisch gerahmt werden (schlechte Arztbriefe) und so der ‚Outsider' im Modus des Nichtwissens gelassen wird. Dieses Spiel kann allerdings wiederum durchschaut werden und die Informationen des Netzwerkpartners können durch die Differenz brauchbare/vorgehaltene Informationen gegenbeobachtet werden.

Dieses Spiel kann im persönlichen Bezug, beispielsweise bei einem „Bierchen", versucht werden zu durchbrechen.

CAK: „Das sind ja auch so Dinge/ Als ich jetzt – wo war ich letzte Woche? – war ich auch mit einem Kollegen mal ein Bierchen trinken, da sagte er auch: ‚Herbert, ärztlicherseits ist das wirklich gut geworden, hier. Ja. Aber meine Patienten kommen wieder, und sagen: ‚Scheiß Service, unfreundliche Schwestern, und es ist überall dreckig hier. [...] Da wird nicht richtig geputzt. So, hier wollen wir nicht hin." So sagt er, und dann ganz klar: ‚Ich will glückliche und zufriedene Patienten haben.'"

In diesem Interviewauszug wird deutlich, dass in einem bestimmten Kontext andere Informationen erzählt werden, die vom Chefarzt dann auch ernst genommen werden. Bei einem „Bierchen" unter Kollegen wird offen geplaudert und die Beobachtung, ob dies wiederum nur vom niedergelassenen Arzt nur ‚vorgehalten' wird, läuft nicht mit. Herr Netzer vertraut und glaubt dem niedergelassenen Arzt, die Informationen haben somit für den Chefarzt einen Wahrheitsgehalt.

An dem Interviewzitat zeigt sich darüber hinaus, dass alleine die medizinische Referenz („ärztlicherseits") für den niedergelassenen Arzt für eine Einweisung nicht ausreichend ist. Der niedergelassene Arzt orientiert sich an den Wünschen und Bedürfnissen der Patienten und diese decken sich nicht unbedingt mit den Abläufen im Krankenhaus. An dieser Stelle erhält damit auch der Patient eine Bedeutung jenseits der Behebung des medizinischen Problems oder als komplexer Abrechnungsfall. Allerdings weniger, weil die Patienten als selbstständige Netzwerkplayer auftreten, die ihre Interessen offensiv vertreten, sondern weil sich der niedergelassene Arzt an der Patientenzufriedenheit orientiert und der Chefarzt wiederum die Perspektive des niedergelassenen Arztes ernst nimmt. Auf die Sichtweise der Patienten kann von Herrn Netzer allerdings nicht zugegriffen werden.

CAK: „Ja, die Patienten oft, wenn Sie die direkt fragen, im Weißkittel, dann sagen die natürlich nicht so was. Aber das ist eben: Die kennen ihren Hausarzt seit zehn, 15 Jahren. [...] Und dann sagt der: ‚Ach, Sie kommen gerade aus dem Krankenhaus, Frau Schneider.' Und dort schütten sie natürlich ihr Herz aus."

Analog zum niedergelassenen Arzt werden die Patienten vom Chefarzt ebenso mit der Differenz ‚vorgeschobene/eigentliche Gründe' beobachtet. Allerdings hat dieser als „Weißkittel", der die Patienten nicht persönlich kennt, keine Möglichkeiten direkt auf die Patientenwünsche zuzugreifen, bzw. versucht dies auch gar nicht. Am vorherigen Zitat ist deutlich geworden, dass der niedergelassene Arzt hier als Mittelsmann fungieren kann, der durch den persönlichen Bezug gegenüber den Patienten, die ihm „ihr Herz aus[schütten]" würden, die Perspektive der Patienten dem Chefarzt weitervermitteln kann[51]. Der niedergelassene Arzt ist für den interviewten Chefarzt damit nicht nur als ‚Bande' komplexer Abrechnungsfälle oder als ‚Zulieferer' von Patienten wichtig, sondern auch als Informant, der die Patientenperspektive weitergibt.

An den Interviewstellen wird somit deutlich, dass das Weitererzählen von Informationen selbst als diffizile Praxis zu verstehen ist, in dem Vertrauen und der Kontext der Unterhaltung auf die Informationsweitergabe und die Beobachtung der Information Einfluss nimmt. Herrn Netzer ist allerdings nicht nur wichtig, welche Informationen er erhält, sondern er reflektiert auch, was er selbst erzählt.

CAK: „Warum bin ich gut connected? Ich kann auch unterscheiden, von Sachen, die ich schnell wieder vergesse, und nicht, ja. Und ich kann natürlich nicht alles erzählen, was ich weiß, weil: Sonst würde mir keiner mehr was erzählen".

Gut „connected" zu sein ist für den Chefarzt ein erstrebenswerter Zustand, der für ihn mit der geschickten Weitergabe und Zurückhaltung von Informationen anvisiert werden kann. Was an wen weitererzählt wird und was lieber geheim gehalten bzw. vergessen wird, wird in Hinsicht auf die Informationsweitergabe im

---

51 Interessant am weiteren Vorgehen des Chefarztes ist, dass er mit dem Versuch, die geschilderten Probleme organisationsintern zu bearbeiten, an der Pflegedienstleitung (PDL) scheitert: „Aber das ist ja genau das Problem, ja, da kann eine Schwester den größten Mist bauen, und ich kann das auch nachweisen. Wenn die PDL sagt: 'Ich finde das lächerlich, wenn du das so siehst', dann mache ich gar nichts." Während der kleinstädtische Hausarzt noch 'kontrolliert' werden kann, scheitern die Versuche an der Professionsgrenze.

Netzwerk abgewogen. Manchmal wäre es besser, sofort zu vergessen, manchmal besser, nicht alles zu erzählen. Information ist für den Chefarzt eine Art Währung, mit der man Informationen erwerben kann. Allerdings kann auch ‚überbezahlt' werden, was zur Folge hat, dass man keine Informationen erwirbt.

„Fingerspitzengefühl" in Bezug auf das kleinstädtische Netzwerk und die Bearbeitung diffiziler Patientenfälle

Auch in Hinblick auf die Patientenentlassungen werden Informationen über den Status des Patienten handlungsleitend. Hier zeigt sich deutlich, dass der interviewte Chefarzt in Bezug auf die kleinstädtische Logik, in der der Status der Bewohner auch in der Krankenbehandlung eine Rolle spielt, Sensibilität ausgebildet hat. Anhand zweier Fälle elaboriert Herr Netzer sein Vorgehen gegenüber „diffizilen" Patientenfällen:

> CAK: *„Und das sind so Dinge, wo Sie auch gucken müssen, dieses Fingerspitzengefühl, ja, zu haben, ja. [...] Zum Beispiel: Ich habe heute dann eine Kollegin angerufen, wo ich dann wusste, dass es so ein junges Mädchen in diesem Dorf gibt, der Vater ist in der High Society überall vernetzt, ja. So, und das sind dann natürlich so Gespräche, die dann ich mit der niedergelassenen Kollegin persönlich führe, ne. Das ist dann ein Thema, wo ich sage [...] ein ganz, ja, diffiziler, heikler Fall, ja. [...]*
> *Wenn es etwas diffiziler ist, ja, dann ruft die Assistentin – der Assistent – an. Wenn ich aber weiß – ich kenne ja mittlerweile alle, ja, ne, mit dem einen oder anderen gehe ich ja auch schon mal abends ein Bierchen trinken, ja – und ich weiß: Der Fall ist doof. Der Kollege ist gerade missmutig – also auf der niedergelassenen Seite – und der entsprechende Assistent ist so was von undiplomatisch, ja, die Anrufe erledige dann ich, weil, ich weiß genau: Die gehen in die Hose, ja?".*

Der Chefarzt erzählt anhand von zwei Beispielen, die ein unterschiedliches ‚Problem', aber dann strukturidente Lösungen (den Fall selber managen) aufweisen. In beiden Beispielen erfährt der Chefarzt von verschiedenen Akteuren (Fall 1: niedergelassene Kollegin, Fall 2: Assistenzärzte), dass ein „diffiziler, heikler Fall" in das Krankenhaus überwiesen worden ist. Der Patientenfall wird allerdings nicht als problematisch beschrieben, weil dieser medizinisch aufwendig oder kompliziert wäre, sondern weil der Patient einen besonderen Status in der kleinstädtischen Gemeinschaft einnimmt (der Vater der Patientin ist in der High Society vernetzt). Im Ausdruck „Fingerspitzengefühl" dokumentiert sich, dass der Chefarzt gegenüber dem kleinstädtischen Netzwerk sensibilisiert ist, dessen Erwartungen antizipiert und in die Behandlungsabläufe im Krankenhaus einbaut. Der Status des Patienten in der kleinstädtischen Sozialgemeinschaft ist für Herr Netzer eine hoch relevante Information, die es zu erwerben und in die Behandlungspraxis sensibel einzubauen gilt.[52] Interessant ist hier, dass der Chefarzt auf ein organisationsinternes und organisationsexternes Kontaktnetzwerk zurückgreifen kann, das ihm Informationen über schwierige Patientenfälle weitergibt. Wie bereits an anderen Interviewpassagen interpretiert, sind ein „Bierchen trinken" gehen oder Gespräche in persönlicher Atmosphäre dann jene Kontexte, in denen Informationen abgegriffen werden können. Darüber hinaus dokumentiert sich im zweiten angeführten Beispiel, dass der Chefarzt gegenüber den charakterlichen Dispositionen der niedergelassenen Ärzte und der Assistenzärzte sensibilisiert ist. Missmutigkeit auf der einen Seite und fehlendes diplomatisches Geschick auf der anderen Seite macht den Patientenfall dann mit zum ‚heiklen Fall', den der Chefarzt selber betreut. Im Einklang mit der Organisationshierarchie entzieht dieser den Assistenzärzten den Fall und führt beispielsweise die Gespräche mit den niedergelassenen Kollegen persönlich.

11.4 Fazit Fall Hohenfeld

Wie im ersten Fall Ebertstadt, zeichnet sich auch im zweiten Fall Hohenfeld ein Netzwerkarrangement zwischen Geschäftsführer und Chefarzt für Kardiologie ab, das als komplementär beschrieben werden kann. Allerdings ist im analysierten zweiten Fall die Bearbeitung der Beziehungen hin zum stationären Sektor spiegelverkehrt ausgestaltet. Während im Krankenhaus Ebertstadt der Geschäftsführer die aktive Rolle in der Netzwerkmobilisierung einnimmt und Spannungen zu externen Beobachtern zu bearbeiten versucht, ist es im Fall Hohenfeld insbesondere der Chefarzt für Kardiologie, der Netzwerkarbeit hin zu den niedergelassenen Ärzten intensiv betreibt. Zwar hat auch für den Geschäftsführer das Netzwerk zum kleinstädtischen Umfeld eine Bedeutung, allerdings nicht in dieser ausgefeilten und differenzierten Form wie für den Chefarzt. Herr Hofer, der Geschäftsführer, versucht im Aufgreifen und Weitererzählen von Informationen (Gerüchten), die im kleinstädtischen Netzwerk kursieren, die Krankenhausmitarbeiter aufzuklären,

---

52 Dies führt auch der Chefarzt an einem anderen Fall aus, in dem er schildert, dass wenn die Mutter des ehemaligen Oberkreisdirektors der Stadt eingeliefert wird und der Sohn mit der Bitte an ihn herantritt, die Mutter später zu entlassen, der Chefarzt der Bitte auch nachkommt, weil er sonst einen Anruf vom Bürgermeister oder dem niedergelassenen Arzt befürchtet.

fungiert also als Informationsbrücke zwischen der Krankenhausumwelt und dem Krankenhaus. Dies passt auch zum Bild eines unterstützenden Geschäftsführers, der an die Fähigkeiten seiner Chefärzte glaubt und diesen Freiheiten in der Ausgestaltung ihrer Rolle lässt. Andererseits fordert Herr Hofer auch medizinische Qualität ein und ist bereit, Konflikte einzugehen, um diesen Wert zu vertreten. An diesem Punkt deutet sich das Problem an, dass die Umsetzung medizinischer Qualität vom Geschäftsführer nicht unmittelbar beobachtet werden kann. Die Distanz zu den Stationsabläufen, aber auch Defizite in Hinblick auf medizinisches Fachwissen führen zu Informationsasymmetrien, die wiederum netzwerkartig über die direkte Behandlung von Patientenbeschwerden, aber auch über Einweiserbefragungen, wie im Interview des Chefarztes thematisiert wird, bearbeitet werden. Auf Grundlage externer Akteure kann sich Herr Hofer ein Bild über krankenhausinterne Prozesse machen, traut sich damit zu Krankenhausprozesse auf Grundlage der erhaltenen Informationen zu evaluieren. Die zwei Netzwerkmodi (Informationsbrücke und Informationsasymmetrie überbrücken) verweisen auf das Bezugsproblem der Führung von Chefärzten und korrespondieren auch mit unterschiedlichen Zurechnungsmodi: Im einen Fall wird die Genese der kommunizierten Informationen dem dörflichen Umfeld zugerechnet (Gerüchte), im anderen Fall den Krankenhausprozessen (Patientenbeschwerden).

Der Chefarzt für Kardiologie hat deshalb eine komplementäre Sichtweise zu jener des Geschäftsführers, da dieser die Freiheiten und Autonomieräume seiner Arbeit sieht und diese im Sinne des Krankenhauses nutzt. Dies dokumentiert sich insbesondere in der Bearbeitung von komplexen Abrechnungsfällen, in der der Chefarzt für das Krankenhaus ökonomisch ‚mitdenkt'. Auch wenn die erzählte Patienten-Geschichte nur einen fiktiven Fall zum Gegenstand hat, zeichnet sich darin eine spezifische Orientierung ab. Der Patientenfall ist weniger wegen seiner medizinischen Komplexität ‚tricky' und interessant, sondern wegen der Abrechnungslogik und des deswegen notwendigen Einbezugs des niedergelassenen Arztes. Dieser wird als ‚Bande' genutzt, um die Wiedereinweisung des Patienten sicherzustellen und bestimmte Behandlungen kosteneffizient abrechnen zu können. Um den niedergelassenen Arzt im eigenen Sinne zu kontrollieren, wird die geschickte verschriftlichte Kommunikation mit diesem zentral. Einerseits kann durch den Arztbrief die Wiedereinweisung medizinisch plausibilisiert werden und ist so beim niedergelassenen Kollegen anschlussfähig, andererseits schafft der Chefarzt durch die Terminierung ‚Fakten', die die Wahrscheinlichkeit einer Wiedereinweisung erhöhen. Hier zeigt sich auch, dass der Arztbrief keine neutrale und objektive medizinische Mitteilung des Patientenfalls darstellt, sondern auch ein Medium ist, das dazu benutzt werden kann, das Verhalten des niedergelassenen Arztes kontrollierbar zu machen. Auf der anderen Seite lässt sich Herr Schweizer

11.4 Fazit Fall Hohenfeld

auch vom niedergelassenen Arzt kontrollieren, indem er dessen Sichtweise ernst nimmt, Grenzen des Zumutbaren reflektiert und die Wünsche des Hausarztes in den stationären Behandlungsablauf miteinbezieht. Im Zuge der Zusammenarbeit, die eine grundsätzliche Spannung in sich trägt, da ja die Wünsche des Hausarztes aus finanzieller Sicht unvorteilhaft sind, entsteht damit ein reziprokes Netzwerkarrangement zwischen den Akteuren.

Am Fall des Chefarztes für Kardiologie dokumentiert sich darüber hinaus, dass die Praxis des Netzwerkens mit der Abänderung von Dispositionen einhergeht. Im Stadtkontext werden die niedergelassenen Ärzte bei der Patientenakquise als statusniedrigere Mediziner betrachtet, die man mit dem chefärztlichen Habitus nur zu beeindrucken braucht und bei der Patientenentlassung auf deren Solidarität bauen kann. Hier wird die Eigenlogik niedergelassener Ärzte und Patienten so gut wie nicht mitreflektiert und der niedergelassene Kollege im Sinne der eigenen Vorstellungen funktionalisiert. In der kleinstädtischen Umgebung hingegen wird das Verhältnis zu den niedergelassenen Ärzten problematisch, da hier die Mobilisierungsversuche scheitern. In diesem neuen Erfahrungsraum entwickelt der Chefarzt neue Praktiken der Netzwerkbildung, die auch deshalb möglich sind, da dieser habituell eine Offenheit gegenüber neuartigen Situationen und Logiken inkorporiert hat. Die untypische Chefarztbiografie ermöglicht es diesem, trotz gleichzeitiger Empörung die Situation als Herausforderung zu rahmen, deren Eigenlogik es zu verstehen und sich damit pragmatisch zu arrangieren gilt. Trotzdem sind Friktionen hin zum kleinstädtischen Netzwerk auszumachen, wie die Abqualifizierung als „Inzestmafia" deutlich macht. Dass sich der Chefarzt, der es gewohnt ist, die niedergelassenen Ärzte auf Grund seines Status problemlos zu kontrollieren und auf deren Solidarität bei der Patientenentlassung zu vertrauen, jetzt mit einem kleinstädtischen Netzwerk arrangieren muss, in dem die Zusammenarbeit zu den niedergelassenen Ärzten brüchig wird und auch andere Identitäten eingebettet sind, die sich in die Patientenentlassung einmischen, kommt in Spannung mit seinem chefärztlichen Professionshabitus. So kann der Ausschluss des Geschäftsführers aus der kleinstädtischen Netzwerklogik, indem diesem die erhaltenen Informationen nicht weitererzählt werden und dessen Kontrollversuche bei Befragungen des niedergelassenen Arztes mit Hilfe eines befreundeten Einweisers unterlaufen werden, auch als Spannungsbearbeitung gedeutet werden. Der chefärztliche Professionshabitus, der wie erläutert Autonomieeinbußen in Hinblick auf das kleinstädtische Netzwerk hinnehmen muss, wird in der Zusammenarbeit mit dem niedergelassenen Kollegen reaktualisiert. Die beiden Ärzte konjungieren in Bezug auf die unterlaufenen Kontrollversuche des Geschäftsführers. An diesem Beispiel wird auch deutlich, dass der kleinstädtische Netzwerkmodus nicht in allen Fällen in Opposition mit professioneller Zusammenarbeit steht, sondern sich auch wechselseitige Anschlüsse ergeben. So werden in dem „Abtropfen-Lassen" der Kontrollversuche des Geschäftsführers auch die Netzwerkgrenzen des kleinstädtischen Beziehungsgefüges reproduziert.

Dass der Chefarzt für Kardiologie die Logik des kleinstädtischen Netzwerks inkorporiert hat und auch reproduziert, zeigt sich daran, dass er ein „Fingerspitzengefühl" in Hinblick auf heikle Patientenfälle ausgebildet hat. Diese sind vor allem deshalb ‚tricky', da die Patienten einen gewissen Status in der Kleinstadt haben. An diesem Beispiel dokumentiert sich, dass sich der Chefarzt nicht vom kleinstädtischen Modus distanziert, sondern aktiv mitspielt. Dieser kann auf ein Netzwerk vertrauen, das ihn vorwarnt, wenn heikle Patientenfälle eingewiesen werden. Dass ihm die reibungslose Abwicklung dieser Fälle wichtig ist, zeigt sich schließlich daran, dass dieser die Bearbeitung solcher Patientenfälle in die eigene Hand nimmt. Aber auch im „Spiel der Informationen" dokumentiert sich, dass Herr Netzer hin auf das kleinstädtische Netzwerk sensibilisiert ist. Die Beobachtung der Differenz zwischen glaubwürdigen/vorgehaltenen Informationen, die beispielsweise der Geschäftsführer nicht mitführt, die Sensibilität gegenüber Kontexten, in denen mehr und anders erzählt wird (im persönlichen Rahmen, bei einem Bier) und die Reflexion, welche Informationen weitererzählt und welche lieber vergessen werden sollten, deuten auf die Ausbildung von Dispositionen hin, die mit Erfahrungen im Netzwerk korrespondieren.

Zusammenfassung der Arbeit und Diskussion der Ergebnisse

12

Mit der vorliegenden Arbeit wurden zwei Ziele verfolgt. Einerseits stand die Frage im Mittelpunkt, wie Netzwerktheorie und Praxissoziologie miteinander konzeptionell verbunden werden können. Oder anders ausgedrückt: Wie kann eine praxissoziologisch informierte Netzwerktheorie sowohl theoretisch als auch methodologisch ausgestaltet werden? Andererseits wurde der ausgearbeitete metatheoretische Rahmen an einem empirischen Beispiel angewendet und im Zuge dessen danach gefragt, welche neuartigen Beziehungskonstellationen, Dispositionen der Akteure und Netzwerkpraktiken in einem stark wandelnden Feld aufgedeckt werden können. Als Frage formuliert: Wie ist das Verhältnis zwischen ambulantem und stationärem Sektor im Gesundheitsbereich netzwerkartig strukturiert und wie werden die Spannungslagen zwischen Geschäftsführern, Chefärzten, niedergelassenen Ärzten und Patienten in der Verknüpfungspraxis bearbeitet?

Im Abschlusskapitel der Arbeit wird zunächst die theoretische und methodologische Argumentation aufgerollt. In weiterer Folge werden die zentralen Ergebnisse zusammengefasst und diskutiert. Schließlich werden, auf Grundlage der Ergebnisse, theoretische Überlegungen angestellt.

Theoretischer und methodologischer Rahmen der Arbeit

Um die erste Frage, nach der Verknüpfung von Netzwerktheorie und Praxissoziologie, zu beantworten, wurde auf die gut ausgearbeitete Netzwerktheorie Harrison Whites (1992, 2008) zurückgegriffen, die die Sinnkonstitution ihres Gegenstandes ernst nimmt, jedoch eine theoretische und methodologische Leerstelle in Bezug auf die Praxisdimension aufweist. Dieses Desiderat wurde mit dem Brückenschlag hin zur dokumentarischen Methode nach Ralf Bohnsack (2014a) bearbeitet. Als Herzstück des im Anschluss ausgearbeiteten metatheoretischen Rahmens dient der Geschichtenbegriff, der je nach theoretischem Ansatz unterschiedlich konturiert ist: Bei White verweist er auf den relationalen Sinn, bei Bohnsack auf den temporalen, praktischen Sinn. Der *doppelte Verweisungs-zusammenhang* von Geschichten wurde im metatheoretischen Rahmen mit den Dimensionen Institutionen und Identitätszuschreibungen auf der einen Seite (relational-strukturell) und Netzwerkpraktiken und Dispositionen der Akteure auf der anderen Seite (praxeologisch) in Zusammenhang gebracht. Die vorgenommene Differenzierung lässt sich auch methodologisch-methodisch, mit der formulierenden und der reflektierenden Interpretation der dokumentarischen Methode, rückbinden.

Um die Zusammenfassung des ersten Teils der Arbeit etwas ausführlicher zu gestalten, wird die in den einzelnen Kapiteln aufgebaute Argumentation nochmals ausgerollt.

Im Kapitel 1 wurde der Übergang vom formalistisch geprägten und quantitativ ausgerichteten Programm der „Social Network Analysis" hin zum konstruktivistischen Ansatz der relationalen Soziologie erörtert. In Bezug auf den theoretischen Rahmen der strukturalistischen Netzwerkanalyse werden Fragen der Machtverteilung in Netzwerken, der Informationsdiffusion oder der Innovation adressiert und es lassen sich einige interessante Ergebnisse mit einem solchen Vorgehen gewinnen. Allerdings bezieht dieser Ansatz die Sinndimension ihres Gegenstandes nicht mit ein. Dieses Desiderat versucht die relationale Soziologie zu beheben: Sinn und Beziehungsstruktur sollen gleichermaßen konzeptionell mit einbezogen werden. Als zentraler Vertreter dieser Strömung gilt Harrison White, der mit seinen theoretischen Netzwerkentwürfen in Identity & Control (1992, 2008) Beziehungskonstellationen als erzählte Identitäts- und Kontrollarrangements begreift. Identitäten (Knoten) versuchen Unsicherheiten zu bearbeiten, indem sie andere Identitäten ‚kontrollieren', also einen relationalen Erwartungsraum konstruieren, der einen Standpunkt im Netzwerk ermöglicht („footing"). Als zentrale Sinnform gelten bei White Geschichten („stories"), die ein stabiles Beziehungsgeflecht konstituieren. Daneben werden auch generalisierte Strukturmuster, wie Institutionen oder Disziplinen, theoretisch mit einbezogen. Ein tiefgreifendes Verständnis von Netzwerken kann nach White damit nicht nur auf der Mikroebene, als Ad-hoc-Zuschreibungen von Identitäten, hergestellt werden, sondern die Einarbeitung von gesellschaftlich verbreiteten Regeln und Erwartungen muss für dieses Vorhaben ebenso konzeptionell miterfasst werden. Harrison White legt mit seinem Entwurf eine gut ausgearbeitete Theorie vor, die es ermöglicht, Netzwerke gleichermaßen als Sinn- und Relationsgebilde aufzufassen. Allerdings, und damit sind die Desiderata angesprochen, weist Whites Theorie einen strukturellen Überschuss auf (Laux 2009), versteht dieser den Geschichtenbegriff nicht als einen Prozess bzw. Entfaltung einer Praxis (Schützeichel 2012), werden qualitative Methoden nicht konsequent, im Sinne einer sinnrekonstruktiven Fassung, angewendet und wird die Theorie nicht selbstreflexiv gewendet, indem beispielsweise die performative Wirkung von Geschichten über Netzwerke für die Netzwerkbildung mit einbezogen wird (siehe hierzu: Boltanski/Chiapello 2013, Callon 2007).

Um insbesondere die Leerstelle der Praxisebene zu bearbeiten, wurde im darauffolgenden Kapitel in die praxissoziologische Perspektive eingeführt und Netzwerkansätze besprochen, die eine praxeologische Orientierung aufweisen. Praxissoziologische Ansätze bilden genauso wie Netzwerkansätze keine Einheit, sondern ein Sammelsurium an Zugängen, die zwei gemeinsame Grundannahmen teilen: Einerseits handelt es sich dabei um die Herausstreichung der Materialität des Sozialen/Kulturellen und andererseits um die Rekonstruktion der impliziten/ informellen Logik des sozialen Lebens (Reckwitz 2003: 290ff.). Betrachtet man die praxissoziologisch orientierten Netzwerkansätze, dann fällt auf, dass keine Theorien formuliert sind, die auf das inkorporierte Wissen der Akteure in Netzwerken abzielen. Weder die machttheoretischen Ansätze von Elias (2009) resp. Crozier/ Friedberg (1979) noch die Akteur-Netzwerktheorie von Callon/Latour (2006) und auch nicht die Giddens'sche Strukturationstheorie (1988), die von Windeler (2002) auf Unternehmungsnetzwerke angewendet wurde, stellen die körperlichen Dispositionen der Akteure in den Fokus ihrer Betrachtungen. Mit den hier vorgestellten Ansätzen können zwar einige Desiderata der White'schen Netzwerktheorie behoben werden – insbesondere eine stärkere Orientierung am subtilen und ambivalenten Vollzug von Praktiken –, allerdings bleibt die inkorporierte Tiefenstruktur, also der Habitus oder der Orientierungsrahmen, weiterhin eine Leerstelle.

Diese Leerstelle wurde in den zwei darauffolgenden Kapiteln bearbeitet. Zunächst galt es in die praxissoziologischen Ansätze von Pierre Bourdieu (2004) und Ralf Bohnsack (2014a) einzuführen, die eben das verkörperte Wissen, das sich in Erfahrungsräumen ausbildet, als zentrale Kategorie herausstellen. Als Gegenhorizont der beiden praxeologischen Theorien, die von ihren Ausrichtungen starke Ähnlichkeiten aufweisen, fungiert das abstrakt-theoretische Common-Sense-Wissen, das der subtilen und ambivalenten Logik der Praxis nicht gerecht wird. Diese ist von den Akteuren vielmehr nicht artikulierbar, sondern reproduziert sich im Bereich des Impliziten bzw. Latenten. Im sozialisierten Körper, also im Habitus, ist jenes implizite Wissen abgelagert, das in Form von Dispositionen der Wahrnehmung, Bewertung und von Handlungen soziale Praxis anleitet. Aufgrund der engen Verknüpfung von Körper und sozialer Welt tendiert der Habitus zur Trägheit, was allerdings nicht bedeutet, dass „Habitustransformation" bzw. „Habituswandel" (von Rosenberg 2011) ausgeschlossen wären.

Die dokumentarische Methode hat um die Leitunterscheidung Habitus (Orientierungsrahmen) und theoretisches Wissen (Orientierungsschemata) ein Forschungsprogramm entwickelt, das es ermöglicht, methodisch angeleitet sowohl das theoretische Wissen als auch das praktische Wissen zu analysieren. Mit der formulierenden Interpretation werden die Common-Sense-Typisierungen im Sinne der Schütz'schen Um-zu-Motive aufgeschlüsselt und auf Grundlage der reflektierenden Interpretation schließlich der Orientierungsrahmen bzw. die Logik der Praxis rekonstruiert. Damit hängen unterschiedliche Textsorten zusammen, die auf je andere Wissensformen verweisen. Während in Argumentationen und Bewertungen der theoretische Sinn eingelagert ist, kann in den Erzählungen und Beschreibungen auf den Orientierungsrahmen geschlossen werden.

An der Darstellung der praxissoziologischen Ansätze von Bourdieu und Bohnsack anknüpfend wurde im kommenden Kapitel ein Brückenschlag hin zu Whites Netzwerktheorie durchgeführt. Ziel dabei war es, den praxissoziologischen Ansatz netzwerktheoretisch auszubuchstabieren. Als gemeinsamer Bezugspunkt von Bohnsack und White dient dabei das Geschichtenkonzept, das je nach theoretischer Ausrichtung unterschiedlich konturiert ist. Während White mit *stories* die Relationierung von Identitäten in den Blickpunkt rückt, nimmt Bohnsack auf den praxeologischen Sinn Bezug, in dem die zeitliche Entfaltung einer Praxis beobachtet werden kann. Der Geschichtenbegriff impliziert somit einen *doppelten Verweisungszusammenhang*, der im methodologischen Rahmen der dokumentarischen Methode mit der grundlegenden Differenzierung von Interpretation/Verstehen in zwei kommunikative Grundmodi theoretisch rückgebunden ist und mit dem zweistufigen analytischen Auswertungsverfahren formulierender/reflektierender Interpretation methodisch nachvollzogen werden kann. Mit der Verknüpfung über das Geschichtenkonzept, das eine Brücke hin zum praxissoziologischen Ansatz der dokumentarischen Methode ermöglicht, erhält die Netzwerktheorie Whites damit nicht nur eine methodologische Basis, sondern es wird das Desiderat einer fehlenden Prozessfundierung (Schützeichel 2012) bzw. einer ungenügenden praxeologischen Ausarbeitung (Mische 2003) in Angriff genommen. Allerdings nicht durch den Einzug einer weiteren Ebene, die dann wiederum an die restliche Theoriearchitektur rückgebunden werden muss, sondern in Folge der Erweiterung eines grundlegenden Begriffs (*stories*) in der Theoriekonstruktion. Auf der anderen Seite kann die dokumentarische Methode von der Netzwerktheorie Whites profitieren, da hier ein Begriffsapparat zur Verfügung steht, der ein neues Forschungsfeld (Netzwerke) erschließbar macht. Denn anders als Milieus, deren Erforschung mit der Entwicklung der dokumentarischen Methode in Zusammenhang steht, zeichnen sich Netzwerke im Sinne Whites dadurch aus, dass differente Identitäten ‚aufeinander stoßen' und versuchen, sich wechselseitig zu kontrollieren. Die sich hier abzeichnende Kontingenz der Aushandlung von Beziehungsrelationen, die im wechselseitigen Spiel von Kontrolle, Sich-kontrollieren-Lassen und dem Unterlaufen von Kontrollprojekten emergieren, ist in Milieus, in denen ein unmittelbares

12 Zusammenfassung und Diskussion

Verstehen bzw. ein geteilter Orientierungsrahmen ausgebildet ist, immer schon entschärft, aber auch im Organisationskontext infolge der Formalisierung von Erwartungen abgemildert. In Netzwerken, so kann geschlussfolgert werden, bilden sich andere Praktiken des wechselseitigen Bezugs aus, in denen die Kontingenzräume der Aushandlung nochmals geweitet sind. Dies spiegelt sich, so die These, auch in den Dispositionen der Akteure wider, die in der Auseinandersetzung mit dem ‚Erfahrungsraum Netzwerk' spezifische implizite Sichtweisen ausbilden.

Die Erkenntnisse des ‚Brückenkapitels' wurden in der Konzipierung eines metatheoretischen Rahmens, der als ‚Beobachterbrille' für die nachfolgende empirische Untersuchung herangezogen wird, nochmals zusammengefasst. Als Herzstück fungiert hierbei der Geschichtenbegriff, der sowohl strukturelle als auch praxissoziologische Elemente integriert und damit auf unterschiedliche Dimensionen der Netzwerkbildung verweist. Dies ist erstens die strukturelle Ebene, mit den Dimensionen *Institutionen* und *(typisierte) Netzwerkbeziehungen* und zweitens die praxeologische Ebene mit den Dimensionen *Dispositionen der Akteure* und *Netzwerkpraktiken*. Mit der Zentralstellung des Geschichtenkonzepts Whites rückt damit die sprachliche Konstruktion von Netzwerken (bzw. deren Elementen) in den Mittelpunkt und mit der Erweiterung um Narrationen wird die temporale, praxeologische Ebene ebenso berücksichtigt.

Ergebnisse der empirischen Analyse

Die empirische Anwendung der bisherigen Überlegungen, mit dem Ziel einer Gegenstandstheorie, wurde am Beispiel des Krankenhaussektors vollzogen und damit die zweite zentrale Fragestellung der Arbeit in Angriff genommen. Die Erforschung der Relationen und Praktiken zwischen Geschäftsführern, Chefärzten, niedergelassenen Ärzten und Patienten hat sich auch deshalb angeboten, da in diesem Feld große Umbrüche stattfinden und zu erwarten ist, dass die entstehenden Unsicherheiten zu neuen Formen der Vernetzung führen. Die Dimensionen Institutionen (1.), Netzwerkbeziehungen (2.), Dispositionen der Akteure (3.) und Netzwerkpraktiken (4.), die im metatheoretischen Rahmen ausgearbeitet wurden, bildeten die Eckpfeiler der folgenden Analyse[53].

Das Institutionengefüge des Krankenhaussektors wurde unter Bezugnahme von sozialwissenschaftlicher Literatur untersucht, die Netzwerkbeziehungen mit der formulierenden Interpretation analysiert und die Dispositionen der Akteure

---

53 Es versteht sich von selbst, dass die theoretisch herauspräparierten Ebenen analytisch voneinander getrennt werden können, aber in der empirischen Wirklichkeit unweigerlich miteinander verwoben sind.

und die Netzwerkpraktiken mit der reflektierenden Interpretation rekonstruiert. Als empirische Grundlage dienten hierfür durchgeführte Experteninterviews mit Geschäftsführern und Chefärzten.

Welche Ergebnisse sind also nach der Analyse institutioneller Muster und der empirischen Rekonstruktion von Identitätszuschreibungen und Orientierungsrahmen festzustellen?

1. In den letzten 30 Jahren haben sich schrittweise tiefgreifende Veränderungen in der institutionellen Strukturierung des Krankenhaussektors in Deutschland ereignet (z. B. Bode 2010a 2010b, Vogd 2007, Manzei et al. 2014, Iseringhausen/ Staender 2012). Während bis in die 1980er-Jahre der medizinische Professionalismus und die Wohlfahrtsorientierung als dominante Muster beschrieben werden können, ist infolge schrittweiser gesetzlicher Umstellungen und spätestens ab der flächendeckenden DRG-Einführung im Jahre 2005 die Tendenz hin zur Vermarktlichung und Managerialisierung deutlich ausgeprägt. Dies bedeutet allerdings nicht, dass die ‚klassischen' Orientierungen verschwinden würden, sondern dass eine „Doppelwirklichkeit" (Bode 2010b: 203) die Komplexität im Gesundheitswesen steigern lässt, was zur Folge hat, dass zusätzliche Spannungslagen den Krankenhaussektor durchziehen. Damit korrespondierend ist ein zunehmender reflexiver Einbezug auf Netzwerke zu beobachten, der je nach Standpunkt anders ausgeprägt ist. Aus politischer Richtung wird die effiziente und qualitätssteigernde Vernetzung zwischen stationärem und ambulantem Sektor thematisiert, aus Krankenhausperspektive stellt sich die Frage, wie der niedergelassene Sektor kontrolliert werden kann, um beispielsweise die Patientenzahlen zu steigern und ökonomisch besonders wertige Patienten ins Krankenhaus zu bekommen, aus der Sicht der niedergelassenen Ärzte ist zu erwarten, dass diese Maßnahmen gegen eine übermäßige Expansion von Krankenhäusern und deren Trägern setzen, und Patienten könnten sich zunehmend als ‚Netzwerkplayer' reflektieren und ihre eigenen Kontrollprojekte ins Spiel bringen. An dieser Stelle kann bereits abgeleitet werden, dass die Transformationen auf institutioneller Ebene Auswirkungen auf die relationalen Machtasymmetrien zwischen Geschäftsführern, Chefärzten und niedergelassenen Ärzten haben. Während sich in Folge des Einzugs von New-Public-Management-Instrumenten – damit korrespondierender Evaluationstechniken (Controlling, Benchmark, Zielvereinbarungen) und Sanktionierungen, die bis hin zu Entlassungen von Chefärzten reichen – die Stellung der Chefärzte im Verhältnis zu den Geschäftsführern verschlechtert hat, erhalten die niedergelassenen Ärzte aufgrund ihrer Gatekeeper-Rolle zwischen Patienten und Krankenhaus eine deutliche Aufwertung.

12 Zusammenfassung und Diskussion

2. Die beschriebene strukturelle Verschiebung im Beziehungsgefüge spiegelt sich auch in den Fremd- und Selbstzuschreibungen der interviewten Geschäftsführer und Chefärzte wider. Auf Grundlage der formulierenden Interpretation konnte herausgearbeitet werden, dass neue Identitätszuschreibungen im Krankenhaussektor emergieren. Patienten werden als Kunden typisiert, die es zu binden gilt, von Chefärzten wird erwartet, dass diese werben, netzwerken und Vertrauen gegenüber niedergelassenen Ärzten aufbauen sollen, und Chefärzte schreiben sich die Identität als Dienstleister gegenüber niedergelassenen Ärzten zu oder sehen sich als „Rampensau", was bedeutet, dass Öffentlichkeitswirksamkeit als zur ‚job description' zugehörig erlebt wird. Kontrastiert man diese Ergebnisse mit den Beschreibungen Rohdes (1974), der das bürokratische Krankenhaus der 1960er-Jahre analysierte, dann lassen sich einige strukturelle Verschiebungen benennen: Erstens hat die wirtschaftliche Bedeutung des ambulanten Sektors für Krankenhäuser zugenommen, was zu vermehrten Versuchen der Mobilisierung und Kontrolle niedergelassener Ärzte und Patienten führt. Zweitens korrespondieren damit nicht nur unpersönliche ‚Werbemaßnahmen', sondern bilden sich vielschichtige und persönliche Beziehungen aus, in denen der niedergelassene Arzt wird aus Perspektive des Krankenhausarztes nicht mehr als ‚Mediziner zweiter Klasse' abqualifiziert, sondern als Netzwerkpartner ernst genommen, dem man auf Augenhöhe zu begegnen hat. Die Rollenasymmetrie hat sich, wie bereits beschrieben, zugunsten des niedergelassenen Arztes verschoben. Drittens werden leitende Arztpositionen unter anderem nach dem Kriterium der Vernetzung evaluiert und Jobkandidaten gesucht, die ihrerseits ‚Beziehungskapital' mitbringen.
3. Die strukturelle Beschreibung des Feldes stellt allerdings nur eine Seite der Medaille dar. Die Dispositionen der Akteure (ebenso wie die Praxis des Netzwerkens) als andere Seite verweist auf die impliziten Sichtweisen, die in Zusammenhang mit dem Im-Netzwerk-Sein stehen. Auf dieser Ebene fällt auf, dass die interpretierten Fälle unterschiedliche Bezugsprobleme netzwerkförmig bearbeiten, die mit den Dispositionen der Akteure korrespondieren. Das Netzwerk hat für die Interviewten je andere Funktionen und das Im-Netzwerk-Sein ist unterschiedlich ausgestaltet.

Für den Geschäftsführer im Krankenhaus Ebertstadt (Fall 1) besteht das Bezugsproblem im Spannungsfeld zwischen dem ökonomischen Handeln für das Krankenhaus und einem Krankenhausumfeld, das einen offen propagierten Ökonomismus sanktioniert. Aus diesem Dilemma heraus wird der Geschäftsführer als eigenständiger Unternehmer tätig, der ins Risiko geht und neue Wege sucht, um das angesprochene Problem zu bearbeiten. An dieser Stelle wird auch ein triviales Vorgehen nach ‚Kochbuchrezept' problematisch, das unbedarfte

Interventionen in den niedergelassenen Sektor vorsieht. In der Bewusstwerdung der Risiken entsteht ein subtileres Spiel, das die Gegenbeobachtungen externer Akteure mit einbezieht. Der Geschäftsführer operiert zwar einerseits weiterhin mit recht abstrakten, wirtschaftswissenschaftlich orientierten Schemata, die die ökonomische Plausibilisierung des Kassenarztsitzes ermöglichen. Andererseits sollen die erheblichen Risiken der kritischen Gegenbeobachtungen externer Akteure, die infolge der Übernahme des Kassenarztsitzes entstehen könnten, durch den geschickten Aufbau einer Außendarstellung bearbeitet werden. Das Ins-Risiko-Gehen wird einerseits als alternativlos erlebt, andererseits ist dem Geschäftsführer bewusst, dass der Ausgang ungewiss bleibt.

Der Chefarzt im Krankenhaus Ebertstadt (Fall 1) bearbeitet das Problem eines arbeitsteilig differenzierten und zunehmend ökonomisch durchzogenen Gesundheitssystems aus der Perspektive eines klassischen medizinischen Professionalismus. Allerdings ist hier anzumerken, dass weniger der Patient im Mittelpunkt der Beobachtung steht, sondern die fachliche Behandlung von Patientenfällen. In der Verknüpfung von ambulanten und stationären Behandlungen durch die eingenommene ‚Doppelrolle' im Zuge der Übernahme des Kassenarztsitzes kann die professionelle Tätigkeit zur Einheit kommen und die Autonomie im Verhältnis zu externen Ansprüchen gestärkt werden. Die Orientierung an einem klassischen Professionalismus, in dem die Erwartungen externer Akteure als Eingrenzung von Autonomie erlebt werden, soll durch die Übernahme des Kassenarztsitzes stabilisiert werden. Das bedeutet gleichzeitig, dass die externen Erwartungen nicht in den Handlungsvollzug integriert werden. Die ‚Flucht nach außen' wird als Möglichkeit erlebt den Druck abzuschwächen. Eine Transformation der Dispositionen stellt sich damit nicht ein, allerdings scheut der Chefarzt nicht davor zurück, mit dem ökonomisch orientierten Geschäftsführer einen ‚Deal' einzugehen, der ihm zusätzliche medizinische Behandlungsarrangements und Autonomie ermöglichen könnte.

Für den Geschäftsführer aus dem Krankenhaus Hohenfeld (Fall 2) stellt sich das Bezugsproblem in der Bedingung der Möglichkeit von Führung, die zwischen Freiheiten lassen, Unterstützung der Chefärzte und normativer Erwartungen, wie das Einfordern medizinischer Qualität, aufgespannt ist. Das Netzwerk hin zu krankenhausexternen Akteuren dient dann der Informationsgewinnung, die für den Vollzug der Führungsrolle zentral ist. Informationen werden entweder unter dem Vorzeichen der Aufklärung kleinstädtischer Gerüchte ins Krankenhaus weitergeleitet (Unterstützung) oder im Zuge von Patientenbeschwerden oder Befragungen niedergelassener Ärzte gesammelt, um sich ein Bild von den Krankenhausprozessen zu machen (Evaluation).

12 Zusammenfassung und Diskussion

Für den Chefarzt für Kardiologie im Krankenhaus Hohenfeld (Fall 2) besteht das Bezugsproblem in der Bearbeitung von Patientenfällen unter Bedingungen einer komplexen Abrechnungslogik, die den Einbezug krankenhausexterner Identitäten und den damit korrespondierenden Logiken nötig macht. Dieses Problem tritt im kleinstädtischen Umfeld nochmals verstärkt auf, da hier die Zusammenarbeit mit den niedergelassenen Ärzten prekär wird und damit anders als im großstädtischen Umfeld organisiert werden muss. An dieser Stelle ist eine Parallele zum Geschäftsführer im Krankenhaus Ebertstadt feststellbar, denn für beide Akteure wird das externe Umfeld problematisch und in beiden Fällen werden dann neue Wege gesucht, um Netzwerke trotzdem mobilisieren und kontrollieren zu können. Allerdings bestehen auch Unterschiede: Während der Geschäftsführer ursprünglich wirtschaftswissenschaftlich sozialisiert ist und in einem Bereich arbeitet, in dem das wirtschaftliche Motiv immer auch suspekt ist, ist der Chefarzt medizinisch sozialisiert und mit den hierarchischen Differenzen und Zusammenarbeitsnormen der ärztlichen Profession vertraut, die allerdings im kleinstädtischen Umfeld punktuell unterlaufen werden. Außerdem hält sich der Geschäftsführer stärker im Hintergrund und ist damit kaum in die ‚Interaktionsarbeit' mit krankenhausexternen Akteuren eingebunden, während der Chefarzt diese intensiv betreibt.

In der Auseinandersetzung mit der kleinstädtischen Logik vollzieht sich ein Wandel der Dispositionen vom krankenhauszentrierten Chefarzt zum Netzwerkakteur im kleinstädtischen Umfeld. Der Chefarzt für Kardiologie entwickelt ein „Fingerspitzengefühl" für die Logik des kleinstädtischen Netzwerks und bezieht diese in die eigene Behandlungspraxis mit ein. Das Interesse am Verstehen einer fremden Praxis ist wiederum biografisch angelegt. In Abgrenzung zu einer scholastischen Logik, die am medizinisch-akademischen Betrieb orientiert ist, versteht sich der Chefarzt als jemand, der immer schon an der praktischen Logik interessiert war, die Lebensbereiche umfasst, die für eine Arztsozialisation untypisch sind. Damit ist eine Affinität für das Interesse am Neuen oder Unverstandenen im Habitus angelegt. Gleichzeitig zeigen sich deutliche moralische Vorbehalte gegenüber dem kleinstädtischen Netzwerk, was darauf hindeutet, dass chefärztliche Dispositionen nach wie vor vorhanden sind, in denen die medizinische Indikation und die asymmetrisch organisierte Zusammenarbeit mit den niedergelassenen Ärzten als positiver Gegenhorizont angelegt ist. Der Habitus des Chefarztes kann somit als komplexe Lagerung zwischen einem Netzwerk-Professionalismus, in dem der Einbezug differenter Identitäten im Vordergrund steht, und einem ‚klassischen' medizinischen Professionalismus beschrieben werden. In Bezug auf die Bearbeitung diffiziler Patientenfälle, die entweder ‚tricky' sind, da sie abrechnungstechnisch sowohl stationär als auch ambulant relevant sind oder einen hohen Status im kleinstädtischen Umfeld aufweisen, wird der Netzwerk-Professionalismus aktiviert, der für das kleinstädtische Beziehungsgebilde disponiert ist. An dieser Stelle spielt der klassische medizinische Professionalismus keine Rolle bzw. wird in der Praxis unterlaufen. Der Chefarzt erweist sich als geschickter Netzwerker, der auf ein Informationsnetzwerk zurückgreifen kann und die statusbezogenen Unterschiede der Patienten in die Entlassungspraxis integriert. Hier deutet sich eine „Habitustransformation" an, da eine Sensibilität gegenüber differenten Identitäten und Logiken aufgebracht wird und diese in geschickten Arrangements in die Behandlungspraxis einbezogen werden. Gleichzeitig sind nach wie vor Spuren des Chefarzthabitus vorhanden, die beispielsweise in der Zusammenarbeit mit dem niedergelassenen Arzt aktiviert werden, der die Geschäftsführung mit Falschinformation täuscht. In der geteilten Abgrenzung hin zur Geschäftsführung kommen die klassischen chefärztlichen Dispositionen und der ‚Netzwerkhabitus' quasi zur Deckung.

4. An den empirischen Fällen lassen sich auch Netzwerkpraktiken oder Netzwerkarrangements rekonstruieren, in denen die Dynamiken zwischen Kontrolle, Kontrollunterlaufung und Sich-kontrollieren-Lassen beobachtet werden können, die in einem Feld stattfinden, das von unterschiedlichen institutionellen Logiken durchzogen ist. Es können 4.1 reziproke Perspektivverschränkungen, 4.2 Praktiken des Kontrollierens- und Sich-Kontrollieren-Lassens, 4.3 Konjunktionen, 4.4 Praktiken des Ausschlusses und Netzwerkschutzes und 4.5 Informationsgenerierung und Informationsweitergabe rekonstruiert werden.

4.1 Von *reziproken Perspektivverschränkungen* kann dann gesprochen werden, wenn die differenten Perspektiven von Netzwerkpartnern aufeinander bezogen werden, ohne dass dies von diesen so intendiert ist bzw. sogar von Distinktionsbemühungen begleitet wird. Beispielsweise grenzt sich der Chefarzt im Krankenhaus Hohenfeld (Fall 2) explizit vom Geschäftsführer ab und nutzt gleichzeitig die Autonomieräume im Sinne des Krankenhauses, indem er zum ökonomischen Erfolg der Klinik beizutragen versucht. Der Fall 1 kann ebenso als ein reziprokes Netzwerkarrangement betrachtet werden, da sowohl der Geschäftsführer als auch der Chefarzt ein Interesse an der Übernahme des Kassenarztsitzes formulieren können, ohne dass die jeweiligen Identitäten unter Druck geraten. Der Kassenarztsitz fungiert hier als „boundary object" (Star/Griesemer 1989), das es ermöglicht, unterschiedliche Perspektiven aufeinander zu beziehen, ohne dass es zu einem Aushandlungsprozess kommt. Ein zumindest zeitweise spannungsfreies Arrangement entsteht.

4.2 Praktiken des *Kontrollierens und Sich-kontrollieren-Lassens* können als *Formen der Reziprozität* verstanden werden, in deren Rahmen die Perspektiven der Netzwerkpartner wahrgenommen und in die eigenen Handlungsvollzüge integriert werden. In diesen Arrangements bilden sich daneben Normen aus, für die die Netzwerkpartner eine entsprechende Sensibilität entwickeln. Beispielsweise versteht es der Chefarzt im Fall Hohenfeld, den niedergelassenen Arzt in seinem Sinne zu kontrollieren, indem er diesen durch geschickte Kommunikation über den Arztbrief als Bande benutzt, um einen Patientenfall wieder eingewiesen zu bekommen. Gleichzeitig lässt er sich auch vom niedergelassenen Arzt kontrollieren, indem er dessen Wünsche in der Behandlungspraxis mit einbezieht. Beide Partner wissen, dass es Grenzen des Ausnutzens gibt, die nicht überschritten werden sollten, um die Beziehung zum Netzwerkpartner weiterhin aufrechterhalten zu können. So ist dem Chefarzt beispielsweise bewusst, dass der niedergelassene Arzt bei Überweisungen mit einer bestimmten Diagnose „sauer" wird, was er zu verhindern versucht, indem zwischen chronischen Fällen, die ambulant betreut, und akuten Fällen, die stationär behandelt werden sollen, differenziert wird.

4.3 Auch wenn in den erforschten Netzwerken Identitäten mit unterschiedlichen Dispositionen miteinander verwoben sind und deshalb ein geteilter Orientierungsrahmen mehr die Ausnahme als die Regel darstellt, können *Inseln der Konjunktion* identifiziert werden, also ein unmittelbares Verstehen zwischen Netzwerkpartnern, das mit einem wechselseitigen Vertrauen einhergeht. Beispielsweise kann die Beziehung des Chefarztes im Krankenhaus Hohenfeld zum befreundeten niedergelassenen Arzt nach diesem Muster beschrieben werden. Der niedergelassene Arzt erzählt wie selbstverständlich von den Versuchen der Geschäftsführung, Informationen über die Chefärzte in Einweiserbefragungen zu erhalten, und lässt diese, wie es der Chefarzt ausdrückt, „abtropfen". Zwischen den beiden Netzwerkpartnern ist es vollkommen selbstverständlich, dass die Kontrollversuche der Geschäftsführung als negativer Gegenhorizont erscheinen und dass der ärztliche Kollege davon erfährt. Der niedergelassene Arzt kann seinerseits darauf vertrauen, dass der Chefarzt die Erzählung des niedergelassenen Arztes vor dem Geschäftsführer geheim hält. An dieser Stelle muss angemerkt werden, dass die Konjunktion nicht allein über eine milieubedingte Gemeinsamkeit hergestellt wird, sondern eine persönliche Freundschaftsbeziehung zwischen den Netzwerkpartnern zur Solidarität ebenso beiträgt. Zwar ist vorstellbar, dass die geteilten Erfahrungen über das Arzt-Sein das wechselseitige Verstehen und Verständnis mit ermöglicht, allerdings zeigt sich an den Praktiken der niedergelassenen Ärzte, die den Chefarzt ihrerseits „abtropfen lassen", dass ein wechselseitiges Verstehen nicht automatisch aufgrund der geteilten Arztsozialisation abgerufen wird. Daneben dokumentiert sich an diesem Beispiel, dass Konjunktion nicht primär über eine geteilte Praxis (z. B. ein medizinisch komplexer Patientenfall, der in der ärztlichen Zusammenarbeit sektorenübergreifend behandelt wird) entsteht, sondern sich über Distinktion gegenüber den Kontrollversuchen der Geschäftsführung vollzieht. An dieser Stelle kann geschlussfolgert werden, dass die Erfahrungsräume zwischen Chefärzten und niedergelassenen Ärzten so unterschiedlich sind, dass Konjunktion primär über Distinktion hergestellt wird.

4.4 Netzwerke bilden sich nicht nur durch Verknüpfungen aus, sondern auch über *Ausschlüsse*. In Beziehungszusammenhängen wird damit einerseits die Relationierung von Identitäten vollzogen, andererseits der Ausschluss anderer Akteure organisiert. Mit Hilfe dieser Praktiken werden (potenzielle) Kontrollversuche netzwerkexterner Akteure unterlaufen und Netzwerke von kritischen Gegenbeobachtungen geschützt. Die rekonstruierten *Ausschlusspraxen* vollziehen sich entweder über die Zurückhaltung von Informationen. In diesem Fall bleiben die externen Akteure im Ungewissen, was recht wenig Anstrengung voraussetzt, da Informationen einfach nicht weitererzählt werden. Oder es wird eine falsche Fährte gelegt, die die eigene Praxis verschleiert. Es wird damit versucht, im Sinne von Goffmans (1996) „Modus des Als-Ob", einen anderen Rahmen zu konzipieren, um das Netzwerk vor externen Zugriffen zu schützen. Am Beispiel des Chefarztes im Krankenhaus Hohenfeld können beide Modi beobachtet werden. Herr Netzer enthält dem Geschäftsführer die Eigenlogik des kleinstädtischen Netzwerks und deren Ausschlussspielchen vor und amüsiert sich an den Praktiken des „Abtropfen-Lassens", die die Geschäftsführung nicht durchschaut. Der Geschäftsführer weiß von den Praktiken der Vorhaltung nicht und verbleibt als ‚Naiver' im Bereich des Nichtwissens. Dahingegen führt der Chefarzt die Unterscheidung wahre/vorgehaltene Information in Bezug auf die niedergelassenen Ärzte mit und kann beispielsweise beobachten, wie diese ‚schlechte' Arztbriefe als falsche Fährte legen, um ihrerseits die Kontrollversuche des Chefarztes zu unterlaufen. In diesem Fall wird eine fehlerhafte medizinische Kommunikation vom niedergelassenen Arzt vorgehalten, um die eigene Einweisungspraxis zu plausibilisieren. Schließlich kann am Beispiel des Geschäftsführers im Krankenhaus Ebertstadt beobachtet werden, wie ein Netzwerk, das zwischen Träger (Finanzier), Geschäftsführer (Organisator), Chefarzt (Übernahme des Kassenarztsitzes) und den Patienten,

12 Zusammenfassung und Diskussion

die ins Krankenhaus eingewiesen werden sollen, aufgespannt ist, das vor kritischen Gegenbeobachtungen zu schützen versucht wird. Das Netzwerk und das damit korrespondierende ökonomische Spiel wird hier zu invisibilisieren versucht, indem die Übernahme des Kassenarztsitzes medizinisch gerahmt wird. Das vom Geschäftsführer so genannte „offene Spiel" wird damit zum Bluff. Die hier angesprochenen Praktiken ermöglichen einen Umgang mit den Spannungen zwischen wirtschaftlichen und regionalen Anforderungen, die latent gehalten werden, und medizinischen Normen, die stattdessen vorgehalten werden.

4.5 Informationen werden allerdings nicht nur zurückgehalten oder vorgehalten, sondern es sind darüber hinaus Praktiken der *Informationsgenerierung und Informationsweitergabe* zu beobachten. Beispielsweise werden Gerüchte vom Geschäftsführer aus dem Krankenhaus Hohenfeld ins Krankenhaus ‚weitergeleitet', um die Mitarbeiter zu unterstützen. Daneben werden Patientenbeschwerden oder Befragungen von Einweisern als ‚Bande' genutzt, um sich ein Bild von den krankenhausinternen Prozessen zu machen. Komplexer gestaltet sich die Informationsgenerierung für den Chefarzt im selben Krankenhaus. Dieser versucht auf Grundlage der Beobachtungsdifferenz wahre/vorgeschobene Informationen eben an diese ‚wahren' Informationen zu gelangen. Dabei entwickelt er eine Kontextsensitivität, indem er auslotet, unter welchen Voraussetzungen sich die Weitergabe „wahrer" Informationen erhöhen kann. Persönliche Beziehungen und Gespräche jenseits beruflicher Konventionen sind dann jene Kontexte, in denen die Weitergabe wirklichkeitsadäquaterer Informationen erhöht wird. Der Chefarzt reflektiert darüber hinaus, welche Informationen weitergegeben werden können, um an weitere Informationen zu gelangen, und welche Informationen lieber vergessen werden sollten. Unter Bezugnahme von Punkt 4.4 dokumentiert sich ein diffiziles Spiel von Zurückhaltung, Täuschung, Generierung und Weitergabe von Informationen zwischen Chefärzten, Geschäftsführern und niedergelassenen Ärzten.

Die rekonstruierten Dispositionen der Akteure und die Netzwerkpraktiken machen deutlich, dass unterschiedliche ‚tiefergelegte' Identitäten in den Netzwerken zwischen Geschäftsführern, Chefärzten, niedergelassenen Ärzten und Patienten eingelagert sind und komplexe Spiele der Kontrolle, Gegenkontrolle, dem Sich-kontrollieren-Lassen und dem Unterlaufen von Kontrollprojekten emergieren. Damit geht einher, dass neben der Analyse des Institutionengefüges und der zugeschriebenen Identitäten nur eine praxissoziologische Interpretation die Netzwerk-Wirklichkeit in ihrer gesamten Komplexität einfangen kann. Es wird darüber hinaus deutlich, dass die Beschreibung von Beziehungsmustern in klar hierarchisch eingeteilten Machtasymmetrien der empirischen Lagerung nicht gerecht wird. So dokumentiert sich an den empirischen Fällen, dass das Verhältnis zwischen Geschäftsführern und Chefärzten nicht einfach zum Vorteil der Geschäftsführer ‚gekippt' ist (so beispielsweise die Beschreibung von Wilkesmann 2016), sondern dass sich in den Netzwerkarrangements zwischen Geschäftsführern und Chefärzten komplexe Lagerungen einstellen. Geschäftsführer brauchen beispielsweise Chefärzte zur Bearbeitung spezifischer Probleme, wie z. B. in Bezug auf die Krankenhausumwelt. Chefärzte ‚repräsentieren' die medizinische Perspektive und sind deshalb glaubwürdiger in der Interaktion zu niedergelassenen Ärzten oder Vertretern der kassenärztlichen Vereinigung. In der chefärztlichen Bearbeitung krankenhausexterner Akteure erschließen sich, um den mikropolitischen Jargon zu benutzen, neue „Ungewissheitszonen" (Crozier/Friedberg 1979), die dann eher für ein symmetrisches Gleichgewicht zwischen Geschäftsführern und Chefärzten sprechen. Gleichzeitig sind Geschäftsführer und Chefärzte gleichermaßen von den institutionellen Umbrüchen des Krankenhauswesens betroffen und bearbeiten Spannungen hin zur Umwelt in Arrangements, in denen beide Akteursgruppen involviert sind. Funktionale Aspekte und machttheoretische Kalküle greifen damit ineinander und lassen auch hier von komplexen Netzwerkarrangements sprechen. Beispielsweise agiert der Chefarzt im Krankenhaus Hohenfeld im Sinne der ökonomischen Entwicklung des eigenen Hauses und damit im Einklang mit dem Geschäftsführer, unterläuft gleichzeitig die Kontrollversuche der Geschäftsführung in Verbindung mit einem befreundeten niedergelassenen Arzt und lässt diese im Ungewissen in Bezug auf die Eigenlogik des kleinstädtischen Netzwerks. Auch das Machtverhältnis zwischen Krankenhausarzt und niedergelassenem Arzt hat sich, anders als es die Rhetorik mancher Geschäftsführer und Chefärzte vermuten lässt, nicht eindeutig in Richtung der niedergelassenen Ärzte verlagert. Auch wenn diese infolge des institutionellen Umbruchs bestimmen Zugewinn an Einflussmöglichkeiten für sich verbuchen können, sind niedergelassene Ärzte nach wie vor von Krankenhausärzten abhängig, um beispielsweise zusätzliche medizinische Behandlungen für den Patienten auszuhandeln. Wie das Beispiel des Chefarztes im Krankenhaus Hohenfeld deutlich macht, können durchaus Netzwerk-Arrangements entstehen, die in reziproken Kontrollprojekten Gestalt annehmen. Schließlich stellt sich die Frage, ob der Patient als ‚Netzwerkplayer' eigene Kontrollprojekte anstrebt und durchsetzen kann. Die empirischen Daten dokumentieren einerseits, dass Patienten als ökonomische Patientenfälle gerahmt werden, die es entweder gilt, ins eigene Krankenhaus zu schleusen, oder die versucht werden, kosteneffizient abzurechnen. In diesen Fällen werden Patienten als ökonomische Fälle subsumiert und funktionalisiert. Andererseits zeigt sich, dass, wie schon Rohde (1974) ausgeführt hat, die

Patientenperspektive insbesondere durch den niedergelassenen Arzt repräsentiert wird. Als Mittelsmann zwischen Laienwelt und medizinischer Welt kann dieser in Folge der beschriebenen Aufwertung der eigenen Position im Netzwerk auch Patienteninteressen gegenüber den Krankenhausärzten zunehmend durchsetzen. Der Patient gewinnt somit nicht unbedingt aufgrund der angestiegenen eigenen Mündigkeit, sondern profitiert von der Aufwertung des niedergelassenen Arztes. Daneben ist anzunehmen, dass in bestimmten Gebieten, wie im kleinstädtischen oder dörflichen Umfeld, andere Logiken die medizinische Behandlungslogik punktuell unterlaufen. Im Fall Hohenfeld etwa beschreibt der Chefarzt, dass nicht allein die Differenz krank/gesund (oder ökonomisch rentabel/unrentabel) für ihn Informationswert hat, sondern auch der Status der Patienten bzw. der Angehörigen im kleinstädtischen Netzwerk. In solchen Kontexten können verschiedene statushohe Akteure Beschwerdemacht entwickeln, die der Chefarzt in sein Kalkül einbaut.

Die Ergebnisse der Arbeit verweisen auch darauf, dass unterschiedliche Logiken ins beschriebene Netzwerk einfließen und so spezifische Dynamiken auslösen. Das bedeutet, dass die Identitäten in Netzwerken mit „institutional complexity" (Greenwood et al. 2011) konfrontiert sind, die es zu bearbeiten gilt. Neben dem Einbezug regionaler Unterschiede, die auch der Geschäftsführer im Krankenhaus Ebertstadt reflektiert, wird insbesondere die Differenz zwischen einer ökonomisch orientierten Markt- bzw. Abrechnungslogik und einem medizinischen Professionalismus in Netzwerken bearbeitet. Als Muster kann hier beschrieben werden, dass ein offen propagierter Ökonomismus immer in Gefahr steht, gegenbeobachtet und sanktioniert zu werden. Kassenarztsitze werden daher medizinisch gerahmt, aber auch die lukrative Wiedereinweisung von Patienten wird so organisiert, dass medizinische Gründe gegenüber dem niedergelassenen Arzt angegeben werden müssen. Zieht man die Ausführungen von Bourdieu (1998) zum verschleierten oder offen ausgetragenen Ökonomismus heran, dann ist hier ein drittes Muster zu erkennen. Nicht die Verschleierung oder Verdrängung von ökonomischen Kalkülen, wie dies beispielsweise bei vormodernen Gesellschaften, aber auch in ökonomiefernen gesellschaftlichen Feldern (z. B. Kunst, Wissenschaft) zu beobachten ist, kann als Muster für die Verhältnisse im Krankenhaussektor herangezogen werden. Allerdings ist auch nicht die offene Benennung des ökonomischen Kalküls möglich, wie z. B. im Feld der Ökonomie. Die Akteure sind, so zeigen die empirischen Daten, hochgradig dafür sensibilisiert, in welchen Kontexten ökonomische Kalkulationen angestellt und ausgesprochen werden können und wo diese tabuisiert sind und somit ein anderer Rahmen anzuwenden ist. Beispielsweise berechnen sowohl der Geschäftsführer im Krankenhaus Ebertstadt als auch der Chefarzt im Krankenhaus Hohenfeld Patienten als ökonomische Fälle. Gleichzeitig verschleiern sie die wirtschaftlichen Kalkulationen gegenüber externen Akteuren wie niedergelassenen Ärzten, der kassenärztlichen Vereinigung und dem eigenen medizinischen Nachwuchs. Damit wird die Spannung bearbeitet, wirtschaftlich zu kalkulieren, aber dies nicht offen zeigen zu können. Ökonomische Berechnungen sind damit nicht psychisch latent, sondern müssen in manchen Kontexten sozial latent gehalten werden.

Die rekonstruierten Vernetzungspraktiken, die zwischen Machtspielen, funktionalen Arrangements und unterschiedlichen institutionellen Logiken aufgespannt sind, stehen in ihrer komplexen Verschränkung auch gegen eine triviale Sichtweise eines Netzwerk-Common-Sense, der nur auf Basis von Verknüpfungen (bzw. strukturellen Löchern) Aussagen trifft und damit jede Kante, die dann noch in starke oder schwache Verknüpfungen differenziert werden kann, als potenzielles soziales Kapital begreift. Sie sprechen auch gegen einen Netzwerk-Common-Sense, der Netzwerkarbeit (z. B. vertrauensbildende Maßnahmen) in der Hinsicht trivialisiert, dass Menschen *nur* persönliche Beziehungen aufbauen müssten, um beruflich erfolgreich zu sein. Netzwerkarbeit, so zeigen die empirischen Ergebnisse, ist ein komplexes Spiel, das auch scheitern kann. Es ist mit subtilen Ausschlusspraxen zu rechnen, die dem motivierten ‚Netzwerker' möglicherweise gar nicht bewusst sind – der dann mit vorgehaltener Freundlichkeit ‚abgespeist' wird, im Glauben sein soziales Kapital erweitert zu haben.

Theoretische Überlegungen

Zum Schluss der Arbeit werden noch einige theoretische Anmerkungen andiskutiert. Im Kapitel zur Verknüpfung zwischen dokumentarischer Methode und der Netzwerktheorie Whites sind bereits einige Überlegungen bezüglich der theoretischen Neujustierung angestellt worden, die beide theoretischen Ansätze betreffen. Der Geschichtenbegriff Whites wurde um praxissoziologische Dimensionen erweitert, das Identitätskonzept in Einbezug des Habitusbegriffs ‚tiefergelegt', aber auch der Kontrollbegriff in Bezug auf Praktiken des Netzwerkens als zentral erachtet, der in Milieus wegen des dort ausgeprägten unmittelbaren Verstehens nicht weiter ausbuchstabiert werden muss. Auf Grundlage der empirischen Rekonstruktion können drei weitere theoretische Anmerkungen hinzugefügt werden.

1. Der Kontrollbegriff kann bei White ja als Suche nach sozialem Halt („footing") oder der Ausbildung wechselseitiger Erwartung zwischen Identitäten begriffen werden. In der empirischen Rekonstruktion zeigen sich darüber hinaus Dynamiken der Aushandlung, die auf Kontrollprojekten basieren, die eine stärker instrumentelle Färbung annehmen. Als Frage formuliert: Wie kann ich es erreichen, dass der Andere so handelt wie ich es möchte? Damit ist allerdings

auch nicht der Versuch gemeint den Anderen zu beherrschen, sondern empirisch zeigen sich Arrangements, die ja gerade auf ein subtiles Gleichgewicht zwischen Kontrolle und Sich-Kontrollieren-Lassen hinauslaufen. Gleichzeitig sind Praktiken zu beobachten, in denen Kontrollprojekte des Anderen unterlaufen werden. Dies kann für den Anderen ein Problem darstellen, das unerwartet aufpoppt und dieser möglicherweise versucht, mit anderen Strategien zu lösen. Damit entstehen Ungleichgewichte im Netzwerk, die zu neuen Kontrollmaßnahmen führen können. Beispielsweise könnten im Krankenhaus Ebertstadt die vom Geschäftsführer erhofften Überweisungen durch die Übernahme des Kassenarztsitzes ausbleiben. Der Chefarzt würde verstärkt vom Geschäftsführers beobachtet werden und ein Spiel von Kontrolle und Kontrollunterlaufung würde entstehen. Um mit Callon/Latour (2006) zu sprechen: Die „black box" der anderen Netzwerkidentität wird geöffnet, um diese mit einer neuen Identitätsrahmung, mit einem anderen Arrangement wieder schließen zu können.
2. Die Probleme, die sich in neuen Erfahrungsräumen (z. B. das kleinstädtische Netzwerk) ergeben, können mit der Abänderung der Dispositionen einhergehen. Dies deutet auf ein ‚switching' hin, allerdings ist dieses anders konturiert als Whites Begrifflichkeit. ‚Switching' bei White ist interaktionstheoretisch konzipiert: Wenn sich beispielsweise eine Situation ändert (mit Goffman (1996) gesprochen: ein neuer Rahmen eingeführt wird), dann wird damit ein Übergang von einer Netzwerkdomäne in eine andere markiert. Sowohl die Bedeutungen der Situation als auch die Verknüpfungen zwischen den Identitäten wandeln sich. Allerdings können mit einem solchen Begriffsverständnis habituelle Lerneffekte nicht mitgedacht werden. Die Einführung einer neuen Netzwerkdomäne (z. B. das kleinstädtische Netzwerk) kann unter bestimmten Bedingungen zu einer Abänderung der habituellen Dispositionen führen. Als Voraussetzung für eine Habitustransformation kann angenommen werden, dass die bisherige habituelle Ausgestaltung in einer bestimmten Weise anschlussfähig an die neue Umgebung ist, diese also nicht kategorisch abgelehnt oder als undurchschaubar erlebt wird, sondern eine Offenheit in den Dispositionen angelegt ist.
3. Schließlich kann danach gefragt werden, ob der Begriff des „Netzwerkhabitus" sinnvoll erscheint. Begreift man Netzwerke als Verknüpfung differenter Identitäten, die mit unterschiedlichen Logiken (Netzwerkdomänen) verwoben sind, dann ist die Grundlage für eine solche Bezeichnung geschaffen. White weist darauf hin, dass in „switchings" zwischen Netzwerkdomänen neue Bedeutungen entstehen. Hier kann hinzugefügt werden, dass auch Lerneffekte und neue Dispositionen durch „switchings" entstehen können (siehe Punkt 2). Von einem Netzwerkhabitus kann folglich dann gesprochen werden, wenn Kontrollprojekte in unterschiedlichen Netzwerkdomänen erfolgreich durchgeführt werden, da

die Eigenlogiken der jeweiligen Netzwerkdomänen im eigenen Interesse ausgenutzt werden können. Der Netzwerkhabitus wird damit zum (erfolgreichen) Verbindungsstück zwischen den Netzwerkdomänen. Hier dokumentiert sich im Sinne Bourdieus jener als geschickter Spieler, der die kulturellen und strukturellen Löcher zwischen Netzwerkdomänen schließen kann, indem er einen praktischen Sinn für die differenten Identitäten und Logiken entwickelt und diese (ohne größere kognitive Denkanstrengungen) in relationalen Arrangements aufeinander bezieht.

Literaturverzeichnis

Abbott, A. (1988): The System of Professions. An Essay on the Division of Expert Labor. Chicago: University Press

Amelang, K. (2009): Wissenspraktiken chronisch Kranker – die Verhandlung medizinischen Wissens zwischen Expertise und Alltagsverstand. In: M. Simon, T. Hengartner, T. Heimerdinger, A.-C. Lux (Hg.): Bilder, Bücher, Bytes. Zur Medialität des Alltags. Waxmann: Münster, S. 121 – 127

Amling, S.; Vogd, W. (2017): Dokumentarische Organisationsforschung. Perspektiven der praxeologischen Wissenssoziologie. Leverkusen: Budrich Academic

Amelung, V.E.; Sydow, J; Windeler, A. (2009): Vernetzung im Gesundheitswesen im Spannungsfeld von Wettbewerb und Kooperation. In: ebd. (Hg): Vernetzung im Gesundheitswesen. Wettbewerb und Kooperation. Stuttgart: Kohlhammer, S. 9-24

Atkinson, P. (1995). Medical Talk and Medical Work. The Liturgy of the Clinic. London: Thousand Oaks

Atzeni, G; von Groddeck, V. (2016): Die Veränderung ärztlicher Professionsnarrationen. Ansatzpunkte zur Entwicklung einer komplexitätssensiblen Krankenhausforschung. In: I. Bode, W. Vogd (Hg.): Mutationen des Krankenhauses. Soziologische Diagnosen in organisations- und gesellschaftstheoretischer Perspektive. Berlin: Springer VS, S. 67-86

Baecker, D. (2006): Wirtschaftssoziologie. Bielefeld: transcript

Baecker, D. (2007): Studien zur nächsten Gesellschaft. Frankfurt a. M.: Suhrkamp

Bär, S. (2011): Das Krankenhaus zwischen ökonomischer und medizinischer Vernunft. Krankenhausmanager und ihre Konzepte. Wiesbaden: Springer VS

Bär, S.; Pohlmann, M. (2016): Auf dem Weg zu einer markt- und profitorientierten Dienstleistungsorganisation. In: I. Bode, W. Vogd (Hg.): Mutationen des Krankenhauses. Soziologische Diagnosen in organisations- und gesellschaftstheoretischer Perspektive. Berlin: Springer VS, S. 229-252

Behar, B.I.; Wichels, R. (2009): Einweisermanagement in Gesundheitsnetzwerken – Ein schmaler Grat zwischen Kooperation und Wettbewerb. In: V.E. Amelung, J. Sydow, A. Windeler (Hg.): Vernetzung im Gesundheitswesen. Wettbewerb und Kooperation. Stuttgart: Kohlhammer, S. 349-358

Bode, I. (2010a): Der Zweck heil(ig)t die Mittel? Ökonomisierung und Organisationsdynamik im Krankenhaussektor. In: M. Endreß, T. Matys, (Hg.): Die Ökonomie der Organisation – die Organisation der Ökonomie. VS Verlag: Wiesbaden, S. 63-92.

Bode, I. (2010b): Die Malaise der Krankenhäuser. In: Leviathan 38, S. 189-211

Bode, I.; Vogd, W. (2016): Einleitung. Mutationen des Krankenhauses. In: ebd. (Hg.): Mutationen des Krankenhauses. Soziologische Diagnosen in organisations- und gesellschaftstheoretischer Perspektive. Berlin: Springer VS, S. 1-28

Bohnsack, R. (1989): Generation, Milieu und Geschlecht. Ergebnisse aus Gruppendiskussionen mit Jugendlichen. Opladen: Leske + Budrich

Bohnsack, R. (2001): Dokumentarische Methode: Theorie und Praxis wissenssoziologischer Interpretation. In: T. Hug (Hg.): Wie kommt Wissenschaft zum Wissen? Baltmannsweiler, S. 326 – 345.

Bohnsack, R. (2003): Qualitative Methoden der Bildinterpretation. In: Zeitschrift für Erziehungswissenschaft 6/2, S. 239-256

Bohnsack, R.; Nentwig-Gesemann, I.; Nohl, A.-M. (Hg.) (2007): Die dokumentarische Methode und ihre Forschungspraxis. Grundlagen qualitativer Sozialforschung. 3. Auflage. Wiesbaden: VS-Verlag

Bohnsack, R. (2010): Fokussierungsmetapher. In: Bohnsack, R, W. Marotzki, M. Meuser (Hg.): Hauptbegriffe Qualitativer Sozialforschung. Opladen & Farmington Hills: Barbara Budrich, S. 67

Bohnsack, R. (2012): Orientierungsschemata, Orientierungsrahmen und Habitus. Elementare Kategorien der Dokumentarischen Methode mit Beispielen aus der Bildungsmilieuforschung. In: Katrin Schittenhelm (Hg.): Qualitative Bildungs- und Arbeitsmarktforschung. Wiesbaden: Springer Fachmedien, S. 119-153

Bohnsack, R. (2013): Dokumentarische Methode und die Logik der Praxis. In: A. Lenger, C. Schneickert, F. Schumacher (Hg.): Pierre Bourdieus Konzeption des Habitus. Wiesbaden: Springer Fachmedien, S. 175-200

Bohnsack, R. (2014a): Rekonstruktive Sozialforschung. Einführung in qualitative Methoden. 9. Auflage. Opladen & Farmington Hills, MI: Barbara Budrich

Bohnsack, R. (2014b): Habitus, Norm und Identität. In: W. Helsper, R.-T. Kramer, S. Thiersch (Hg.): Schülerhabitus. Theoretische und empirische Analysen zum Bourdieuschem Theorem der kulturellen Passung. Wiesbaden: VS Verlag, S. 33-55

Boltanski, L.; Chiapello, È. (2013): Der neue Geist des Kapitalismus. Unveränderter Nachdruck 2003 Konstanz: UVK

Bourdieu, P. (1983): Ökonomisches Kapital, kulturelles Kapital, soziales Kapital. In: R. Kreckel (Hg.): Soziale Ungleichheiten, Sonderband Soziale Welt 2, S. 183-198

Bourdieu, P. (1987a): Sozialer Sinn. Kritik der theoretischen Vernunft. Frankfurt a. M.: Suhrkamp

Bourdieu, P. (1987b): Die feinen Unterschiede. Kritik der gesellschaftlichen Urteilskraft. Frankfurt a. M.: Suhrkamp

Bourdieu, P. (1998): Praktische Vernunft. Zur Theorie des Handelns. Frankfurt a. M.: Suhrkamp

Bourdieu, P. (2001): Das politische Feld. Zur Kritik der politischen Vernunft. Konstanz: UVK-Verlagsgesellschaft

Bourdieu, P. (2004): Meditationen. Zur Kritik der scholastischen Vernunft. Frankfurt a. M.: Suhrkamp

Bourdieu, P. (2012a): Entwurf einer Theorie der Praxis. Frankfurt a. M.: Suhrkamp

Bourdieu, P. (2012b): Die männliche Herrschaft. Frankfurt a. M.: Suhrkamp

Bosetzky, H. (1974): Das Don Corleone-Prinzip in der öffentlichen Verwaltung. In: Baden-Württembergische Verwaltungspraxis 1, S. 50-53

Burt, R.S. (1992): Structural holes. The social structure of competition. Cambridge

Callon, M. (2006): Einige Elemente einer Soziologie der Übersetzung: Die Domestikation der Kammmuscheln und der Fischer der St. Brieuc-Bucht. In: A. Belliger, D.J. Krieger (Hg.): ANThology. Ein einführendes Handbuch zur Akteur-Netzwerk-Theorie. Bielefeld: transcript, S. 135-174

Callon, M.; Latour, B. (2006): Die Demontage des großen Leviathans: Wie Akteure die Makrostruktur der Realität bestimmen und Soziologen ihnen dabei helfen. In: A. Belliger, D.J. Krieger (Hg.): ANThology. Ein einführendes Handbuch zur Akteur-Netzwerk-Theorie. Bielefeld: transcript, S. 75-102

Callon, M. (2007): What Does It Mean to Say That Economics Is Performative? In: D. MacKenzie, F. Muniesa, L. Siu (ed.): Do economists make markets? On the performativity of economics. Princeton: Princeton Univ. Press, S. 311-357

Castells, M. (2001): Der Aufstieg der Netzwerkgesellschaft. Teil 1. Das Informationszeitalter. Wiesbaden: VS

Cicourel, A. V. (1990). The Integration of Distributed Knowledge in Collaborative Medical Diagnosis. In: J. Galegher; R.E. Kraut; C. Egido (Hg.): Intellectual Teamwork. Social and Technological Foundations of Cooperative Work. Hillsdale/New Jersey: Lawrence Erlbaum Associates, S. 221–241

Cook, K.S.; Emerson, R.M.; Gilmore, M.R.; Yamagishi, T. (1983): The distribution of power in exchange networks: Theory and experimental results. American Journal of Sociology 89 (2), S. 275-305

Crozier, M.; Friedberg, E. (1979): Macht und Organisation. Die Zwänge kollektiven Handelns. Königstein/Ts.: Athenäum Verlag

Elias, N. (2009): Was ist Soziologie? 11. Auflage. Weinheim Basel: Beltz Juventa

Emirbayer, M. (1997): "Manifesto for a relational sociology", in: American Journal of Sociology 103: 281-317

Emirbayer, M.; Jeff G. (1994): Network analysis, culture, and the problem of agency, in: American Journal of Sociology 99: 1411-1454

Eribon, D. (2016): Rückkehr nach Reims. Berlin: Suhrkamp

Evetts, J. (2011): A new professionalism? Challenges and opportunities. In: Current Sociology 59: 406, S. 406-422

Feißt, M.; Molzberger, K. (2016): Die Praxis der Zahlen im Krankenhausmanagement. Fakt oder Fetisch? In: I. Bode, W. Vogd (Hg.): Mutationen des Krankenhauses. Soziologische Diagnosen in organisations- und gesellschaftstheoretischer Perspektive. Berlin: Springer VS, S. 119-142

Foucault, M. (2011): Die Geburt der Klinik. Eine Archäologie des ärztlichen Blicks. 9. Auflage. Frankfurt a. M.: Fischer Taschenbuch Verlag

Freeman, L.C. (1978/1979): Centrality in social networks. Conceptual clarification. In: Social Networks 1, S. 215-239

Freeman L.C. (2004): The Development of Social Network Analysis: A Study in the Sociology of Science. Vancouver: Empirical Press

Freidson, E. (1975): Doctoring together. A study of professional social control. New York

Freidson, E. (2001): Professionalism. The third logic. Chicago: University of Chicago Press

Friedland, R.; Alford R.R. (1991): Bringing Society Back In. In: W.W. Powell, P.J. DiMaggio (Hg.): Symbols, Practices, and Institutional Contradictions, S. 232-266.

Fuhse, J. (2008): Gibt es eine Phänomenologische Netzwerktheorie? Geschichte, Netzwerk und Identität". In: Soziale Welt 59, S. 31-52

Fuhse, J. (2009): Die kommunikative Konstruktion von Akteuren in Netzwerken. In: Soziale Systeme 15, S. 288-316

Fuhse J. (2016): Soziale Netzwerke. Konzepte und Forschungsmethoden. Konstanz: utb

Giddens, A. (1988): Die Konstitution der Gesellschaft. Grundzüge einer Theorie der Strukturierung. Frankfurt a. M.: Campus Verlag

Glaser, B.G.; Strauss A.L. (1998): Grounded Theory. Strategien qualitativer Forschung. Göttingen: H. Huber

Godart, F.C.; White H.C. (2010): Switchings under uncertainty: The coming and becoming of meaning. In: Poetics 38, S. 567-586

Goffman, E. (1996): Rahmen-Analyse. Ein Versuch über die Organisation von Alltags-Erfahrungen. Frankfurt a. M.: Suhrkamp

Granovetter, M. (1973): The strength of weak ties. In: American Journal of Sociology 78, S. 1360-1380

Granovetter, M. (1985): Economic action and social structure: the problem of Manembeddedness. In: American Journal of Sociology 91 (3), S. 481-510

Greenwood, R.; Raynard, M.; Kodeih, F.; Micelotta, E.R.; Lounsbury, M. (2011): Institutional Complexity and Organizational Responses. In: The Academy of Management Annals 5(1), S. 317-371

Henning, M.; Kohl S. (2011): Rahmen und Spielräume sozialer Beziehungen. Zum Einfluss des Habitus auf die Herausbildung von Netzwerkstrukturen. Wiesbaden: VS Verlag

Holstein, B.; Straus F. (Hg.) (2006): Qualitative Netzwerkanalyse. Konzepte, Methoden, Anwendungen. Wiesbaden: VS

Holzer, B. (2010): Netzwerke. 2., unveränderte Auflage. Bielefeld: transcript

Iseringhausen, O.; Staender, J. (2012): Das Krankenhaus als Organisation. In: M. Apelt; V. Tacke (Hg.): Handbuch Organisationstypen. Wiesbaden: Springer VS, S. 185-204

Iseringhausen, O. (2016): Dekompensation der Klinik? Beobachtungen von Prozessen zwischen Medizin und Management. In: I. Bode, W. Vogd (Hg.): Mutationen des Krankenhauses. Soziologische Diagnosen in organisations- und gesellschaftstheoretischer Perspektive. Berlin: Springer VS, S. 103-118

Jansen, D. (2006): Einführung in die Netzwerkanalyse. Grundlagen, Methoden, Forschungsbeispiele. Wiesbaden: VS Verlag

Jansen, T.; von Schlippe A.; Vogd, W. (2015): Kontexturanalyse – ein Vorschlag für rekonstruktive Sozialforschung in organisationalen Zusammenhängen. In: Forum: Qualitative Sozialforschung 16/1/4

Karpik, L. (2011): Mehr Wert. Die Ökonomie des Einzigartigen. Frankfurt/New York: Campus

Klatetzki, T. (2012); Professionelle Organisationen. In: M. Apelt; V. Tacke (Hg.): Handbuch Organisationstypen. Wiesbaden: Springer VS, S. 165-184

Knight, F.H. (1921): Risk, Uncertainty and Profit. Boston, MA: Houghton Mifflin Co.

Krücken, G.; Meier, F. (2003): „Wir sind alle überzeugte Netzwerktäter". Netzwerke als Formalstruktur und Mythos der Innovationsgesellschaft. In: Soziale Welt 54, S. 71-92

Kühl, S. (2002): Jenseits der Face-to-Face-Organisation. Wachstumsprozesse in kapitalmarktorientierten Unternehmen. In: Zeitschrift für Soziologie 31/3, S. 186-210

Laloux, F. (2015): Reinventing Organizations. Ein Leitfaden zur Gestaltung sinnstiftender Formen der Zusammenarbeit München: Vahlen

Latour, B. (2010): Eine neue Soziologie für eine neue Gesellschaft. Berlin: Suhrkamp

Laux, H. (2009): Bruno Latour meets Harrison C. White. Über das soziologische Potenzial der Netzwerkforschung. In: Soziale Systeme 15/2, S. 367-397

Literaturverzeichnis

Luhmann, N. (2012): Macht im System. Berlin: Suhrkamp

Mannheim, K. (1952): „Wissenssoziologie." In: Ders.: Ideologie und Utopie. Frankfurt a. M.: Klostermann, S. 227-267

Manzei, A.; Schnabel, M; Schmiede R. (2014): Embedded Competition – Oder wie kann man die Auswirkungen wettbewerblicher Regulierung im Gesundheitswesen messen? Eine methodologische Perspektive. In: A. Manzei; R. Schmiede (2014): 20 Jahre Wettbewerb im Gesundheitswesen. Theoretische und empirische Analysen zur Ökonomisierung von Medizin und Pflege. Berlin: Springer VS, S. 11-34

Manzei, A.; Schmiede R. (2014): 20 Jahre Wettbewerb im Gesundheitswesen. Theoretische und empirische Analysen zur Ökonomisierung von Medizin und Pflege. Berlin: Springer VS

Mensching, A. (2008): Gelebte Hierarchien. Mikropolitische Arrangements und organisationskulturelle Praktiken am Beispiel der Polizei. Wiesbaden: VS Verlag

Meuser, M.; Nagel, U. (1991): ExpertInneninterviews – Vielfach erprobt, wenig bedacht: ein Beitrag zur qualitativen Methodendiskussion. In: D. Garz/K. Kraimer (1991), 441-471.

Mische, A.; White H.C. (1998): Between Conversation and Situation: Public Switching Dynamics across Network Domains. In: Social Research 65/3, S. 695-724

Mische, A. (2013): Cross-talk in movements: reconceiving the culture-network link. In: M. Diani, D. McAdam (Hg.): Social Movements and Networks. Oxford: Oxford University Press

Mische, A. (2008): Partisan Publics. Communication and Contention across Brazilian Youth Activist Networks. Princeton University Press.

Mitchell J.C. (1969): The Concept and Use of Networks. In: ebd. (Hg.): Social Networks and Urban Situations. Manchester: Manchester University Press, S. 1-50

Mützel, S. (2009): Networks as Culturally Constituted Processes: A Comparison of Relational Sociology and Actor-network Theory. In: Current Sociology 57, S. 871-887

Mützel, S.; Fuhse J. (2010): Relationale Soziologie. Zur kulturellen Wende der Netzwerkforschung. Wiesbaden: VS Verlag

Nohl, A.-M. (2007): Kulturelle Vielfalt als Herausforderung für pädagogische Organisationen. In: Zeitschrift für Erziehungswissenschaft 10/1, S. 61-74

Nohl, A.-M. (2009): Interview und dokumentarische Methode. Anleitungen für die Forschungspraxis. 3. Auflage. Wiesbaden: VS Verlag

Nohl, A.-M.; Schittenhelm, K.; Schmidtke, K.; Weiß A. (2010): Kulturelles Kapital in der Migration. Hochqualifizierte Einwanderer und Einwanderinnen auf dem Arbeitsmarkt. Wiesbaden: VS Verlag

Nohl, A.-M. (2013): Relationale Typenbildung und Mehrebenenvergleich. Neue Wege der dokumentarischen Methode. Wiesbaden: Springer VS

Noordegraaf, M. (2007): From "Pure" to "Hybrid" Professionalism. Present-Day Professionalism in Ambiguous Public Domains. Administration & Society 39(6), 761-785.

Padgett, J.F.; Christopher, K.A. (1993): Robust Action and the Rise of the Medici. In: American Journal of Sociology 98/6, S. 1259-1319

Parsons, T. (1964): Social structure and dynamic process: The case of modern medical practice. In: ebd. (Hg.): The social system. New York: Free Press, S. 428-479

Powell, W.W. (1990): Neither Market nor Hierarchy: Network Forms of Organization. In: Research in Organizational Behavior 12, S. 295-336

Reckwitz, A. (2003): Grundelemente einer Theorie sozialer Praktiken. Eine sozialtheoretische Perspektive. In: Zeitschrift für Soziologie 32/4, S. 282-301

Rohde, J.J. (1974). Soziologie des Krankenhauses. Zur Einführung in die Soziologie der Medizin. Stuttgart: Ferdinand Enke.
Sacks, H. (1992): Lectures on Conversation. Oxford: Blackwell
Sander, K. (2008): Machtspiele im Krankenhaus: „doing gender" oder „doing profession"? In: Forum Qualitative Sozialforschung 9/1, Art. 4
Schäffer, B. (2013): „Kontagion" mit dem Technischen. In: Bohnsack, R./Nentwig-Gesemann I./Nohl, A.-M. (Hg.): Die dokumentarische Methode und ihre Forschungspraxis. Grundlagen qualitativer Sozialforschung. Wiesbaden: VS Verlag
Scheibler F. (2004): Shared decision-making. Von der Compliance zur partnerschaftlichen Entscheidungsfindung. Bern
Schenk, M. (1983): Das Konzept des sozialen Netzwerks. In: R. König, F. Neidhardt, M.R. Lepsius (Hg.): Gruppensoziologie. Perspektiven und Materialien. Sonderheft der Kölner Zeitschrift für Soziologie und Sozialpsychologie 25, S. 88-105
Schmidt, R. (2012): Soziologie der Praktiken. Konzeptionelle Studien und empirische Analysen. Berlin: Suhrkamp
Schmitt, M.; Fuhse J. (2015): Zur Aktualität von Harrison White. Wiesbaden: Springer VS Verlag
Schubert, C.; Vogd W. (2009): Die Organisation der Krankenbehandlung. Vin der privatärztlichen Konsultation zur vernetzten Behandlungstrajektorie. In: V.E. Amelung, J. Sydow, A. Windeler (Hg.): Vernetzung im Gesundheitswesen. Wettbewerb und Kooperation. Stuttgart: Kohlhammer, S. 25-50
Schütze, F. (1987): Das narrative Interview in Interaktionsfeldstudien: Erzähltheoretische Grundlagen. Studienbrief der Fernuniversität Hagen. Teil I. Merkmale von Alltagserzählungen und was wir mit ihrer Hilfe erkennen können. Hagen.
Schützeichel, R. (2012): Ties, stories and events. Plädoyer für eine prozessuale Netzwerktheorie. In: Berliner Journal für Soziologie 22, S. 341-357
Scott, W.R.; Ruef, M.; Mendel P.J.; Caronna, C.A. (2000): Institutional Change and Healthcare Organizations. From Professional Dominance to Managed Care. Chicago: University of Chicago Press.
Scott, W.R. (2014): Institutions and Organizations. Ideas, Interests and Identities. 4th edition. Sage
Sennett, R. (2000): Der flexible Mensch. Die Kultur des neuen Kapitalismus. München: Btb Verlag
Simon, M. (2016): Die ökonomischen und strukturellen des Krankenhausbereichs seit den 1970er Jahren. In: I. Bode, W. Vogd (Hg.): Mutationen des Krankenhauses. Soziologische Diagnosen in organisations- und gesellschaftstheoretischer Perspektive. Berlin: Springer VS, S. 29-46
Star, S.L.; Griesemer, J (1989): Institutional ecology, 'Translations', and Boundary objects: Amateurs and professionals on Berkeley's museum of vertebrate zoology. Social Studies of Science 19, S. 387-420.
Stegbauer C., Häußling, R. (Hg.) 2010): Handbuch Netzwerkforschung. Wiesbaden: VS Verlag
Stichweh, R. (1996). Professionen in einer funktional differenzierten Gesellschaft. In: A. Combe; W. Helsper (Hrsg.): Pädagogische Professionalität. Untersuchungen zum Typus pädagogischen Handelns. Frankfurt a. M.: Suhrkamp, S. 49-69
Stollberg, G. (2008): Kunden der Medizin? Der Mythos vom mündigen Patienten. In: I. Saake; W. Vogd (Hg.): Moderne Mythen der Medizin. Studien zur organisierten Krankenbehandlung. Wiesbaden: VS Verlag, S. 345-362

Tilly, C. (1999). The Trouble with Stories. In: B.A. Pscosolido, R.J. Aminzade (ed.): The Social Worlds of higher education. Handbook for Teaching in a New Century. California: Thousand Oaks, S. 256-270

Vogd, W. (2005): Teilnehmende Beobachtung. In: S.U. Schmitz, K. Schubert (Hg.): Einführung in die politische Theorie und Methodenlehre. Opladen: Verlag Barbara Budrich

Vogd, W. (2007): Von der Organisation Krankenhaus zum Behandlungsnetzwerk? Untersuchungen zum Einfluss von Medizincontrolling am Beispiel einer internistischen Abteilung. In: Berliner Journal für Soziologie 17/1, S. 97-119

Vogd, W. (2009): Rekonstruktive Organisationsforschung. Qualitative Methodologie und theoretische Integration – eine Einführung. Opladen: Barbara Budrich

Vogd, W. (2011): Zur Soziologie der organisierten Krankenbehandlung. Weilerswist: Velbrück

Von Rosenthal, F. (2011): Bildung und Habitustransformation. Empirische Rekonstruktionen und bildungstheoretische Reflexionen. Bielefeld: Transcript Verlag

Wacquant, L.D.J. (2013): Auf dem Weg zu einer Sozialpraxeologie. Struktur und Logik der Soziologie Pierre Bourdieus. In: P. Bourdieu, L.J.D. Wacquant (Hg.): Reflexive Anthropologie. 3. Auflage. Frankfurt a.M.: Suhrkamp, S. 17-94

White, W.C.; Boorman S.A.; Breiger R.L. (1976): Social Structure from Multiple Networks: 1. Blockmodels of Roles and Positions. In: American Journal of Sociology 81/4, S. 730-780

White, H.C. (1992): Identity and Control: A Structural Theory of Social Action. Princeton, NJ: Princeton University Press

White, H.C. (2008): Identity and Control: How Social Formations Emerge. Princeton: Princeton University Press

White, H.C.; Godart F.C. (2007): Stories from Identity and Control. In: Sociologica 3

White, H.C.; Godart, F.C.; Corona, V.P. (2007): Mobilizing Identities. Uncertainty and Control in Strategy. In: Theory, Culture & Society 34(7-8), S. 181-202

Wilkesmann, M. (2016): Von Fürsten zu Knechten? Aktuelle Transformationsprozesse in der Organisation Krankenhaus am Beispiel der Ärzteschaft. In: I. Bode, W. Vogd (Hg.): Mutationen des Krankenhauses. Soziologische Diagnosen in organisations- und gesellschaftstheoretischer Perspektive. Berlin: Springer VS, S. 207-228

Windeler, A. (2002): Unternehmungsnetzwerke. Konstitution und Strukturation. Wiesbaden: Westdeutscher Verlag

Witman, Y.; Smid, G.A.C.; Meurs, P.L.; Willems, D.L. (2010): Doctor in the lead: balancing between two worlds. In: Organization 18(4), S. 477-495.

Wolf, J; Ostermann, A. (2016): Von der Organisation der Pflege zur Pflege der Organisation. Ein neuer Typus der Pflegedienstleitung im Krankenhausmanagement. In: I. Bode, W. Vogd (Hg.): Mutationen des Krankenhauses. Soziologische Diagnosen in organisations- und gesellschaftstheoretischer Perspektive. Berlin: Springer VS, S. 165-184

The manufacturer's authorised representative in the EU is Springer Nature Customer Service Centre GmbH, Europaplatz 3, 69115 Heidelberg, Germany. If you have any concerns regarding our products, please contact ProductSafety@springernature.com

Printed and bound by CPI Group (UK) Ltd, Croydon, CR0 4YY

28/04/2026

02098481-0011